BERÜHMTE LAND-SCHLACHTEN

Vom Mittelalter bis zur Neuzeit

Oben:
Russische Kriegspropaganda aus dem Zweiten Weltkrieg ruft zu Waffentaten gegen den verhaßten Eindringling auf.

Umseitig:
Es lebe Schottland, für Lady Elizabeth Butler: das schottische Dragonerregiment im Sturmangriff bei Waterloo.

Inhaltsverzeichnis:
Selbst im Zeitalter der Raketen bedeutet die Flagge der Sieger noch immer »Wir sind hier«: Die israelische Flagge weht über den aufgegebenen Positionen in Jerusalems Altstadt während des Sechs-Tage-Krieges von 1967

Innenseiten:
Die Hölle, von Georges Leroux – eine bittere Allegorie von dem grausamen Kampfgeschehen im Ersten Weltkrieg.

BERÜHMTE LAND-SCHLACHTEN

Vom Mittelalter bis zur Neuzeit

Schuler Verlagsgesellschaft, Herrsching

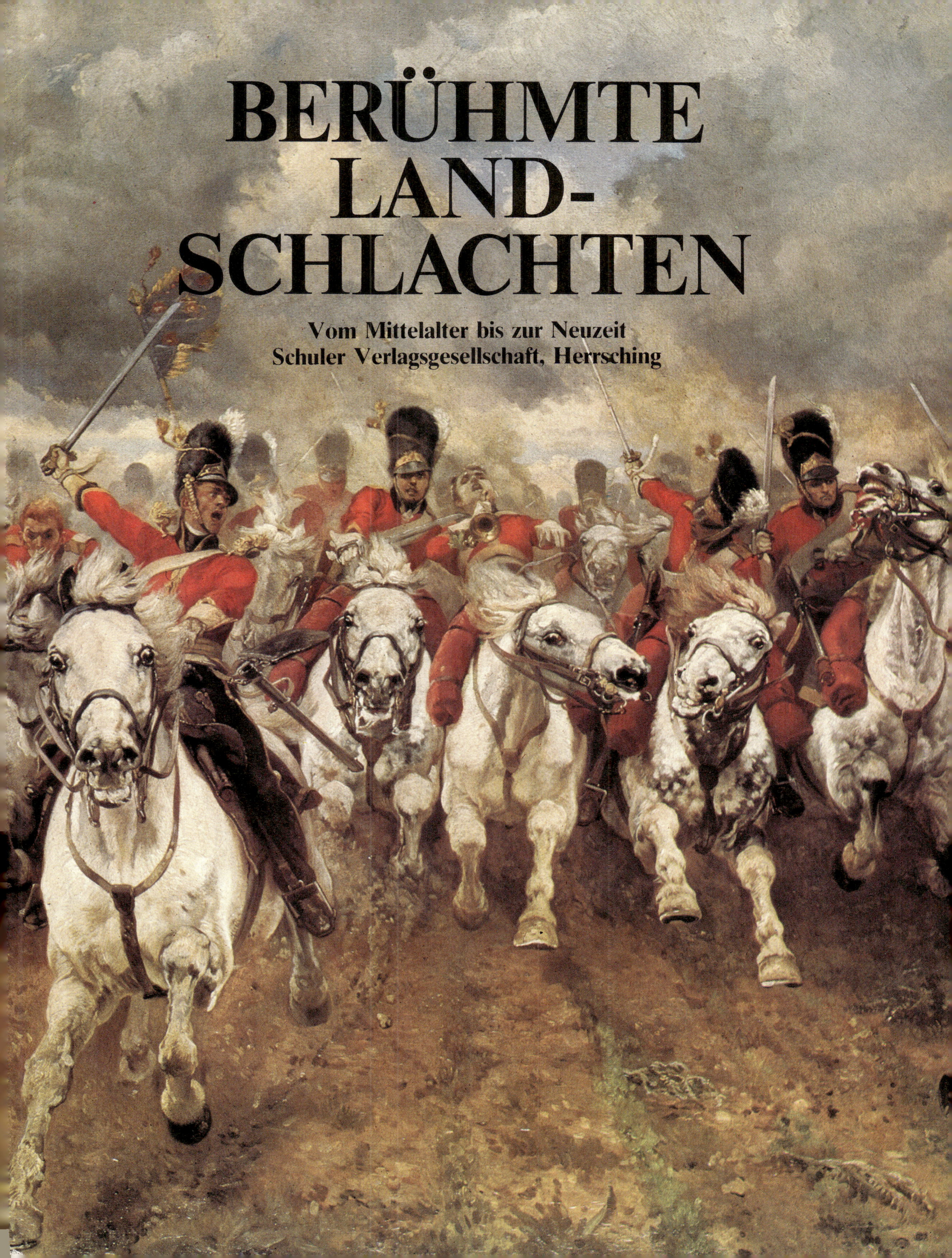

Die englische Originalausgabe erschien 1979
unter dem Titel »Famous Land Battles«
bei Artus Publishing Company Limited, London

Übersetzung aus dem Englischen Bettina Runge
Redaktion Editoren Team Burkhardt Kiegeland GmbH, München
Karten von David Worth und Jennifer Mexter
Satz-Herstellung Gorbach Herstellungsbüro, Gauting
Druck und Bindung L.E.G.O. Vicenza
Printed in Italy

ISBN 3-7796-5186-6

INHALT

TEL 1

E SC LACHTEN R ÜHZEIT

Vorstehende Seiten: Ein Ausschnitt aus dem Reliefband der Trajanssäule. Die mit Kriegsauszeichnungen überladenen Adlerstandarten von Rom werden an der Spitze des kaiserlichen Heeres getragen, das im Begriff ist, auf einer Schiffsbrücke die Donau zu überqueren. Die hart marschierenden römischen Legionäre waren das Rückgrat einer flexiblen Militärmaschinerie, erwiesen sich jedoch schon gegen Ende des 2. Jahrhunderts n. Chr. als veraltet. Die ständigen Unruhen an den Grenzen des Riesenreiches erforderten schnell bewegliche Divisionen gepanzerter Kavalleristen, die von einem Krisenherd zum anderen jagen konnten.
Unten: Die Bildsäule von Naramsin, ein Denkmal für die Siege eines Eroberers aus dem Jahr 2000 v. Chr. Naramsin, der Enkel des Akkaders Sargon I. zertritt nach einem Bergkrieg die Leichen des geschlagenen gegnerischen Heeres. Die frühesten Armeen, die auf ähnlichen Denkmälern dargestellt sind, setzen sich hauptsächlich aus Lanzenträgern zusammen, die hinter einer Schildwand kämpfen.

»Erzähl' uns alles über den Krieg, Und sag' uns: wofür kämpfte ein jeder?«

In Robert Southeys Gedicht »Nach Blindheim« lautete die knappe, aber kaum hinlängliche Antwort des alten Kaspar auf diese Frage seiner Enkelkinder:

»Wir, die Engländer«, sagte Kaspar laut,
»Wir haben die Franzosen davongejagt;
Nur wofür nun wirklich ein jeder kämpfte,
Das wußte kaum jemand herauszufinden,
Doch tönte ein jeder von diesem Krieg:
›Was war das doch für ein großer Sieg!‹«

Southey schrieb dieses Gedicht vor circa 150 Jahren. Seither wurde so mancher »große Sieg« errungen, und doch ist die Stimme des alten Kaspar noch heute zu vernehmen wie zu seiner Zeit. Bei allem, was uns die moderne Erziehungswissenschaft an Gutem (und an Schlechtem) gebracht hat, haben wir meist nur sehr vage Vorstellungen, warum jene großen Schlachten ausgetragen wurden, wo sie ausgetragen wurden, wer sie austrug und was danach geschah.

Unter dieser Fragestellung werden im vorliegenden Buch achtzehn Schlachten – vom mittelalterlichen Langbogenkampf bis zum neuzeitlichen Atomkrieg – analysiert. Es sind zweifellos alles »große« Schlachten, und Ziel dieses Buches ist es, sie den alten und jungen Kaspars des zwanzigsten Jahrhunderts besser verständlich zu machen. Sicherlich wäre es auch dem ursprünglichen Alten Kaspar von Nutzen gewesen: Sein »großer Sieg«, Blindheim, wird in Kapitel 4 erläutert.

Der Weg zur Schlacht

Kriegsstrategie ist das umfassende Konzept, wie man zum Sieg zu kommen glaubt, und Taktik das Vorgehen im Detail. Beide sind nutzlos, solange sie nicht flexibel genug sind, die jeweilige Strategie und Taktik des Feindes zu berücksichtigen, die sich der eigenen unweigerlich in den Weg stellen wird. Eine kämpferische Auseinandersetzung, egal welcher Art, wird dann unvermeidbar, da die eigenen Streitkräfte mit denen des Feindes zusammenstoßen.

Schlachten wurden aus solch geringen Motiven wie Stolz oder politischem Druck aus dem Heimatland ausgefochten, oder weil sich keiner der beiden Generäle etwas Schöneres vorstellen konnte, als »eine Schlacht zu schlagen«. Es gab sogar Schlachten, bei denen die Truppen auf beiden Seiten zu kämpfen begannen, noch bevor ihre Generäle kampfbereit waren – Gettysburg (Kapitel 10 in diesem Buch) ist hierfür ein anschauliches Beispiel. Wie sehr Theoretiker des Kriegs diese Tatsache auch beweinen mögen, es wurden ebenso viele Schlachten aus fadenscheinigen Motiven wie aus überzeugenden heraus gewonnen.

Die ersten Heere

Selbst die allerfrühesten Zivilisationen hatten schon durchorganisierte und bewaffnete Heere. Herrscher wurden nach ihrer Fähigkeit beurteilt, ihr Volk vor dem bewaffneten Angriff anderer zu schützen oder ein benachbartes Land zu annektieren. Das Streben nach militärischem Ruhm war ein unumstrittener Aspekt der menschlichen Existenz – und daran hat sich auch in den letzten fünftausend Jahren nichts geändert, ob es uns gefällt oder nicht.

EL 1

E
SC LACHTEN
R
UHZEIT

Vorstehende Seiten: Ein Ausschnitt aus dem Reliefband der Trajanssäule. Die mit Kriegsauszeichnungen überladenen Adlerstandarten von Rom werden an der Spitze des kaiserlichen Heeres getragen, das im Begriff ist, auf einer Schiffsbrücke die Donau zu überqueren. Die hart marschierenden römischen Legionäre waren das Rückgrat einer flexiblen Militärmaschinerie, erwiesen sich jedoch schon gegen Ende des 2. Jahrhunderts n. Chr. als veraltet. Die ständigen Unruhen an den Grenzen des Riesenreiches erforderten schnell bewegliche Divisionen gepanzerter Kavalleristen, die von einem Krisenherd zum anderen jagen konnten.
Unten: Die Bildsäule von Naramsin, ein Denkmal für die Siege eines Eroberers aus dem Jahr 2000 v. Chr. Naramsin, der Enkel des Akkaders Sargon I. zertritt nach einem Bergkrieg die Leichen des geschlagenen gegnerischen Heeres. Die frühesten Armeen, die auf ähnlichen Denkmälern dargestellt sind, setzen sich hauptsächlich aus Lanzenträgern zusammen, die hinter einer Schildwand kämpfen.

»Erzähl' uns alles über den Krieg, Und sag' uns: wofür kämpfte ein jeder?«

In Robert Southeys Gedicht »Nach Blindheim« lautete die knappe, aber kaum hinlängliche Antwort des alten Kaspar auf diese Frage seiner Enkelkinder:

»Wir, die Engländer«, sagte Kaspar laut,
»Wir haben die Franzosen davongejagt;
Nur wofür nun wirklich ein jeder kämpfte,
Das wußte kaum jemand herauszufinden,
Doch tönte ein jeder von diesem Krieg:
›Was war das doch für ein großer Sieg!‹«

Southey schrieb dieses Gedicht vor circa 150 Jahren. Seither wurde so mancher »große Sieg« errungen, und doch ist die Stimme des alten Kaspar noch heute zu vernehmen wie zu seiner Zeit. Bei allem, was uns die moderne Erziehungswissenschaft an Gutem (und an Schlechtem) gebracht hat, haben wir meist nur sehr vage Vorstellungen, warum jene großen Schlachten ausgetragen wurden, wo sie ausgetragen wurden, wer sie austrug und was danach geschah.

Unter dieser Fragestellung werden im vorliegenden Buch achtzehn Schlachten – vom mittelalterlichen Langbogenkampf bis zum neuzeitlichen Atomkrieg – analysiert. Es sind zweifellos alles »große« Schlachten, und Ziel dieses Buches ist es, sie den alten und jungen Kaspars des zwanzigsten Jahrhunderts besser verständlich zu machen. Sicherlich wäre es auch dem ursprünglichen Alten Kaspar von Nutzen gewesen: Sein »großer Sieg«, Blindheim, wird in Kapitel 4 erläutert.

Der Weg zur Schlacht

Kriegsstrategie ist das umfassende Konzept, wie man zum Sieg zu kommen glaubt, und Taktik das Vorgehen im Detail. Beide sind nutzlos, solange sie nicht flexibel genug sind, die jeweilige Strategie und Taktik des Feindes zu berücksichtigen, die sich der eigenen unweigerlich in den Weg stellen wird. Eine kämpferische Auseinandersetzung, egal welcher Art, wird dann unvermeidbar, da die eigenen Streitkräfte mit denen des Feindes zusammenstoßen.

Schlachten wurden aus solch geringen Motiven wie Stolz oder politischem Druck aus dem Heimatland ausgefochten, oder weil sich keiner der beiden Generäle etwas Schöneres vorstellen konnte, als »eine Schlacht zu schlagen«. Es gab sogar Schlachten, bei denen die Truppen auf beiden Seiten zu kämpfen begannen, noch bevor ihre Generäle kampfbereit waren – Gettysburg (Kapitel 10 in diesem Buch) ist hierfür ein anschauliches Beispiel. Wie sehr Theoretiker des Kriegs diese Tatsache auch beweinen mögen, es wurden ebenso viele Schlachten aus fadenscheinigen Motiven wie aus überzeugenden heraus gewonnen.

Die ersten Heere

Selbst die allerfrühesten Zivilisationen hatten schon durchorganisierte und bewaffnete Heere. Herrscher wurden nach ihrer Fähigkeit beurteilt, ihr Volk vor dem bewaffneten Angriff anderer zu schützen oder ein benachbartes Land zu annektieren. Das Streben nach militärischem Ruhm war ein unumstrittener Aspekt der menschlichen Existenz – und daran hat sich auch in den letzten fünftausend Jahren nichts geändert, ob es uns gefällt oder nicht.

Seit der Zeit um 3000 v. Chr. fochten die frühen ägyptischen Zivilisationen im Nil-Tal und die sumerischen und akkadischen in Mesopotamien (zwischen den Flüssen Euphrat und Tigris) alle ihre Kriege mit Heeren von Infanteristen aus, die mit viereckigen Schilden und mit Bronzespitzen versehenen Speeren bewaffnet waren. Es gab keine berittenen Soldaten, obwohl schon um 2000 v. Chr. die ranghöchsten Lanzenträger in plumpen Streitwagen zur Schlacht fuhren. Die vermutlich einzige Schutzbekleidung der Soldaten in dieser Zeit war ein leichter Helm aus Bronze, oder, bei der sozialen Oberschicht, aus reichlich verziertem Gold. Das Grab eines dieser Helden, Meskalam-schar aus Ur, welches in den späten zwanziger Jahren freigelegt wurde, enthielt einen prächtigen Helm, einen Speer mit Goldgriff, eine Axt und goldverzierte Dolche – Luxuswaffen einer reichen Offizierskaste.

Die ägyptischen Könige des oberen und unteren Nils, die im gleichen Zeitraum (circa 2850–2300 v. Chr.) das »Alte Königreich« von Ägypten gründeten, setzten ihre Armee aus schwer- und leichtbewaffneten Lanzenträgern zusammen und nahmen als erste spezialisierte Krieger aus dem Ausland in ihre Reihen auf. Es waren ihre Nachbarn westlich des Nil-Tals: die Nubier, eine Negerrasse, die bereits mit Pfeil und Bogen umzugehen wußte. Die Ägypter machten sich die Kriegskunst der Nubier zunutze, indem sie diese regulär in ihre Kampftruppe aufnahmen. Das machte die Nubier zu den Vorreitern einer langen Serie von speziell rekrutierten »Fremdenlegionären«, zu denen viele Jahrhunderte später auch die Hochländer- und die Gurkha-Regimenter der britischen Armee zählten, die Kosaken in Rußland sowie die nordafrikanischen *goums* im französischen Heeresdienst.

Der Einsatz von Bogenschützen auf dem Schlachtfeld war eine bedeutende Neuerung in der Kriegsstrategie. Der Bogen ermöglichte es den Soldaten, die feindlichen Truppen auf Entfernung und mit dem kleinstmöglichen Risiko zu vernichten. Vor dem Bogen waren Steine die einzigen »Fernwaffen«; sie wurden per Hand geworfen oder mit Hilfe einer Schlinge fortgeschleudert. Da Steine die am wenigsten kostspielige und in größten Mengen verfügbare Munition der Welt sind und Schleudern weit einfacher anzufertigen sind als Bögen, konnten Schleuderer ihre militärische Bedeutung über Jahrhunderte hinweg behaupten, bis sie im Mit-

Oben: Eine massierte Infanterieeinheit ist Zuschauer bei einem dramatischen Streitwagenkampf in der Schlacht von Kadesch in Syrien, die gegen 1290 v. Chr. zwischen den Armeen von Ramses II. von Ägypten und dem hethitischen König Muwatallis ausgetragen wurde.

Unten: Dieses anschauliche Steinrelief mit einem berittenen Monarchen zeigt die Waffe, welche die Assyrer zu den Herren über die Alte Welt machte: der Bogen.

Unten: Aus dem griechischen Heldenzeitalter: Achilles, der große Held der trojanischen Kriege, im Kampf mit der Königin der Amazonen. Er trägt den »attischen« Helm mit dem hohen Helmbusch und dem weiten Halsschutz, den schweren glockenförmigen Brustpanzer und gegossene Beinschienen zum Schutz der Unterschenkel. Spätere griechische Rüstungen sollten der schweren Infanterie zwar weitaus weniger Schutz, dafür aber mehr Beweglichkeit bieten.

telalter durch die Bogenschützen von der Kampfesszene verdrängt wurden. Denn der Pfeil war auf eine doppelte oder dreifache Entfernung tödlich – ein Hagel von geschleuderten Steinen dagegen hatte nur die Wirkung eines »Reizkampfstoffes«.

Der Bogen blieb die Fernkampfwaffe Nummer eins, bis sich in der zweiten Hälfte des neunzehnten Jahrhunderts der Hinterlader durchsetzen konnte. In dem gesamten Zeitraum von 4000 Jahren wußte jedoch nur eine Handvoll von militärischen Völkern alle Vorteile der Bogenschützenkunst voll auszunutzen. Als erstes müssen die Assyrer erwähnt werden. Sie eroberten zwischen 1100 und 612 v. Chr., als ihre Hauptstadt Ninive fiel, die gesamte bekannte Welt östlich des Mittelmeers. Die Expansionstätigkeit der Assyrer im Vorderen Orient ist auf die Tatsache zurückzuführen, daß sie das erste Volk waren, welches die Kriegführung auf wissenschaftlicher Ebene betrieb.

Ihr Geheimnis bestand, um es einmal vereinfachend zu sagen, darin, jede bereits bekannte Waffe auf die wirksamste Art und Weise zu nutzen. Das galt ganz besonders für Pfeil und Bogen. Die Assyrer setzten Fußvolk, Streitwagenfahrer und Reiter als Bogenschützen ein, wobei letztere von besonderem Kampfwert waren, da sie in Reihen vorgaloppieren, mehrere Pfeile abschießen und wieder zurückreiten konnten, ohne selbst in Gefahr zu geraten. (Im zwölften Jahrhundert n. Chr. bedienten sich berittene sarazenische Bogenschützen bei den westeuropäischen Kreuzfahrern erfolgreich derselben Taktik; ebenso bahnten sich berittene mongolische Bogenschützen ihren Weg vom Chinesischen Meer bis zum Ostdeutschen Reich.) Doch die Assyrer begnügten sich nicht allein mit der optimalen Nutzung von Pfeil und Bogen. Sie entwickelten darüber hinaus Brustpanzer und Beinschienen für berittene wie auch unberittene Soldaten; sie setzten mit schweren und leichten Lanzen bewaffnete Reiter ein, welche die bereits durch den Pfeilhagel geschwächten feindlichen Formationen kampfunfähig machen sollten. Diese dienten als Ergänzung zu der leichten und schweren Infanterie und brachten zusätzlich Ingenieure oder Sappeure ins Kampfgeschehen, deren Funktion es war, die Mauern der feindlichen Städte zu durchbrechen.

Kurz, die Assyrer entwickelten sämtliche der zu Lande eingesetzten Waffen vor der Erfindung des Schießpulvers und schließlich der das Land bombardierenden Kampfflugzeuge. Doch konnten ihre Eroberungserfolge, solange sie auch Bestand hatten, nur auf eine Weise enden: Die eroberten Gebiete waren zu ausgedehnt, um bei den dauernden Revolten gehalten werden zu können.

Ihre Nachfolger, was militärische Überlegenheit anbetrifft, waren die Perser, die mit Hilfe ihres genialen Organisationstalents ein Weltreich eroberten, das sich vom Schwarzen Meer bis hin nach Indien erstreckte, und ihre neu unterworfenen Kriegsvölker, die Assyrer an der Spitze, daran hinderten, Waffen zu tragen, die die Gefahr einer Revolte bargen. In seiner ganzen Größe und Kriegsstärke schien das Persische Reich unschlagbar – doch als seine »Großen Könige« den Versuch wagten, sich die Stadtstaaten Griechenlands einzuverleiben, stießen sie auf ein völlig neues Militärsystem, das sich als ihr Untergang erweisen sollte.

Die Griechen hatten eine neue Art von schwerer Infanterie entwickelt, wie man sie noch nirgends zuvor gesehen hatte. Durch Helm, Brustpanzer und Rundschild geschützt und mit langen Stoßlanzen und zweischneidigen Schwertern (für den Nahkampf) bewaffnet, marschierten und kämpften die Hopliten in dichter Formation und mit großartiger Disziplin. Sie konnten dem Feind mit einer fast undurchbrechbaren Schildmauer trotzen oder im Sturmschritt angreifen, wie 490 v. Chr. in Marathon, wodurch die Gefahr einer persischen Besetzung gebannt wurde. Peltasten (leichtbewaffnete Infanteristen) und Schleuderer ergänzten ihre Schlachtordnung und sorgten für taktische Flexibilität. Häufig begab sich das Hopliten-Heer zu Pferde zur Schlacht, kämpfte jedoch zu Fuß und machte sich so eine weitere militärische Tugend zu eigen – die Mobilität.

Die Könige von Makedonien, Philipp II. (359–336 v. Chr.) und Alexander der Große (336–323 v. Chr.) mit ihren Heeren aus Hopliten, Phalangiten und schwergepanzerten Reitern, erwiesen sich als geniale Techniker. Sie setzten Hopliten und Phalangiten, die sogenannte *Phalanx,* strategisch so ein, daß sie den Feind im Zentrum schwächten, während die schwere Reiterei die feindlichen Flanken angriff. Dieses Infanterie-Kavallerie-Teamwork, verbunden mit der enormen Stoßkraft des Heeres und der Fähigkeit, die wunden Punkte des Feindes auszuloten – das war das Geheimnis bei Alexanders Eroberung des gesamten Persischen Reiches und Ägyptens. Es ermöglichte dem griechisch-mazedonischen Heer, die große persische Armee zu zerschmettern, »so wie ein Stein eine Flasche zerschmettert« (Herbert George Wells). Alexanders Reich zerfiel nach seinem frühen Tod in Babylon (323 v. Chr.), die Kombination Phalanx – Kavallerie jedoch konnte sich bis zum nächsten entscheidenden Vorstoß in der Taktik behaupten.

Oben: Vasenmalerei aus der Zeit um 480 v. Chr. Dargestellt ist ein bestens ausgebildeter Hoplit aus der Armee, welche die persischen Heere bei Marathon und Plataea besiegt hat. Er trägt noch immer Beinschienen, die Brustpanzerung jedoch ist sehr viel leichter geworden. Im Kampf wurde der Helm zum Schutze des Gesichts heruntergezogen.

Letzterer kam aus Italien in Form der römischen Legion, dem ursprünglich größten geschlossenen Truppenverband in einem Bürgerheer, der seine Schlachten in einer drei Glieder tiefen Front auszutragen pflegte, wobei die kämpferisch stärksten Lanzenträger im dritten Glied zurückgehalten wurden. Anfangs waren die Römer mit schweren Stoßlanzen bewaffnet, die sie jedoch später zugunsten von leichten Wurfspeeren und Kurzschwertern für den Nahkampf aufgaben. Es ist weitaus leichter, seinen Gegner durch einen Dolchstoß zu töten als mit einem weit ausholenden Hieb, und die Römer waren vor allem deshalb so erfolgreich, weil sie sich diese Tatsache für ihre Infanterie zunutze zu machen wußten.

Nach einer Reihe von mörderischen Niederlagen durch den großen karthagischen Feldherrn Hannibal, der zwischen 218 und 204 v. Chr. ganz Italien überrumpelte, begannen die Römer, die Legion in übersichtliche Unterabteilungen (Manipel und Zenturien) aufzugliedern, um wendiger und beweglicher zu sein, ohne jedoch den Zusammenhalt zu verlieren. Es war Hannibal ein leichtes gewesen, die nichtaufgegliederten Legionen in eine Falle zu locken und die umzingelten Legionäre wie Vieh abzuschlachten. Eine disziplinierte Armee allein war nicht ausreichend; es bedurfte darüberhinaus einer gesunden Kavallerie zum Schutz der Flanken. Die Römer lernten schnell. Im Jahre 202 v. Chr. wurde Hannibal bei Zama, dem Waterloo der punischen Kriege, auf karthagischem Boden entscheidend geschlagen, und zwar mit genau derselben Taktik, mit der er einst die Römer besiegt hatte. Durch den Sieg über Karthago gewann Rom die Herrschaft über das westliche Mittelmeer. Zusammenstöße mit griechischen Kolonisten in Süditalien und Sizilien lösten den Krieg gegen die Griechen aus, doch bei Kynoskephali (197 v. Chr.) und Pydna (168 v. Chr.) wurde mit den kleineren, wendigeren römischen Manipeln gekämpft, und das bedeutete das Ende der Phalanx.

Roms anschließender Aufstieg zu einem Weltreich wurde durch eine schmerzliche Niederlage unterbrochen, welche die römischen Strategen lieber vergaßen, statt aus ihr zu lernen: Carrhae, im Jahre 53 v. Chr. Bei dem wahnwitzigen Versuch, die Parther, ein iranisches Reitervolk, zu unterwerfen, führte Markus Crassus sieben Legionen in die syrische Wüste und zugleich in eine schmachvolle Niederlage. Die schwere Kavallerie der Parther vernichtete die dürftige römische Reiterei und ermöglichte so den berittenen Bogenschützen, die Legionen unter ihrem Pfeilhagel kampfunfähig zu machen.

Berittene Bogenschützen sollten nie ein fester Bestandteil der römischen Militärmaschine

Oben: Diese lebendige Szene von der Akropolis schildert, was passiert, wenn die Kavallerie auf eine gut ausgebildete Infanterie stößt. In seiner rechten Hand (beschädigt) trägt der Hoplit die Lanze und drängt den angreifenden persischen Reiter zurück, während er sich selbst mit dem Schild schützt.

Rechts: Der Gegner des Hopliten: ein persischer »Unsterblicher«, so genannt, weil im Falle seines Todes sofort ein anderer an seine Stelle trat. Er ist Schütze und Lanzenträger zugleich und trägt Bogen und Köcher an einem Riemen über der Schulter. Die prächtig ausgerüstete persische Infanterie hatte wenig Chancen, wenn es zum Nahkampf gegen die gepanzerten Truppen kam.

werden; dennoch unterschied sich das Heer des späteren Weströmischen Reiches (circa 192 bis 410 n. Chr.) ganz wesentlich von der Armee, welche die Karthager und Griechen im zweiten Jahrhundert v. Chr. geschlagen hatte. Die hart marschierenden Legionen von Infanteristen erwiesen sich als veraltet und wurden größtenteils durch Divisionen von schweren Reitern ersetzt, die von einem Krisenherd an den Reichsgrenzen zum nächsten jagten. Auch konnte man sich mit einem stehenden Heer allein nicht mehr begnügen: Barbarenstämme wurden jetzt als bewaffnete Bundesgenossen angeworben. Manchmal kämpften sie wirklich für Rom, öfter jedoch erwiesen sie sich als ein trojanisches Pferd des Feindes. Roms letzter großer General, Stilicho, war nicht einmal Römer, sondern ein Vandale. Er war einer der geschicktesten Meister der mobilen Kriegführung, den die Militärgeschichte aufzuweisen hat, und hielt das Weströmische Reich zwischen 396 und 408 n. Chr. durch eine Reihe von spektakulären Siegen zusammen. Es gab jedoch nur einen Stilicho. Als Kaiser Honorius, der einen Verrat fürchtete, Stilicho 408 n. Chr. hinrichten ließ, dauerte es nur noch zwei Jahre, bis Rom in die Hände der Goten fiel.

Das Oströmische Reich mit seiner Hauptstadt Konstantinopel blieb nach dem Fall Roms bestehen. Unter Kaiser Justinian (527–565) brachte es sogar einen griechischen Stilicho hervor, den Feldherrn Belisar, der dem Reich für kurze Zeit Nordafrika und Italien zurückeroberte – wieder durch den meisterhaften Einsatz der schweren Kavallerie. Doch vom siebten Jahrhundert n. Chr. an war das Reich nur noch eine schrumpfende Insel von Bürokratie, Palastrevolutionen und religiösen Parteikämpfen, umgeben von einem Meer aufrührerischer Widersacher.

Die Goten, Vandalen und Franken, die das Weströmische Reich zu Fall gebracht hatten, ließen sich schließlich nieder und äfften die Zivilisation nach, die sie zerstört hatten. Ein Wirrwarr von Königreichen der »Barbaren« wucherte aus den Trümmern Westroms. Mit der Zeit nahmen sie den christlichen Glauben an, und die Idee des Christentums wurde zum neuen Medium von Bildung und friedlicher Kunst. Die Araber dagegen, angefeuert durch die Lehren des Propheten Mohammed, wurden nach 632 zu fanatischen Streitern für die Ausbreitung des Islam. Arabische Heere von berittenen Kriegern – Schwertfechter, Lanzenträger und Bogenschützen – eroberten Palästina, Persien, Nordafrika und Spanien. Sie überquerten sogar die Pyrenäen und drangen ins südliche Gallien ein, wo sie jedoch im Jahre 732 durch Karl Martell bei Tours und Poitiers am weiteren Vordringen gehindert wurden. Das in seinen Fundamenten erschütterte Europa war jetzt im Süden und im Osten durch eine fremde und ideologisch feindliche Zivilisation bedroht.

Was die Araber für die mediterrane Welt waren, waren die Wikinger für Nordwest-Europa: eine furchtbare Plage, der mit entschlossenem Kampfgeist und den richtigen Taktiken entgegengetreten werden mußte. Der Erfolg des wikingischen Kampfstils beruhte auf einer interessanten Kombination von verschiedenen Faktoren. Die wikingischen Kriegerscharen und Heere waren überaus mobil – sie pflegten ganze Pferdeherden zusammenzutreiben, um sich von einem Opfer zum nächsten zu bewegen. Bei entscheidenden Schlachten jedoch zogen ihre Krieger es vor, zu Fuß, hinter einer dichten Schildmauer, zu kämpfen. Mit der Zeit aber erkannten sie, wie jedes andere Kriegervolk vor ihnen – egal ob Assyrer, Perser, Griechen oder Römer –, daß ein Heer, nur aus Infanteristen bestehend, seine Grenzen hat. Ein gepanzerter Krieger zu Pferde war kampfstärker. Aus einem Siedlungsgebiet der Wikinger im nördlichen Frankreich, der Normandie, kam der gepanzerte Ritter galoppiert, um die militärische Szene in Europa zu beherrschen.

Die ursprünglichen normannischen Ritter des elften Jahrhunderts hatten ihre Wendigkeit allein von ihren wikingischen Vorfahren. Mit ihren Langschwertern, Wurfspießen und Lanzen waren sie im Sattel todbringend, doch konnten sie auch zu Fuß kämpfen. Ähnlich wie die Wikinger waren sie ausgezeichnete Söldnertruppen und dienten in Konstantinopel, im Heiligen Römischen Reich und anderswo. Unschlagbar aber waren sie nicht. Der Sieg Wilhelm des Eroberers in Hastings (1066), der so oft als Beweis für die Überlegenheit des Rittertums gepriesen wurde, war alles andere als das. Die Normannen waren keine echten Sieger in Hastings: Vielmehr ließen sich die Engländer eine sichere Siegeschance entgehen, indem sie vorzeitig ihre Formation auflockerten. Die Normannen waren nämlich bereits im Begriff aufzugeben, nachdem all ihre berittenen Attacken abgewehrt worden waren. Das Blatt wendete sich erst in dem Augenblick, als Wilhelm Bogenschützen einsetzte, welche die Schildmauer der Engländer so weit reduzierten, daß die Ritter erfolgreich angreifen konnten.

Als Europas Kreuzritter hundert Jahre später im Vorderen Orient auf sarazenische berittene Bogenschützen stießen, kam es gewöhnlich zu einem Patt, das sich nur dann auflöste, wenn der einen oder der anderen Seite ein Fehler unterlief. Eine neue Infanterie-Waffe, die Armbrust, zwang die Sarazener, Abstand zu halten; die sarazenische Wendigkeit dagegen hielt die europäischen Ritter davon ab, ihren stets ausweichenden Feind im Sturmangriff niederzureiten. Nicht zum Patt jedoch kam es bei der niederschmetternden Invasion der osteuropäischen Mongolen im dreizehnten Jahrhundert. Die mongolischen Regimenter von disziplinierten berittenen Bogenschützen, die auf ihrem langen Weg durch Eurasien jedes Hindernis niedergerannt hatten, waren dabei, Ungarn, Polen und die ostdeutschen Gebiete zu vernichten, als der Große Khan 1241 starb und die Mongolen heimzogen, um einen Nachfolger zu wählen. Zum großen Glück für Europa konzentrierten sich die Mongolenfürsten auf die Eroberung Südchinas.

Unten: Die gepanzerten normannischen Ritter im Angriff gegen die englische Armee bei Hastings (1066). Hierbei ist zu beobachten, daß die Hauptwaffe nicht mehr die Lanze, sondern der Wurfspeer ist, was den Rittern ermöglichte, wiederholte Überraschungsangriffe mit anschließendem Rückzug zu starten. In Hastings gelang es den normannischen Rittern nicht, die Schildwand des gepanzerten Fußvolkes zu durchbrechen. Erst als Wilhelm der Eroberer seine Ritter zurückzog und seine unberittenen Bogenschützen ins Kampfgeschehen einbrachte, konnte die englische Schildwand mit einem massierten Pfeilhagel empfindlich geschwächt werden.

KAPITEL 2

AZINCOURT

25. OKTOBER 1415

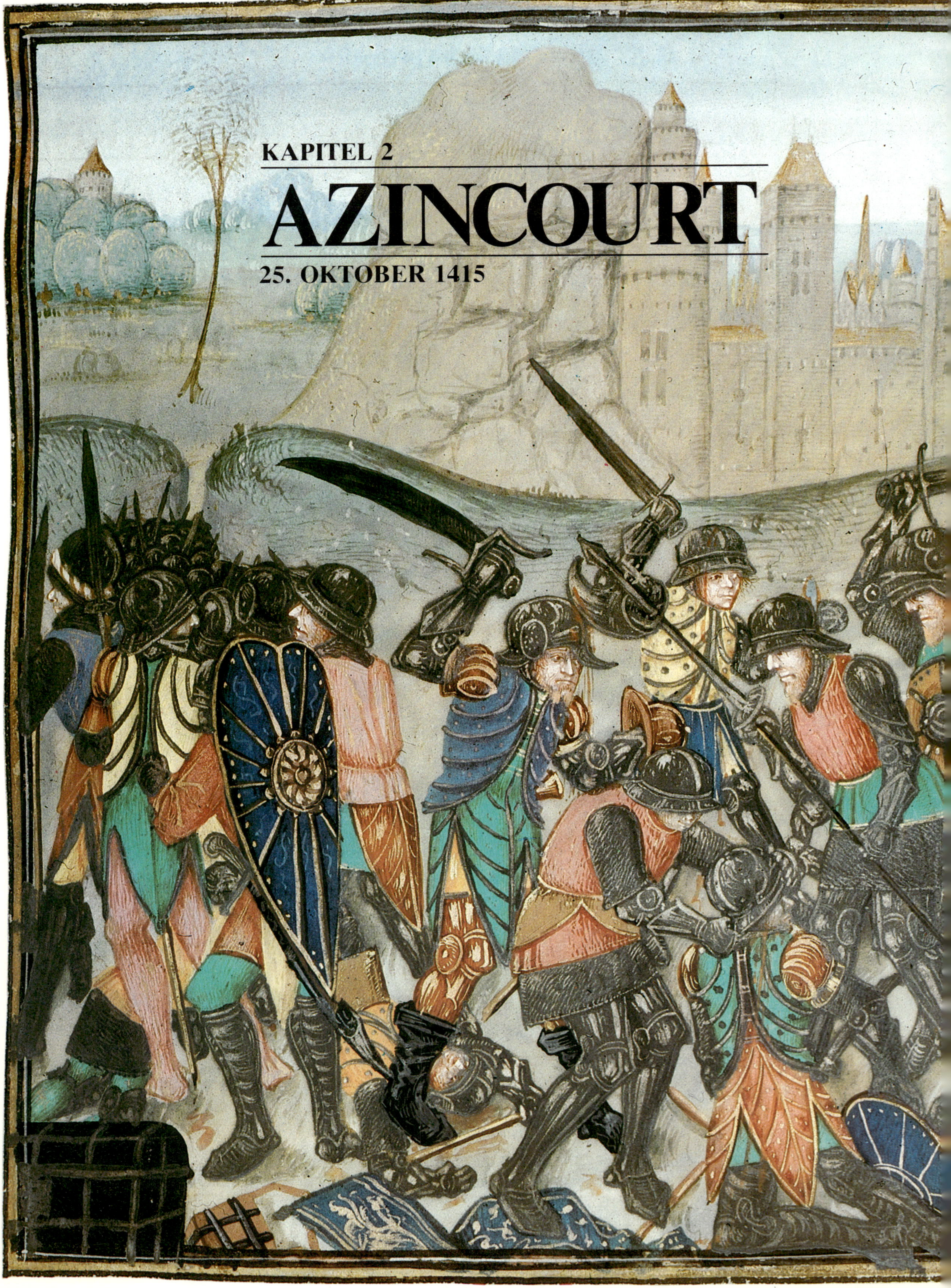

Rechts: »Der Spiegel aller christlichen Könige«: Heinrich V. betet zum heiligen Georg, der mit dem Abzeichen des Hosenbandordens (von Eduard III. gegründet) dargestellt ist. Obwohl Heinrich, wie man weiß, ein Meister des kalkulierten Risikos und ein hervorragender Soldatenführer war, machte ihn seine kalte Bigotterie zu einer wenig anziehenden Figur. Erst Shakespeares Drama sollte ihm etwas positivere Züge verleihen.

Vorherige Seiten: Eine dramatische Darstellung der Abscheulichkeiten von Azincourt – die Ausführung des Befehls Heinrichs V., alle Gefangenen zu töten, um zu verhindern, daß sie erneut ins Kampfgeschehen eingriffen. Im Vordergrund schlägt eine Gruppe von bewaffneten Soldaten auf einen französischen Ritter ein; etwas weiter im Hintergrund wird einem anderen Ritter, der verwundet und hilflos am Boden kauert und schon seine Beinschienen verloren hat, die Kehle durchgeschnitten; in der rechten Bildhälfte sieht man zwei Engländer um einen Beutegegenstand feilschen. Heinrichs Männer sind empört, als sie den Befehl erhalten, die Gefangenen zu töten – nicht etwa aus humanitären Gründen, sondern weil sie sich so um ihr erwartetes Lösegeld betrogen fühlen.

Hoffnungslos eingekeilt von dem zahlenmäßig überlegenen französischen Ritterheer mußte der englische König dafür sorgen, daß er an der ihm genehmsten Stelle angegriffen wurde.

Der Krieg

350 Jahre waren bereits vergangen, seitdem Wilhelm der Eroberer 1066 den englischen Thron bestiegen hatte, und noch immer hatten die Könige Englands ihre Ansprüche auf die Normandie und andere Teile Frankreichs nicht aufgegeben. Daß ein junger englischer König diese Ansprüche erneut geltend machen wollte, war also nichts Außergewöhnliches. Als Heinrich V. 1413 im Alter von fünfundzwanzig Jahren König von England wurde, hatte er bereits an englischen Bürgerkriegen teilgenommen und im Namen seines Vaters gekämpft, welcher Richard II. vom Thron gedrängt hatte. Ein Wiederanstacheln der alten Fehden mit Frankreich war eine ideale Gelegenheit, von den Streitigkeiten im eigenen Land abzulenken und Ressentiments und Ambitionen des englischen Adels gegen einen ausländischen Feind zu richten.

Eduard III., Heinrichs Urgroßvater, hatte eine Reihe von äußerst kostspieligen, aber erfolgreichen Kriegen in Frankreich geführt und sich einen Stützpunkt in Calais und einen Küstenstreifen im Süden, um Bordeaux, gesichert. Die Engländer hatten in der Feuerkraft ihrer zu Fuß kämpfenden Schützen, die sich auf die Kunst des Langbogenschießens verstanden, eine wirksame Waffe gegen die schwergepanzerten Heere der französischen Ritter gefunden und blickten nicht ohne Stolz auf ihre Siege in Crécy (1346) und Poitiers (1356) zurück.

Heinrich V. konnte also einem Krieg gegen Frankreich mit Enthusiasmus und Zuversicht entgegensehen. Sein erstes Ziel sollte die Normandie sein, das alte Herzogtum, das all seinen Forderungen voranstand. Sein Plan setzte eine Invasion, ausgehend von der Kanalküste, und die Einnahme einer festen Basis voraus. Heinrich nahm sich ausreichend Zeit, um seine Expeditionsstreitkräfte von Schützen, bewaffneten Infanteristen, Rittern und Belagerungsartilleristen, die mit einer neuen Kanone ausgerüstet waren, aufzustellen und auszustaffieren, bevor er am 11. August 1415 von Southampton aus in See stach. Insgesamt soll sein Heer circa 9000 Mann stark gewesen sein, doch diese Zahl ist, wie die der meisten mittelalterlichen Feldzüge, umstritten und unzuverlässig.

Der Feldzug: von Harfleur bis zur Somme

Heinrich nahm zu Recht an, daß die Franzosen einen eventuellen Einmarsch an der Meeresenge von Dover und erste Kampfhandlungen von der bereits vorhandenen englischen Basis in Calais ausgehend erwarteten. Der Landung am nördlichen Ufer der Seinemündung stand deshalb nichts im Wege, und die Franzosen befanden sich zu Anfang des Feldzugs ganz entschieden in einer schlechteren Ausgangsposition. Heinrichs erstes Ziel war die Eroberung der befestigten Stadt Harfleur, doch er hatte nicht mit dem energischen Widerstand der Garnison von Harfleur gerechnet. Die Belagerung begann mit dem 18. August und schleppte sich hin bis zum 22. September. In diesen fünf Wochen wurden Heinrichs Truppen von der Ruhrkrankheit heimgesucht; 2000 Mann starben oder waren für den weiteren Einsatz untauglich; ferner mußten 1000 Mann für den Garnisonsdienst in Harfleur zurückgestellt werden. So blieben Heinrich nur noch knapp 6000 Soldaten. Fast alle Berater des Königs sprachen sich gegen eine Fortführung seiner ehrgeizigen Pläne aus. Das englische Heer hatte schon zuviele Männer verloren, und der kalte, regnerische Herbst war schon zu weit fortgeschritten.

Doch Heinrich war wild entschlossen, den Kampf zu eröffnen und die Normandie, von Harfleur bis Calais, Schritt für Schritt zu erobern. Er spekulierte auf das Zögern und die Tatenlosigkeit der französischen Armee, die ihr schon Harfleur gekostet hatten, und glaubte, die Engländer in maximal zehn Tagen sicher nach Calais führen zu können. Er hatte dabei zusätzlich einen wichtigen moralischen Sieg vor Augen, nämlich den, sein Heer in aller Ruhe durch Frankreich marschieren zu lassen. (Als geschickter Propagandist hatte sich Heinrich seit Anbeginn der Kampagne nie als ausländischer Eindringling, sondern stets als rechtmäßiger König hingestellt, der seine Ansprüche geltend machen wollte.) Der Marsch auf Calais begann am 6. Oktober.

Anfangs hatte es den Anschein, als stände Heinrichs Plänen nichts im Wege. Am 13. Oktober hatte sein Heer bereits acht Meilen und somit mehr als die Hälfte der Wegstrecke bis Calais zurückgelegt und mußte nur noch einen einzigen größeren Fluß, die Somme, überqueren. Doch sechs Meilen vor der Hauptfurt bei Blanchetaque wurde Heinrich mit einer erschreckenden Nachricht konfrontiert: Sechstausend Franzosen erwarteten ihn an der Somme.

Sollte ihm der Marsch auf Calais nicht gelingen, so kam ein Rückzug der Truppen nach Harfleur ebensowenig in Frage; die Engländer würden mit größter Sicherheit verfolgt und schließlich vom französischen Hauptheer, das sich in Richtung Nordwesten bewegte, in der Flanke angegriffen und zermalmt. Heinrich war

Oben: Handgemenge zwischen englischen und französischen Soldaten. Die mittelalterliche Rüstung hatte ihre Nachteile; ein Ritter konnte durch einen kräftigen Hammerschlag auf den Helm vorübergehend betäubt oder gelähmt werden. In diesem Fall hatte der Angreifer Zeit, dem Wehrlosen einen tödlichen Messerstich durch ein Gelenk der Rüstung zu geben.

Unten: Ein Ausschnitt aus einer Illustration von Froissants »Chronicles«, welche die Schlacht bei Crécy darstellt, die berühmte Niederlage der Franzosen im Jahre 1346, einer der Gründe für die zuversichtliche Stimmung der Engländer im Jahre 1415.

noch immer fest entschlossen, die Somme zu überqueren und seinen Marsch auf Calais fortzusetzen. Er gab den Befehl, das Somme-Tal hinaufzumarschieren und hoffte, eine seichte Stelle zu finden, wo er sein Heer unbemerkt über den Fluß führen konnte. Doch die Franzosen folgten ihm wie ein Schatten auf der anderen Uferseite. Vorbei an Abbeville, Pont Rémy, Hangest-sur-Somme, Crouy, Picquigny, Amiens, Boves und Fouilly marschierte das englische Heer, vom Hunger gequält, eine nicht enden wollende Woche durch prasselnden Regen, stets gefolgt von den Blicken der Franzosen, die sich auf gleicher Höhe am anderen Ufer des Flusses bewegten.

Am 18. Oktober, in Fouilly, beschloß Heinrich, einen Abkürzungsweg über Land zu nehmen, statt dem gewundenen Flußlauf zwischen Boves und Bethincourt zu folgen – ein Beschluß, dem die Engländer später ihren Sieg verdanken sollten. An der Marschroute befragte Bauern wiesen ihnen den Weg zu zwei Furten bei Bethincourt und Voyennes. Ihre Auskunft erwies sich als richtig, und wenige Stunden bevor die französische Avantgarde auftauchte, hatte die englische Armee das Nordufer des Flusses erreicht.

Dieses schwere Hindernis war also überwunden, und die Erleichterung unter den Engländern war groß, doch als sie am 21. Oktober ihren Marsch auf Calais fortsetzten, sichteten sie Spuren des feindlichen Heeres, das sich etwas weiter östlich vor ihnen in gleicher Richtung bewegte. Im Laufe des 22. und 23. Oktober rückten die beiden Heere immer dichter zusammen.

In »*Heinrich V.*« nutzt Shakespeare das nächtliche Warten für großartige dramatische Effekte und läßt die hochnäsigen und bestens ausgerüsteten Franzosen Wetten ausmachen, wieviele Engländer ein jeder töten wird, während die erschöpften und zermürbten »armen verdammten Engländer« finster und verdrossen auf das große Gemetzel warten. Doch wollten wir dem Geschichtsschreiber Enguerrand de Monstrelet Glauben schenken, so war das genaue Gegenteil der Fall, und das erdrückende Schweigen kam aus den Reihen der Franzosen:

»Nur selten wieherte eines ihrer Pferde in jener Nacht, was viele als ein böses Omen deuteten. Die Engländer spielten bis in die frühen Morgenstunden auf ihren Trompeten und anderen Instrumenten, und die ganze Umgebung war erfüllt von ihren Klängen.«

Die Heere nehmen Gefechtsposition an

Bei Tagesanbruch des 25. Oktober wurde das französische Heer, kaum eine halbe Meile entfernt, in seiner scheinbar unbesiegbaren Überzahl sichtbar. Seine Stärke wird heute auf circa 25 000 Mann geschätzt (gegen 5700 englische Soldaten) – ein entmutigender Anblick für das kleine, bereits geschwächte englische Heer. Doch die Engländer sahen in der Position ihres Gegenübers einen kleinen Hoffnungsschimmer. Die beiden feindlichen Heere waren durch ein Gelände von kürzlich gemähten Feldern voneinander getrennt, das sich in der Mitte leicht verengte und von zwei Wäldern gesäumt wurde. So war es den Franzosen unmöglich, die

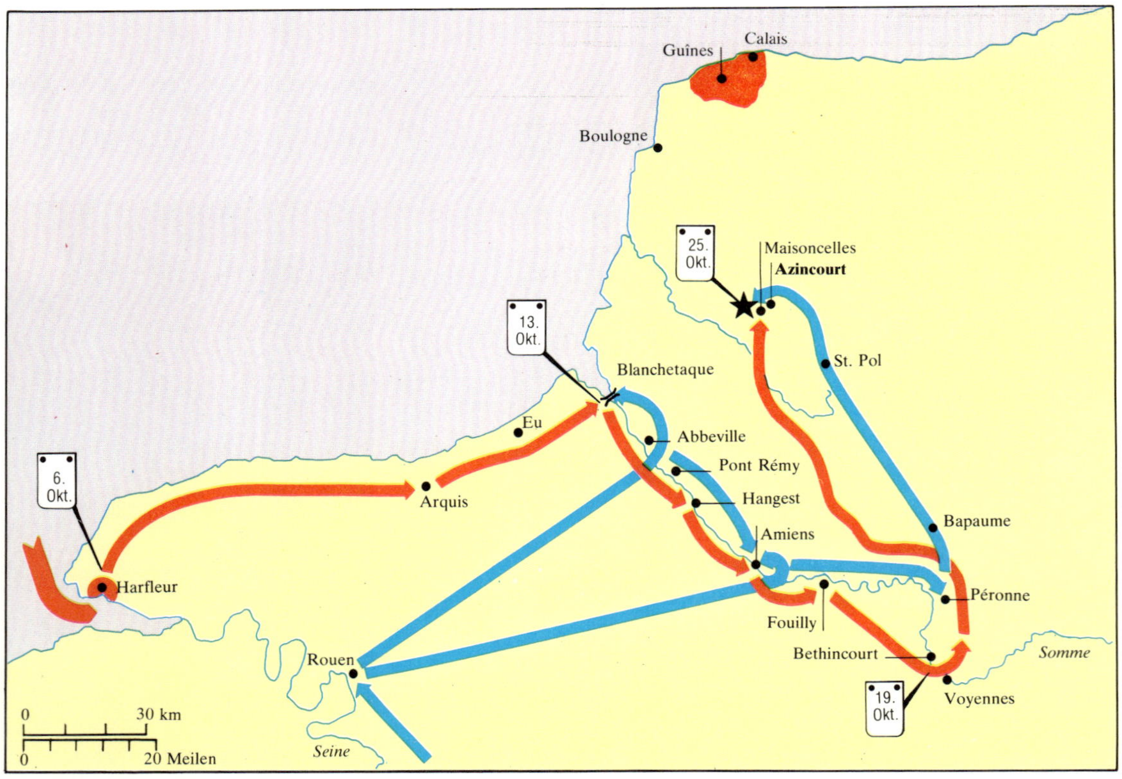

Links: Die große Krise der Operation – Heinrichs Marsch auf Calais und das Hindernis an der unteren Somme. Nach tagelangen Märschen, die sie immer weiter von ihrem Ziel entfernten, standen die Engländer (rot) kurz vor der totalen Erschöpfung, bis es ihnen endlich gelang, den Fluß zu überqueren. Doch Albret und seine gewaltige Feldarmee (blau) konnten ihre Marschroute auf Calais spielend blockieren.

Engländer an den Flanken anzugreifen und ganz einzukreisen – ein gewaltiger Pluspunkt für die Engländer: Ihr Heer füllte die Verengung spielend aus, während die Franzosen ihre Front nicht ausbreiten und ihre zahlenmäßige Überlegenheit voll ausspielen konnten. Sie waren gezwungen, mit derselben Gefechtsbreite wie die Engländer anzugreifen, und wenn ihre erste Gefechtsreihe in Schwierigkeiten geraten sollte, so würde die zweite und dritte Kampfreihe durch ihre eigenen Männer blockiert.

Die Engländer hatten noch einen weiteren Trumpf in der Hand: Da sich ihr Heer hauptsächlich aus Infanteristen zusammensetzte, brauchten sie sich nicht um die Bodenbeschaffenheit zu sorgen – anders die Franzosen mit ihrer schweren Kavallerie. Es hatte die beiden vorangegangenen Wochen ohne Unterlaß geregnet, und die beiden Heere standen sich auf völlig durchweichtem Ackerland gegenüber – dem denkbar ungeeignetsten Terrain, um ein Pferd sicher zu führen oder ihm gar zum Angriff die Sporen zu geben. Man brauchte nur die Hälfte der französischen Frontlinie zu Fall zu bringen, und die nachfolgenden im Schlamm watenden Massen gerieten in Panik – denn ein Ritter, der der Länge nach im Morast lag, war so hilflos wie ein auf dem Rücken strampelnder Käfer.

So war Heinrichs Hauptsorge in Azincourt, die Franzosen zu einem Frontalangriff zu bewegen, noch ehe sie sich ihrer ungünstigen Lage bewußt wurden. Er stellte sein eigenes Heer keilförmig zwischen den beiden Wäldern auf und ließ die Bogenschützen so unter das restliche Fußvolk verteilen, daß ein Maximum von Pfeilen auf jeden gegebenen Punkt gerichtet werden konnte. Jeder Schütze steckte einen spitzzulaufenden Pfahl vor sich in die Erde, wodurch eine stachelige Palisade gegen den Feind gebildet wurde. Als Heinrich sah, daß die Franzosen nicht angreifen wollten, befahl er seinen Schützen, die Pfähle wieder aus dem Boden zu ziehen und sich zum Vormarsch bereitzuhalten. Der König selbst gab die Order: »Banner voran! Im Namen von Jesus, Maria und dem Heiligen Georg!«, und die Front bewegte sich vorwärts. Unter den wiederholten Rufen »Heiliger Georg!« und dem Schweigen der verblüfften Franzosen rückte das englische Heer bis circa 300 Meter vor die feindlichen Frontlinie. Die Pfähle wurden erneut in den Boden gerammt, und die Schützen gaben ihre ersten Pfeile ab.

Gemetzel im Schlamm

Da ein gut geschulter Schütze minimal sechs Pfeile in der Minute abschießen konnte, und die circa 4000 Schützen mehr oder weniger gleichzeitig ihre Pfeile abgaben, kann man davon ausgehen, daß die Ritter und zu Fuß kämpfenden Soldaten der französischen Frontlinie in der ersten Minute einen Hagel von 24000 Pfeilen über sich ergehen lassen mußten. Die französischen Truppen reagierten mit dem blinden und ungestümen Zorn eines gereizten Stiers und stürmten zum Angriff, um den Feind niederzumetzeln.

Die als ersten vorstürmenden französischen Soldaten hatten noch verhältnismäßig festen Boden unter den Füßen, doch sobald sich die Ritter in Bewegung setzten, verwandelte sich der Untergrund in einen immer tieferen Sumpf. Durch die angrenzenden Wälder gezwungen, die Kampfreihen der eigenen Soldaten zu durchqueren, statt sie zu beiden Seiten zu überholen, wurden die Ritter zu idealen Zielscheiben, aus dem einfachen Grund, weil ein berittener Soldat einfacher zu treffen ist als ein zu Fuß kämpfender. Es genügte, nur die ersten Reihen der französischen Angreifer zu treffen, was mit einem Langbogen bei einer Entfernung von 100 Metern und weniger ein wahres Kin-

Oben: Handgemenge zwischen englischen und französischen Rittern. Im Nahkampf konnten die Franzosen ihre zahlenmäßige Überlegenheit nicht voll ausspielen – und genau das hatte Heinrich beabsichtigt.

Unten: Die englische Trumpfkarte: die Langbogenschützen. Genaues Zielen war weniger wichtig als das Geschick, in Sekundenschnelle einen Pfeil nach dem anderen in dasselbe kleine Feld abzugeben.

Nachmittags hatte sich eine kleine Schar von französischen Rittern und zu Fuß kämpfenden Soldaten vom Schlachtfeld gestohlen, hatte circa 600 Bauern zusammengetrieben und mit ihnen den ungeschützten englischen Troß überfallen und geplündert. Der Zwischenfall an sich stellte absolut keine Gefahr für die englischen Streitkräfte dar, doch er bewog Heinrich zu einem Befehl, der ihn stark in Verruf bringen sollte. Die dritte französische Kampflinie war noch immer intakt, und Hunderte von Gefangenen lauerten nur auf den Augenblick, zu den Waffen greifen zu können. Plötzlich wurde diese Unruhe und Nervosität hinter der englischen Kampfstellung deutlich spürbar – Heinrich witterte ein Unheil und reagierte, indem er befahl, sämtliche Gefangenen töten zu lassen. Der Befehl wurde von seinen Soldaten mit Verständnislosigkeit und Zorn entgegengenommen – nicht etwa aus humanitären Gründen, sondern in Hinblick auf den Verlust der Lösegelder, den dieser Schritt zur Folge hatte. Heinrich jedoch war ein Befehlshaber, der dafür sorgte, daß jeder Befehl, den er zu geben für richtig befand, auch prompt ausgeführt wurde, und ein neues Massaker begann. Es wurde erst in dem Augenblick eingestellt, als sich deutlich abzeichnete, daß die dritte französische Kampflinie gar nicht zum Angriff übergehen wollte, sondern sich merklich auflöste.

Am späten Nachmittag war alles vorüber. Heinrich und seine Offiziere waren bereits dabei, das Schlachtfeld zu inspizieren, als Montjove, der französische Gesandte, eintraf, um Frankreichs Niederlage formell zu bestätigen. Die Zahl der Verluste auf beiden Seiten ist

Obwohl die einzige Feldarmee Frankreichs und die Creme der französischen Militärkommandanten ausgelöscht worden war, zog sich der Krieg noch über vier Jahre hin. Nach einer triumphalen Rückkehr nach England via Calais zog Heinrich erneut in die Normandie, um dort einen eher konventionellen Feldzug zu führen – bescheidene Märsche, unterbrochen von Belagerungen –, wobei er 1417 Caen und Bayeux, 1418 Falaise und im darauf folgenden Jahr Rouen einnahm. Am 21. Mai 1420 wurde Karl

Oben: Englische Feierlichkeiten nach dem Sieg bei Azincourt – ein Sieg, der mehr versprach als er hielt. Heinrichs Versuch, König von England und Frankreich zu werden, wurde durch seinen frühen Tod vereitelt und bescherte den Engländern einen aufreibenden und immer kostspieligeren Krieg gegen ein zu neuem Bewußtsein erwachten und trotziges Frankreich.

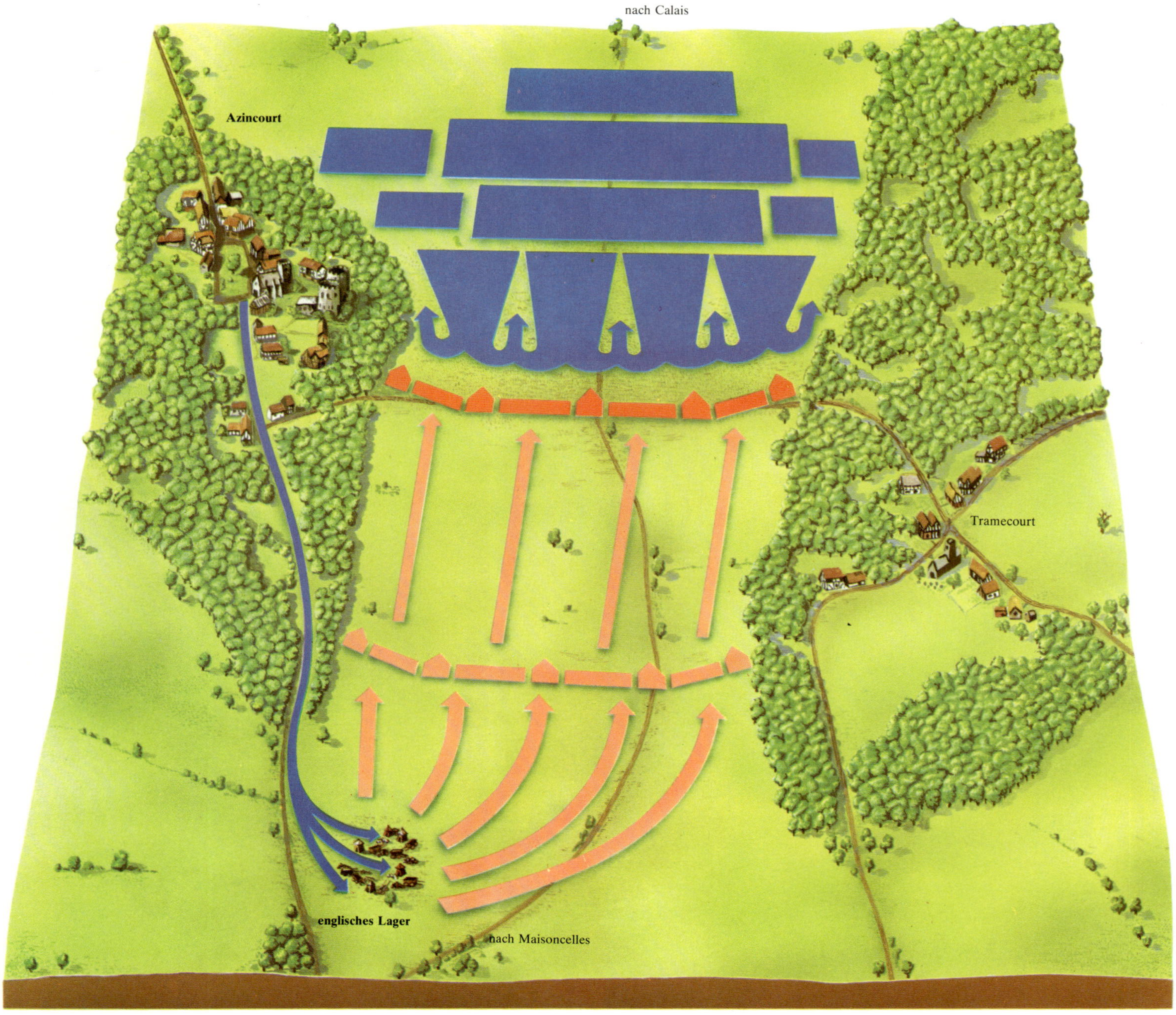

Oben: Heinrichs Hauptziel in Azincourt war, die Franzosen (blau) zu einer Attacke in der Verengung zwischen den Wäldern von Azincourt und Tramecourt anzureizen. Als sie keine Anstalten machten, gegen die Engländer (rot) in ihrer ursprünglichen Position vorzugehen, marschierte Heinrich bis dicht vor die feindliche Front und machte den Franzosen somit ein Angebot, das sie nicht ablehnen konnten.

derspiel war, und die Formationen der französischen Ritter lösten sich in ein Chaos auf.

Die größte Gefahr für die Engländer stellten die zu Fuß kämpfenden französischen Soldaten im Zentrum dar, die auch tatsächlich die englische Kampflinie erreichten und mit ihren Tormentos auf die Engländer einhieben. Zu diesem Zweck waren sie gezwungen, sich in so dicht gedrängten Reihen vorwärtszukämpfen, daß sie noch nicht einmal in der Lage waren, ihren Schwertarm zu bewegen oder ihre Keulen

krümmten Messern, Äxten und anderen Handwaffen und kletterten über den ständig wachsenden Teppich von niedergestreckten französischen Soldaten, um immer noch mehr Opfer zu Boden zu schlagen. Ein Teil der englischen Soldaten kämpfte splitternackt und barfüßig, mit blutigem Schlamm bedeckt und außer sich vor Kampfeslust. Andere nahmen sich die Zeit, einzelne Opfer auszusuchen, die reich aussahen und ein gutes Lösegeld versprachen. Es gab soviele Gefangene, daß sich Heinrich

KAPITEL 3

NASEBY

14. JUNI 1645

Der auf fatale Weise erfolgreiche Angriff von Ruperts Kavallerie ließ das übrige Heer des Königs ungeschützt gegen Cromwells Gegenangriff.

Vorherige Seiten: Karl I. in seinem Feldhauptquartier beim Diktieren von Kriegsberichten an seinen Kriegsminister, Sir Edward Walker. Dabei darf man nicht vergessen, daß Karl sein eigener Oberbefehlshaber war – und zwar ein äußerst erfolgreicher. 1644 schlug er das Parlamentsheer bei Lostwithiel im Westen des Landes. Doch schon im folgenden Jahr sollte sein größter Fehler, nämlich der, die Dinge stets in einem allzu optimistischen Licht zu sehen, seine Armee und seine hochgesteckten Ziele bei Naseby zum Scheitern bringen.

Der Krieg

Die bewaffneten Auseinandersetzungen zwischen König Karl I. und dem englischen Parlament in den vierziger Jahren des sechzehnten Jahrhunderts werden immer als *der* Englische Bürgerkrieg bezeichnet, was ebenso widersinnig ist, als würde man die Napoleonischen Kriege als »*den* Krieg gegen Frankreich« bezeichnen. Zwischen 1066 und 1640 gab es mindestens acht blutige Bürgerkriege in England, wobei sich der längste unter ihnen – die Rosenkriege im fünfzehnten Jahrhundert – über Jahrzehnte hingezogen hatten.

Die Bürgerkriege des Mittelalters sagen viel über den Großen Bürgerkrieg von 1642/45 aus, dem letzten der mittelalterlichen Kriege Englands. Als die Revolution ausbrach, gab es überhaupt keine regulären Truppen im Lande; sie mußten auf beiden Seiten auf dem herkömmlichen mittelalterlichen Weg ausgehoben werden, das heißt aus den Taschen des ansässigen höheren und mittleren Adels. Doch gab es dabei einen wesentlichen Unterschied: 230 Jahre vorher, als Heinrich V. sein Heer für die Schlacht bei Azincourt aufstellte, war es sehr viel leichter gewesen, in Windeseile eine Armee von hohem Kampfpotential »aus dem Boden zu stampfen«, weil im Feudalsystem die Bereitstellung von Truppen für seinen Fürsten zu den Grundpflichten des Adels zählte. Karl I. und die Parlamentspartei dagegen mußten improvisieren, um zu versuchen, ohne dieses natürliche Rohmaterial so schnell wie möglich genügend Streitkräfte zusammenzubringen. Und die Seite, welche die beste Armee aufstellte – die Parlamentspartei – sollte sich schließlich als siegreich erweisen.

Die Armeen des siebzehnten Jahrhunderts

Betrachtet man die Waffen und Taktiken der berittenen und unberittenen Soldaten des siebzehnten Jahrhunderts, so stellt man fest, daß sich die Kriegführung von Grund auf geändert hat. Unhandliche Feuerwaffen hatten den weitaus wirkungsvolleren Langbogen verdrängt, die schwerfälligen Musketen konnten nur wenige Male eingesetzt werden, bevor die feindlichen Fronten zusammenstießen, und wurden im Nahkampf als Schlagkeulen benutzt. Pikenträger mit ihren drei Meter langen Piken, die mit rhombenförmigen Spitzen versehen waren, dienten zum Schutz der Musketiere. Sie waren hinter ihnen postiert und hatten die Funktion, die feindlichen Reiter mit ihrer Speerwand zurückzuhalten, nachdem sie das feindliche Fußvolk vom Schlachtfeld verdrängt hatten. Die wirklichen Revolutionen aber hatten in der Artillerie und der Kavallerie stattgefunden.

Geschütze auf rädernen Fahrgestellen begleiteten die Armee auf dem Feldzug, darunter die Feldschlange, die im Abstand von sechs Minuten eine achtzehn Pfund schwere Kugel mehr als 1500 Meter weit schießen konnte, und der Dreipfünder, der alle vier Minuten schußbereit war. Mit den Kugeln sollten Löcher in die feindlichen Reihen geschossen werden, bevor die Pikenträger zusammenstießen, oder Befestigungen in Beschuß genommen werden, um eine Bresche für angreifende Truppen zu schlagen.

Die Kavallerie war seit dem mörderischen Blutbad in Azincourt fast nicht mehr wiederzuerkennen. Die Reiterei befand sich nämlich in einem Entwicklungsprozeß vom mittelalterlichen gepanzerten Ritter einmal zur schweren Kavallerie, die die feindlichen Formationen im Ansturm durchbrechen sollte, und zur leichten Kavallerie, welche die Aufgabe hatte, den Feind zu beobachten oder seine Verfolgung aufzunehmen.

Die Kavallerie-Einheiten waren übersichtlicher geworden und gingen in ausgedehnten Reihen zum Angriff über, statt, wie früher, in massierten Gruppen. Und, wichtiger noch, sie waren disziplinierter geworden und konnten von fähigen Kavallerie-Offizieren zum Halt gebracht und für wiederholte Angriffe neu aufgestellt werden. Die schwere Rüstung war zu einem einfachen Helm, mit Erweiterungen zum Schutz von Hals und Gesicht, und Rücken- und Brustpanzern geschrumpft. Ein völlig neuer Kavalleristen-Typ war der Dragoner, der besonders schnell und gewandt reiten konnte, zum Angriff selbst aber absaß, um mit Karabinern oder Pistolen zu Fuß zu kämpfen. Zu den konventionelleren Kavallerie-Waffen zählte noch die Lanze, die modernste Kavallerie-Doktrin jedoch verließ sich allein auf den Angriff mit dem Schwert. Der mit der linken Hand getragene Schild gehörte jetzt der Vergangenheit an.

Diese neuen Soldaten zu rekrutieren, auszurüsten und zu trainieren, war äußerst kostspielig. Beide Seiten befanden sich im Bürgerkrieg in großen finanziellen Schwierigkeiten, doch die beste langfristige Lösung war das intensive Ausbilden und Trainieren eines stehenden Berufsheers. Die Armee Karl I., die nur aus Freiwilligen bestand, konnte zwar einige eindrucksvolle Anfangserfolge verzeichnen, wurde aber später durch die hart erkämpfte Sachkenntnis ihres professionelleren Feindes besiegt.

Mitteleuropa befand sich im Dreißigjährigen Krieg und hatte sich in ein einziges Schlachtfeld verwandelt. Viele Engländer hatten, mit dem Ausblick auf militärischen Ruhm, an den deutschen Kriegen teilgenommen und dort ihr Kriegshandwerk erlernt. Der berühmteste unter ihnen war König Karls jüngerer Neffe, Prinz Rupert vom Rhein, der es gelernt hatte, seine Kavallerie-Angriffe eher mit Ungestüm als mit kühler, taktischer Überlegung zu führen. Das Parlament besaß keinen solchen Rupert, als der Krieg ausbrach, mit dem Eingreifen Cromwells aber änderte sich ihre Situation unvermittelt. Er stellte ein einzigartiges Reiterregiment auf.

Der Kriegszug von 1645

1642 hatte Karl aus dem feindlichen und gefährlichen London, dem Nährboden fast aller Bewegungen der Zeit, fliehen müssen und stellte in Nottingham eine Armee auf. Nach einem Zusammenstoß mit den parlamentarischen Streitkräften in Edgehill ließ der König seinen Plan fallen, London durch eine Gewaltaktion zu unterwerfen und ließ sich mit seinem Hof in Oxford nieder. Sein bei weitem erfolgreichstes Jahr war 1643, als er sich durch seine Siege bei Adwalton Moor und Roundway Down den Norden und Westen Englands sichern konnte; Prinz Rupert nahm Bristol, die zweite Stadt des Königreichs, ein.

Im Jahre 1644 befand sich das Parlament in einer derart verzweifelten Lage, daß es Bündnisverhandlungen mit den Schotten einleitete, die bereit waren, ihr Heer als Verbündete der Parlamentspartei nach England zu schicken. So konnte das nördliche Parlamentsheer das nördliche Königsheer am 2. Juli bei Marston Moor schlagen. Doch Karl I. setzte zu einem Gegenschlag an, indem er das gesamte Westheer der Parlamentarier bei Lostwithiel in Cornwall einkreiste (2. September). Er weigerte sich, den Verlust im Norden ernster zu nehmen als einen temporären Rückschlag, und als sich der Sommer des entscheidenden Jahres 1645 näherte, war er noch immer siegesgewiß.

Es gab jedoch eine Bastion parlamentarischen Widerstands im Westen: Taunton, das

Unten: Streeters berühmter Stich von der Gefechtsposition bei Naseby, aus der Sicht der Parlamentsarmee. Die eindrucksvolle Stärke von Cromwells Kavallerie auf dem rechten Flügel der Parlamentarier wird besonders betont. Achten Sie auf die winzige Einheit, die sogenannte »verlorene Hoffnung von Musketieren«, vor der Front der parlamentarischen Infanterie. Dieser Verband hatte die Funktion, die Wucht des Aufpralls der vorstürmenden feindlichen Linie aufzufangen, was ihm jedoch nicht gelingen sollte.

Oben: Ein Musketier aus dem frühen 17. Jahrhundert. Man erkennt deutlich die brennende Lunte, die, nachdem sie durch den zurückgezogenen Abzug in die Pfanne eingeschnappt war, ein Geschoß abfeuerte. Da die Muskete so lang, schwer und unhandlich war und nur wenige Schuß abgeben konnte, bevor die feindlichen Infanterielinien kollidierten, wurde sie im dichten Kampfgetümmel als Schlagkeule verwendet.

Oben rechts: Die veränderte Form der Panzerung. Volle Plattenrüstungen waren jetzt Museumsstücke: selbst der lange Panzerschurz zum Schutz des vorderen Teils der Oberschenkel war überholt. Rücken- und Brustpanzerung, einschließlich Schulter- und Armschutz, sollte man vereinzelt noch bis zum Ende des Jahrhunderts finden.

Unten: Prinz Rupert, der Neffe des Königs – ein arroganter, hitzköpfiger und ungestümer Befehlshaber des britischen Königsheers.

sich noch trotzig behauptete und nur schwach von der royalistischen Armee unter Lord Goring belagert war. Taunton war ein natürlicher Köder, mit dem die »Neue Armee« (»New Modell Army« oder »Noddle Army« – Rübenarmee – wie die Royalisten sie abfällig nannten) in ein Territorium gelockt werden konnte, in dem sie sich leicht vom restlichen Heer abschneiden und vernichten ließ.

Aus der Sicht der Parlamentarier war die Aufhebung der Belagerung von Taunton der natürliche Ausgangspunkt für eine Kampagne zur Zurückeroberung des Westens. Das Resultat hätte eine Schlacht irgendwo in der Gegend um Taunton sein sollen, doch auf beiden Seiten gerieten Prioritäten – und demzufolge Strategien – in ein hoffnungsloses Durcheinander.

Karl konnte weder im Westen noch anderswo zu Felde ziehen, ohne Oxford im Stich zu lassen und den eventuellen Angriffen der Neuen Armee preiszugeben. Wenn er es fertigbrächte, die Neue Armee einzukeilen und niederzumähen, wie es ihm bei Lostwithiel mit Essex' Heer gelungen war, dann könnte er seine Streitkräfte einsetzen, wo er wollte. Die Parlamentarier ihrerseits reizte die Idee, Oxford anzugreifen, sie waren aber gleichzeitig von der Stärke der dort stationierten royalistischen Truppen abgeschreckt. So kam es, daß Sir Thomas Fairfax, der Befehlshaber der Neuen Armee, mit einer Reihe von widersprüchlichen Befehlen aus London konfrontiert wurde und die Initiative 1645 von Karl ausging.

Der König zog zunächst seine Streitkräfte zusammen und berief Goring und seine Kavallerie in Stow-on-the-Wold am 8. Mai zu einer großen royalistischen Musterung ein. Diese Truppenkonzentration bewog die parlamentarische Führung, Fairfax, der auf seinem Marsch gegen Westen in Newburg eingetroffen war, den Befehl zum sofortigen Truppenrückzug zu erteilen. Statt eine Kampagne gegen Fairfax einzuleiten, beschloß Karl, seine Armee im Norden einzusetzen. In Schottland hatte der Royalist Marquis of Montrox mit ein paar tausend Reitern der Hochlandstämme in einer Reihe von hervorragend geführten Überraschungsangriffen mehrere Siege für seinen König über die Schotten erringen können und befand sich jetzt deutlich im Vorteil. So waren die Parlamentarier in Nordengland bedroht – eine Chance für den König, den Norden zurückzuerobern und die Niederlage bei Marston Moor aufzuwiegen.

Doch diese allzu optimistische Strategie riß die Streitkräfte der Royalisten auf fatale Weise auseinander. Karl schickte Goring mit einer 3000 Mann starken Kavallerie zurück in den Westen, was einer der größten Fehler war, den er je beging. Denn die Truppen, die in Schottland kämpfen sollten, waren noch nicht weiter als bis Mittelengland vorgedrungen, als Karl und Rupert erfahren mußten, daß sich das Heer der Parlamentspartei zu einer Belagerung von Oxford massierte. Gesandte wurden zu Goring geschickt, die ihm den Befehl überbrachten, sich auf der Stelle dem königlichen Heer anzuschließen. Doch Goring hielt die Belagerung von Taunton für vorrangig und blieb, wo er war. Goring, ein exzentrischer, lethargischer Trunkenbold, war letztlich schuld an der Niederlage des Königsheers, denn am 5. Juni brachen die Neue Armee und Cromwells Kavallerie unerwartet gen Norden auf, um Karl und Rupert den Weg abzuschneiden.

Die Sackgasse von Leicester

Als Karl und Rupert am 22. Mai von der Bedrohung Oxfords erfuhren, ließen sie ihren Plan, den Norden zurückzugewinnen, sofort fallen. Die Rettung Oxfords war von vorrangiger Bedeutung. Wenn sie in Mittelengland Unruhe stifteten, dann konnten sie vielleicht die Neue Armee von Oxford ablenken; und da sie außerdem jeden Augenblick mit dem Eintreffen von Gorings Kavallerie rechneten, sahen sie einer Schlacht mit Zuversicht entgegen. Als erstes beschlossen Karl und Rupert, Leicester einzunehmen, eine reiche Hochburg der Parlamentarier, die reichlich Beute versprach und die royalistischen Truppen bei Laune halten würde.

Es war eine von Ruperts Spezialitäten, Städte im Sturmangriff einzunehmen. Er erreichte Leicester am 29. Mai, nahm am folgenden Tag die Stadtmauern in Beschuß und ging in der Nacht vom 30.–31. Mai zum Angriff über. Jeglicher Widerstand war innerhalb von wenigen Stunden gebrochen. Die Truppen konnten nach Belieben plündern und sich für einige Tage ausruhen, während Karl und Rupert weitere Eroberungszüge planten.

Ein schwerwiegendes Problem für beide Seiten war die Nachrichtenübermittlung. Erst am 7. Juni erfuhren Rupert und Karl, daß Oxford vorübergehend außer Gefahr war und daß Fairfax und die Parlamentarier in Richtung Norden zogen, wodurch das Königsheer, das sich auf dem Weg von Oxford nach Daventry befand, mit der Neuen Armee kollidieren mußte. Fairfax war sehr stark auf einen sofortigen Kampf erpicht, nicht nur, weil er den strikten Befehl vom Parlament erhalten hatte, die Eroberung von Leicester umgehend zu rächen, sondern vor allem, weil er eine unerwartete Beute gemacht hatte: einen abgefangenen Brief von Goring, in dem dieser den Grund für sein Fernbleiben erklärt – eine Nachricht, die Karl und Rupert nie erreichen würde!

Zwischen dem 9. und 13. Juni tasteten sich die beiden Heere in dem Dreieck Daventry – Northampton – Market Harborough immer näher aneinander heran. Rupert, den die Abwesenheit Gorings zutiefst beunruhigte und der die Niederlage von Marston Moor noch deutlich vor Augen hatte, wollte natürlich keinen sofortigen Kampf; er drängte auf ein schnelles Zurückziehen der Truppen via Leicester und eine Wiederaufnahme des Marsches gegen Nordengland. Karl sah die Sache anders: Für ihn war es eine Entscheidung zwischen Rückzug und Kampf. Im royalistischen Lager waren Gerüchte im Umlauf, denen zufolge die parlamentarischen Generäle handgemein geworden und die Kampfmoral in der Neuen Armee auf den Nullpunkt angelangt sei und ähnliches Wunschdenken. Rupert, als hartgesottener und erfahrener Soldat, schenkte diesen Gerüchten keinen Glauben, der König aber ließ sich davon beeindrucken und beschloß, zu kämpfen. Am 13. Juni, bei Einbruch der Nacht, stand fest, daß die Schlacht am folgenden Tag irgendwo zwischen Market Harborough und dem kleinen Städtchen Naseby stattfinden würde.

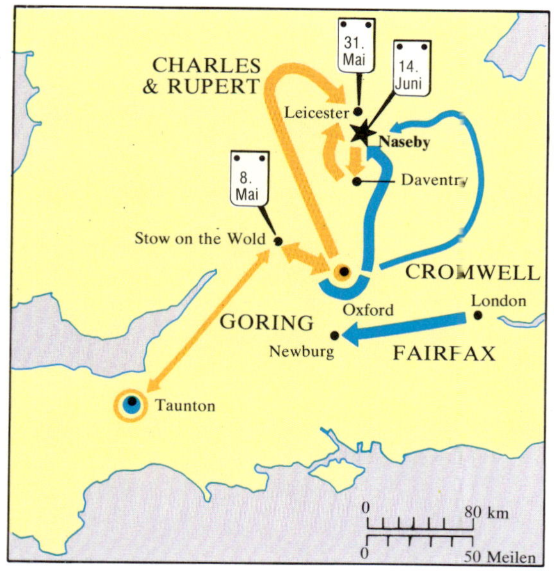

Links: Die Marschrouten der Armeen während des Feldzugs von Naseby. Karls strikte Weigerung, sich auf die Vernichtung von Fairfax im Süden zu konzentrieren, wo sich die größten Massierungen feindlicher Truppen befanden, war ein fataler Fehler, wenn auch der Ausgang in Mittelengland hauptsächlich durch Gorings trotzigen Beschluß, im Westen zu bleiben, entschieden wurde.

Aufstellung der Heere

Am frühen Morgen des 14. Juni 1645 näherten sich die beiden Heere und machten sich auf die Suche nach einem geeigneten Kampfterrain. Rupert befand Dust Hill, zwei Meilen nördlich von Naseby, für den günstigsten Ort, um das royalistische Heer aufzustellen. Lord Astleys Infanterie befand sich im Zentrum; die Reiterei der rechten Flanke stand unter dem Kommando von Rupert und seinem Bruder Maurice, die der linken Flanke wurde von Sir Marmaduke Langdale befehligt.

Links: Eine Auswahl von Standarten, die während des Bürgerkrieges (1642–46) in den Kampf getragen wurden. Sie trugen die Namen der Offiziere, die die verschiedenen Kompanien und Regimenter befehligten. Die tiefe Spaltung des Landes während des Konflikts spiegelt sich in den unterschiedlichen religiösen und politischen Losungen und Schlachtrufen wider, unter denen die Truppen in den Krieg zogen.

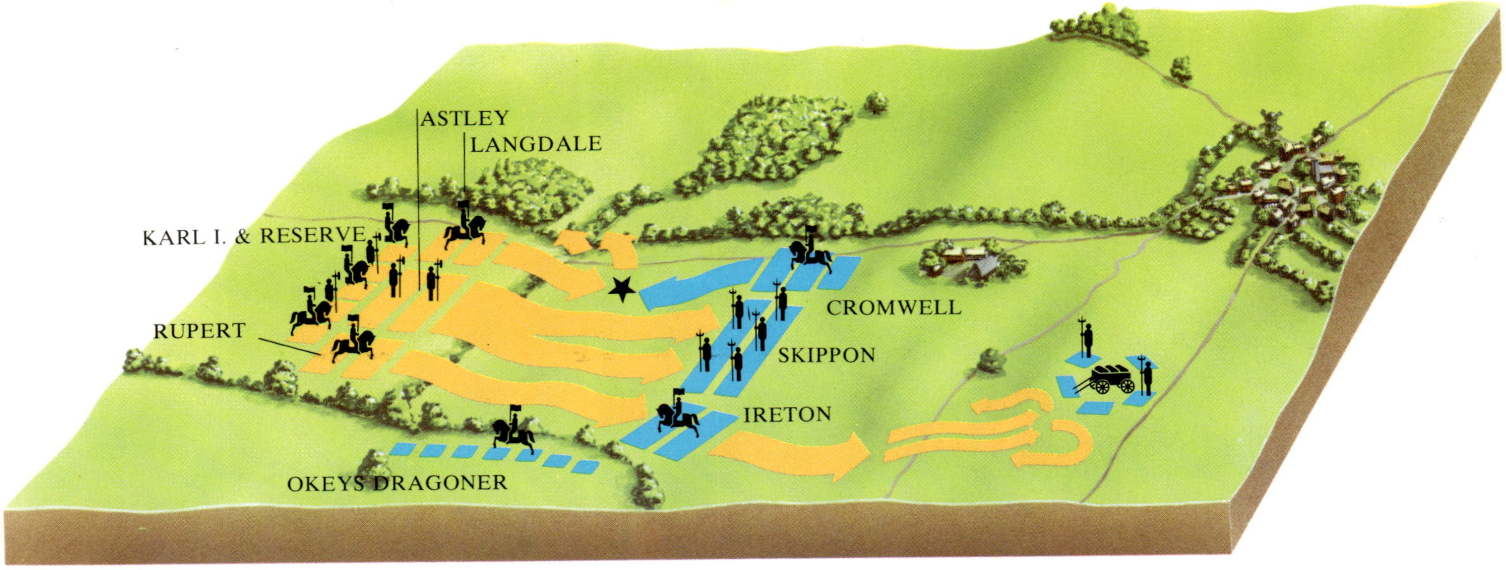

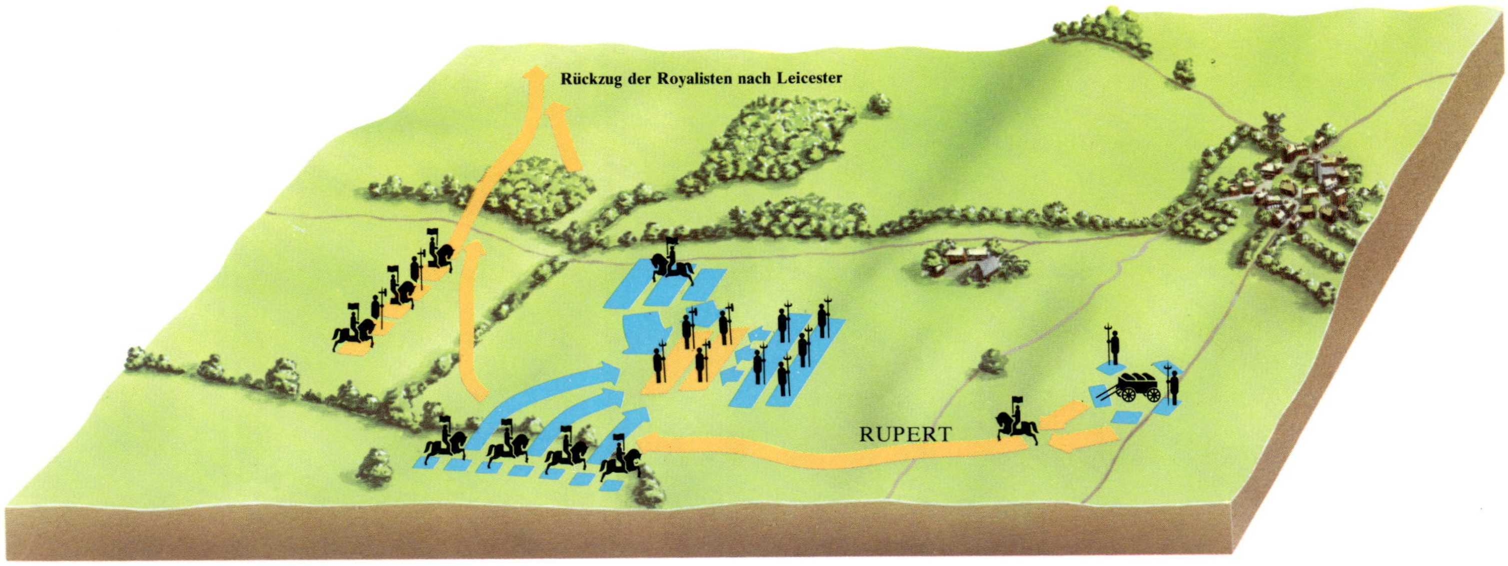

Oben: Die beiden Hauptphasen der Operation von Naseby, die durch Ruperts Unfähigkeit, seine Kavallerie (orange) unter Kontrolle zu halten, und die eiserne Disziplin von Cromwells Reiterei (blau) entschieden wurde.

Die Hänge von Dust Hill führten hinab zu einem weiten Feld, dem sogenannten Broad Moor, das am westlichen Rand von einem Streifen von Büschen und Sträuchern gesäumt wurde, den Sulby Hedges. Südlich des Broad Moor, hinter einem Hügelkamm, bezogen die Streitkräfte der Parlamentspartei Stellung: Henry Iretons Reiterei auf der linken Flanke, Generalmajor Skippons Infanterie im Zentrum und Cromwells Reiterei auf dem rechten Flügel. Cromwell war der Führer der gesamten Parlamentsreiterei. Zum Schutz des linken Flügels sandte er Oberst John Okeys Dragoner-Regiment zu den Sulby Hedges, von wo aus es Deckungsfeuer geben sollte.

Die royalistische Seite bekam jetzt das Fehlen Gorings in seiner ganzen Tragweite zu spüren. Ruperts Kavallerie (circa 4500 Mann) war der feindlichen Reiterei um 2500 Mann unterlegen; die Gesamtstärke des Königsheers belief sich auf 9000 Mann gegenüber 14000 Parlamentariern. Bei der schmerzlichen Erinnerung an Cromwells plötzlichen Sturmangriff in Marston Moor war Rupert diesmal fest entschlossen, selbst die Initiative zu ergreifen. Kurz nach 10 Uhr – Waffen und Rüstungen blitzten im Sonnenlicht – gab er seinem Heer den Befehl zum Angriff.

Ruperts Angriff: Wenn Erfolg fatal sein kann

Mit der enormen Wucht ihres Aufpralls überwältigten Rupert und Maurice die Kavallerie Iretons. Sie mußten zwar den Kugelhagel von Okeys Dragonern durchqueren, wurden aber nicht erheblich geschwächt und konnten die Reiterei Iretons zertrümmern. Schon in den ersten Minuten der Schlacht hatte Rupert den linken Flügel des Parlamentsheers vernichtet und die Infanterie bloßgelegt und jeder Deckung beraubt; doch es sollte bei seinem Anfangserfolg bleiben. Rupert hätte seine Männer zum Stehen bringen und für einen weiteren Angriff neu formieren müssen, doch statt

Oben: Ein verhältnismäßig unbekanntes Gemälde mit dem Sieger von Naseby. Oliver Cromwell, hier einmal nicht als ein finster dreinschauender, gepanzerter Sturmreiter, sondern als ein ländlicher Edelmann dargestellt, wenn er sich auch in seiner Samtkleidung nicht sonderlich wohl zu fühlen scheint.

dessen stürmten die Reiter wie besessen bis weit in die Nachhut der Parlamentsreihen und schließlich zum Gepäck-Train der Neuen Armee. Erst jetzt gelang es Rupert, seine Männer wieder unter Kontrolle zu bringen und in die entgegengesetzte Richtung zu lenken – doch zu spät, denn die Schlacht war bereits verloren.

Cromwells Angriff: Der entscheidende Schlag vom rechten Flügel

Cromwells Angriff von der rechten Flanke war das exakte Spiegelbild von Ruperts Attacke auf der linken: die absolute Vernichtung der feindlichen Kavallerie. Dennoch gab es einen entscheidenden Unterschied. Sobald sich abzeichnete, daß Langdales Reiterei geschlagen und kampfunfähig gemacht war, hielt Cromwell seine Schwadrone an, formierte sie neu und ging zu einem weiteren Angriff über, diesmal auf die ungeschützte linke Flanke des königlichen Heeres. Auf der gegenüberliegenden Seite des Schlachtfeldes eilten Okays Dragoner zu ihren Pferden und attackierten die rechte Flanke der Royalisten, während die erschütterte Infanterie der Neuen Armee, in letzter Minute gerettet durch die Erfolge ihrer Kavallerie, sich erneut sammeln und zum Gegenangriff im Zentrum übergehen konnte. Verstört über die plötzliche Umkehrung der Situation und die Gefahr, völlig eingekeilt zu werden, ließen die bedrohten Royalisten nach und nach ihre Waffen sinken und ergaben sich zu Hunderten.

Als es Rupert endlich gelang, seine Kavallerie neu zu formieren, waren die Würfel bereits gefallen. Die Neue Armee und Cromwells Kavallerie waren noch gänzlich intakt; der König, an der Spitze seiner Leibgarde, war vergeblich umhergeirrt, um mit den kläglichen Resten der königlichen Kavallerie eine Art von Front zusammenzuflicken. Jetzt blieb ihm nichts weiter als der Rückzug, um sich vor den triumphierenden Kräften der Neuen Armee in Sicherheit zu bringen – auch wenn er Leicester dadurch verlor.

Nachwirkungen und Verluste

Die Neue Armee verlor nur circa 150 Mann auf dem Schlachtfeld – kein hoher Preis für die Gefangennahme des halben königlichen Heeres. Die Verluste auf seiten der Royalisten waren sehr viel schwerer, wenn ihre Zahl auch weit unter 1000 blieb. Doch abgesehen von der Vernichtung der einzigen Feldarmee des Königs hatte die Neue Armee auch den Gepäck- und Artillerie-Begleitzug erbeutet. Dabei fiel den Parlamentariern unter anderem Karls Korrespondenz in die Hände, aus der eindeutig hervorging, daß der König beabsichtigte, mit dem Heer der katholischen Iren gegen seine eigenen englischen Untertanen zu kämpfen. Als diese Briefe veröffentlicht wurden, wandten sich viele Royalisten von ihrem König ab, obwohl sie seiner Sache seit Beginn der Konflikte mit dem Parlament treu gedient hatten.

Durch die Schlacht bei Naseby hatte sich die Situation im Englischen Bürgerkrieg total gewandelt. Nach der Zurückeroberung von Leicester war das erste Ziel der Neuen Armee, Gorings Truppen in Somerset anzugreifen, die auch am 10. Juli bei Langport siegreich geschlagen wurden. Im August scheiterte Karls Versuch, nach Lancashire einzudringen, um sich mit Montrose zusammenzutun, und er wurde bis Oxford zurückgedrängt. Die Neue Armee, jetzt unter Ruperts Oberkommando, bewegte sich anschließend auf Bristol zu und eroberte die Stadt am 11. September; es folgte Süd-Wales; Anfang 1646 waren Devan und Cornwall an der Reihe; und schließlich, im Juni 1646, kapitulierte selbst Oxford der Krieg war zu Ende. Nasebys war der erste Sieg des ersten stehenden Berufsheeres in der Geschichte Englands.

KAPITEL 4

BLINDHEIM

13. AUGUST 1704

Vorherige Seiten: Marlborough leitet das Schlachtgeschehen bei Blindheim – ein Ausschnitt aus dem berühmten Wandteppich im »Blindheim-Schloß«. Er gewann die Schlacht nicht dadurch, daß er Befehle erteilte, sich zurückzog und seinen Untergebenen das Kämpfen überließ: Marlborough ritt ständig die gesamte englische Front auf und ab, um alle Kampfaktionen im Auge zu behalten.

Marlboroughs »Großer Sieg«: Ein hervorragendes Beispiel, wie man dem Feind seinen Willen aufzwingt und nach seiner Pfeife tanzen läßt

War 1940, das Jahr von Dünkirchen, die für England bitterste Erfahrung im alliierten Kampf auf dem europäischen Kontinent, so war 1704, das Jahr von Blindheim, zweifellos die überwältigendste. Grandios im Ausmaß und komplex im Detail, so stellt Blindheim die größte Einzeloperation dar, die England jemals für seine Alliierten in irgendeinem Krieg auf dem Festland durchgeführt hat.

Der führende Geist der Operation, Englands Herzog von Marlborough, hatte eine weitaus schwerere Aufgabe zu bewältigen als zum Beispiel Montgomery bei seinem Versuch, Rommel bei Alamein zu schlagen, oder selbst Wellington bei der Vertreibung der napoleonischen Truppen aus Spanien. Marlborough hatte als General ganz deutlich etwas von einem Eisenhower. Er war ebenso ein taktvoller Minister wie guter Stratege, immer bereit, den Diplomaten zu spielen, die alliierten Regierungen zu konsultieren, Sensibilität und Schwächen der einzelnen Verbündeten zu berücksichtigen und zu respektieren, die Streitigkeiten der Politiker im eigenen Lande beizulegen und politische List bei jenen Gegnern anzuwenden, die ihn zu schwächen versuchten.

»Generalissimo« ist die gängigste Bezeichnung für diese alles koordinierenden Generale. Fast alle unter ihnen (und hier ist Eisenhower wieder das beste neuzeitliche Beispiel) haben ihre Macht weit entfernt von irgendeinem Schlachtfeld ausgeübt, meist mit einem riesigen Stab von Mitarbeitern, welche Details bei Planung, Versorgung, Strategie und Taktiken abzuwickeln hatten. Marlborough war alles – Diplomat und Politiker, Quartiermeister und Ingenieur, Stratege und Taktiker – in einer Person. Die Operation bei Blindheim beweist, daß er noch zwei weitere unbezahlbare Qualitäten besaß: den Mut, einen gewagten Plan vorzubringen und konsequent auszuführen, und den Scharfsinn, die Details zu seiner Verwirklichung für sich zu behalten, um zu verhindern, daß sein Vorhaben von vornherein vereitelt wurde.

Um das Jahr 1702 hatten sich die meisten Länder West- und Mitteleuropas gegen das Frankreich Ludwig XIV. verbündet. König Ludwigs Ambitionen, Aggressionen und ständige Expansionskriege waren für Europa zu einer unerträglichen Plage geworden; Ludwig gehorchte dem Motto: *Nec Pluribus Impar* (Nicht Ungleich für Alle), und konnte mit einer ganzen Reihe von diplomatischen und militärischen Siegen aufwarten, die diesen Grundsatz zu rechtfertigen schienen. Gerade war der »Sonnenkönig« im Begriff, seinen Enkelsohn, den Herzog von Anjou, zum König über Spanien zu machen. Anjous Ansprüche waren ebenso wenig gerechtfertigt wie die eines jeden anderen Herzogs oder Fürsten, doch das wirkliche Problem lag in der Frage, was unter dieser Voraussetzung aus dem spanischen Reich, dem größten der Welt, werden würde. Abgesehen von den Gebieten in Süd- und Mittelamerika und im Pazifik gehörten Spanien weite Teile von Europa: das heutige Belgien und Luxemburg, das Herzogtum von Milan, Sardinien, Sizilien und das Königreich von Neapel. Es war die Schreckensvision, daß das Weltreich Spanien durch ein simples Übernahmeangebot unter die Vorherrschaft Frankreichs geriet, welche die »Große Allianz« ins Leben rief.

Der Begründer der Großen Allianz war Wilhelm von Oranien, der als Statthalter von fünf niederländischen Provinzen und Generalkapitän der niederländischen Truppen stets gegen Ludwig XIV. gekämpft hatte und der 1688 zum König von England gekrönt wurde. Er gewann Kaiser Leopold I., das Oberhaupt des römisch-deutschen Reiches, für das Kriegsbündnis und ermöglichte es den Alliierten auf diese Weise, die Franzosen in den Niederlanden, am Rhein und in Italien zu bekämpfen. Die Verhandlungen für den Bündnisvertrag wurden von Wilhelms General und Botschafter Marlborough geführt, der Vertrag selbst im September des Jahres 1701 unterzeichnet. Das Fortbestehen des Bündnisses stand in Frage, als

Rechts: Knellers Gemälde von Marlboroughs Krönung mit dem Lorbeerkranz. Marlborough war ein unbestrittenes Genie der Kriegskunst, ein Stratege und Politiker zugleich, der die Schwächen seiner Gegner durchschaute und seine Pläne durchzusetzen wußte. Immer darauf bedacht, Monarchen und Politiker von unerwünschten Einmischungen abzuhalten, vergaß er nie, daß kein Sieg ohne die Vernichtung der feindlichen Heere im Feld zu verwirklichen war.

Links: Prinz Eugen von Savoyen, der leitende General des Heiligen Römischen Reichs Deutscher Nation und der Waffengefährte, dem Marlborough bedingungsloses Vertrauen schenkte. Die Partnerschaft zwischen den beiden Generälen begann mit der Operation von Blindheim, sollte aber in den folgenden, häufig schmerzreichen Jahren noch manche Bewährungsprobe bestehen.

Wilhelm im Februar 1702 starb und seine Schwägerin Anna Königin von England wurde, doch die neue Herrscherin hielt die Allianz aufrecht. Sie hielt auch die Vereinbarungen mit Marlborough, dem Gatten ihrer besten Freundin, aufrecht.

Auf seiten der Niederländer jedoch gab es einige Zweifel. Wilhelm war dreißig Jahre lang ihr Statthalter gewesen, und sein Tod hatte sie stark verunsichert. Außerdem mißtrauten sie Annas aufrichtigen, aber fehlgeleiteten Bemühungen, ihren Gatten, den Prinzen Georg von Dänemark, als alliierten Oberbefehlshaber über Marlborough anerkennen zu lassen. Die Holländer wollten keinen ausländischen Befehlshaber für ihre Armee, waren aber bereit, Marlborough als nominellen Kommandanten zu akzeptieren, wenn er sich bereiterklärte, die Repräsentanten der niederländischen Regierung, die Generalstaaten, in jeder Angelegenheit zu konsultieren.

Im Verlauf des Jahres 1703, während sich Marlborough von früh bis spät mit den Unzulänglichkeiten in der holländischen Armee herumplagen mußte, verschob sich der Schwerpunkt des Krieges von den Niederlanden nach Süddeutschland. Der Kurfürst von Bayern verbündete sich mit den Franzosen. So war der Markgraf von Baden am Oberrhein völlig isoliert und Süddeutschland und das Donau-Tal ohne jeglichen Schutz gegen einen Einmarsch von Ludwigs Truppen. Bei einem entscheidenden Vorstoß der Franzosen im Jahre 1704 bestand die eminente Gefahr, daß sie weiter gegen Wien marschierten und sich Österreich und das Heilige Römische Reich einverleibten. Marlborough hatte die Holländer wiederholt gewarnt, daß ihr hartnäckiges Bestehen darauf, ihre Kampfverbände in der Nähe der eigenen Grenzen zu halten, statt in die Offensive zu gehen, den Franzosen die Möglichkeit gab, ihre Stellungen am Oberrhein zu verstärken. Er sollte Recht behalten, und es schien jetzt bereits zu spät, um irgend etwas dagegen zu unternehmen. Kaiser Leopold I. hielt Königin Anna durch einen Gesandten um sofortige Hilfe an, die nur aus den Niederlanden kommen konnte.

Die Holländer aber fürchteten sich, und Marlborough mußte versuchen, ihre Zweifel zu zerstreuen. Deshalb gebrauchte er eine List und täuschte Freund und Feind. Er erklärte den Holländern, die Kampfhandlung solle an der Mosel stattfinden, er wolle die Franzosen an ihrer eigenen Landesgrenze, in Lothringen, angreifen. Obwohl diese Kampagne kaum Folgen für den Krieg in Süddeutschland haben würde, hatte sie doch den Vorteil, daß sie für die Holländer weitaus akzeptabler war als eine Operation an der Donau. Marlborough versprach dem österreichisch kaiserlichen Gesandten, das englische Heer zur Donau zu schicken, vorausgesetzt, der Kaiser garantierte die Kollaboration einer Armee unter Prinz Eugen von Savoyen, dem leitenden General des Reiches. Anschließend überredete er die Königin, ihm den Befehl zu erteilen, »seiner kaiserlichen Majestät sofortige Unterstützung zu gewähren«, wobei die Art der Unterstützung nicht konkretisiert wurde. Schließlich, im April 1704, legte er den Holländern den Befehl der Königin vor mit der Erklärung, daß die Opera-

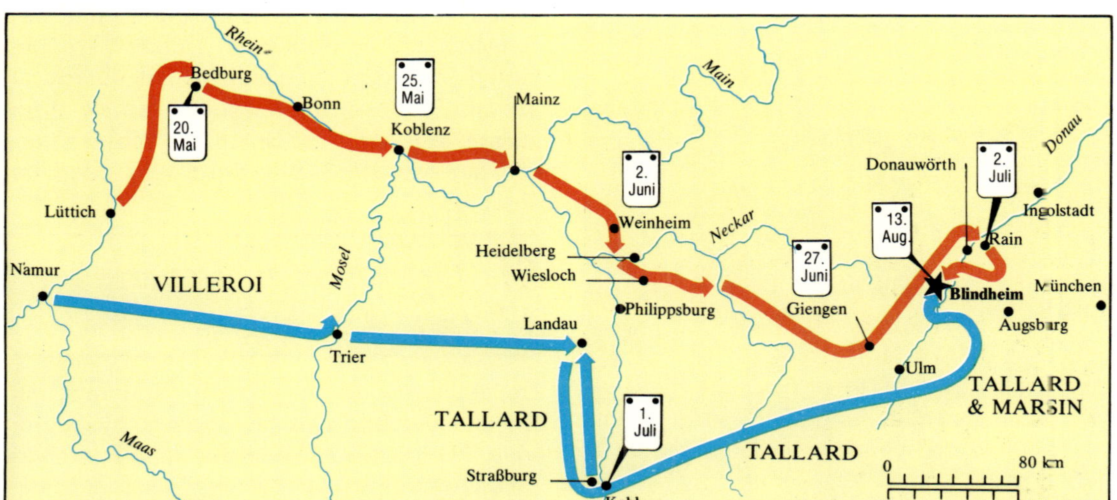

Links: Marlboroughs Marschroute (rot) von den Niederlanden zum Donautal. Noch nie war etwas Ähnliches von einer britischen Armee versucht worden, und das Unternehmen hätte nicht die geringsten Erfolgschancen gehabt, wäre es nicht auf geradezu perfekte Weise vorbereitet worden.

Oben: *Die Armee des bourbonischen Frankreichs in all ihrer Pracht. Sie war das wirkungsvollste Produkt der langen Herrschaft Ludwigs XIV. und sein bevorzugtes Instrument in allen Angelegenheiten der Außenpolitik. Vor Blindheim war mehr als vierzig Jahre lang kein einziges französisches Heer geschlagen worden.*

Unten links: Die britische Infanterie greift vom Donauufer aus das Dorf Blindheim an.

Unten Mitte: Die britische Kavallerie schlägt ihren Gegner in den sumpfigen Niederungen des Flüßchens Nebel.

Unten rechts: Prinz Eugen im Kampf gegen die französische und bayerische linke Flanke. Sein rechtzeitiger Eingriff zur Unterstützung Marlboroughs in der kritischen Phase der Schlacht verhindert einen Durchbruch der Franzosen bei Oberglauheim.

tion an der Mosel stattfinden würde. Den Holländern blieb nichts weiter übrig, als einzuwilligen.

Der lange Marsch: Planung und Ausführung

Marlborough mußte einen genauen Plan ausarbeiten, wie er seine Armee von 40000 Mann 250 Meilen durch unbekanntes und schwieriges Terrain zu der Donau führen sollte. Auf der Marschroute würden sich alliierte deutsche Kontingente von insgesamt 20000 Mann anschließen. Die Route sollte direkt an der Ostgrenze Frankreichs verlaufen, was die Gefahr eines Flankenangriffs der Franzosen barg – ein kalkuliertes Risiko, das Marlborough ganz bewußt in seinen strategischen Plan eingebaut hatte. Bis Koblenz würden die Franzosen glauben, daß er auf die Mosel zusteuerte. Auch in Heidelberg würde es noch so aussehen, als sei das eigentliche Ziel nicht die Donau, sondern das Elsaß.

Das Marschkonzept sah leicht begehbare Wegstrecken mit häufigen kurzen Unterbrechungen für Infanterie und Artillerie vor, wobei Marlborough mit der Kavallerie vorausritt und die entsprechenden Befehle an das Hauptheer erteilte, sobald er das Terrain sorgfältig geprüft hatte. Dabei kam ihm die Tatsache zugute, daß das Hauptheer von seinem Bruder befehligt wurde, General Charles Churchill, der mehrmals täglich Briefe mit genauen Marschanweisungen erhielt. »Marschiere mit dem gesamten Fußvolk direkt nach Heidelberg, da die Route über Ladenburg, die wir verfolgt haben, zu gefährlich für Euch ist.« »Der Hauptteil der Strecke geht steil aufwärts; deshalb sorge dafür, daß die Artillerie-Pferde so gut wie eben möglich entlastet werden.« »Du solltest bei diesem warmen Wetter so früh aufbrechen, daß Du das Zwischenlager noch vor der großen Mittagshitze erreichst.« Nur selten in der Heeresgeschichte wurden Truppen so schonend und mit so viel Sorgfalt und Präzision geführt. Koblenz wurde am 26. Mai passiert, elf Tage später hatte die Armee weitere hundert Meilen zurückgelegt und Wiesloch, südlich von Heidelberg, erreicht, den letzten Punkt, von dem aus eine Invasion des Elsaß plausibel erschien. Am 7. Juni begann die letzte Etappe des Marsches: in Richtung Südosten, um gegen die Donau vorzugehen, die im Schwarzwald entspringt.

Die französischen Marschälle in Ostfrankreich, Villeroi und Tallard, wurden auf perfekte Weise irregeführt. Um den Eindruck zu verstärken, daß das Ziel des Feldzuges das Elsaß und nicht die Donau war, hatte Marlborough bei Philippsburg, südlich von Mannheim, eine Schiffsbrücke über den Rhein errichten lassen. Wie groß muß die Verblüffung der beiden Marschälle gewesen sein, als Marlborough in Richtung Donau marschierte. Sobald Ludwig XIV. von dem Vorgehen Marlboroughs erfuhr, befahl er Villeroi, zu bleiben, wo er war, und Tallard, gegen Bayern vorzurücken – das war am 23. Juni, und Marlborough, Prinz Eugen von Savoyen und der Markgraf Ludwig von Bayern waren bereits zusammengetroffen, um ihre Strategien zu koordinieren. Tallards Truppen hatten noch nicht einmal den Rhein überquert, als am 27. Juni Marlboroughs Armee ihren langen, sorgfältig geplanten Marsch in Giengen, nur achtzehn Meilen nordöstlich von Ulm, abschloß.

Die Operation in Bayern, 27. Juni–12. August

Die Alliierten waren übereingekommen, daß Eugen jeden französischen Versuch blockieren sollte, Truppenverstärkungen nach Bayern zu schicken, und daß Marlborough und der Mark-

Blindheim, 1704

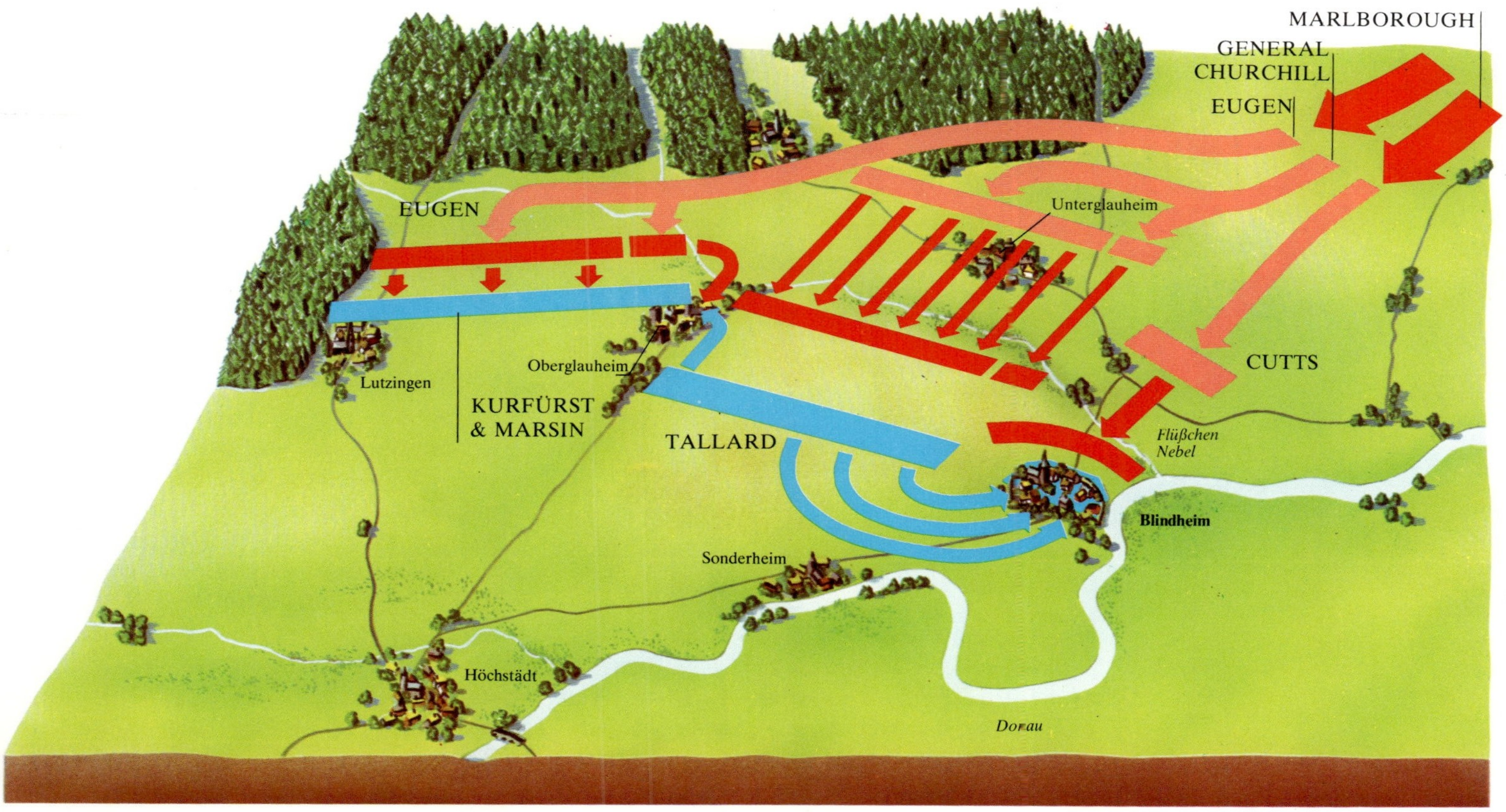

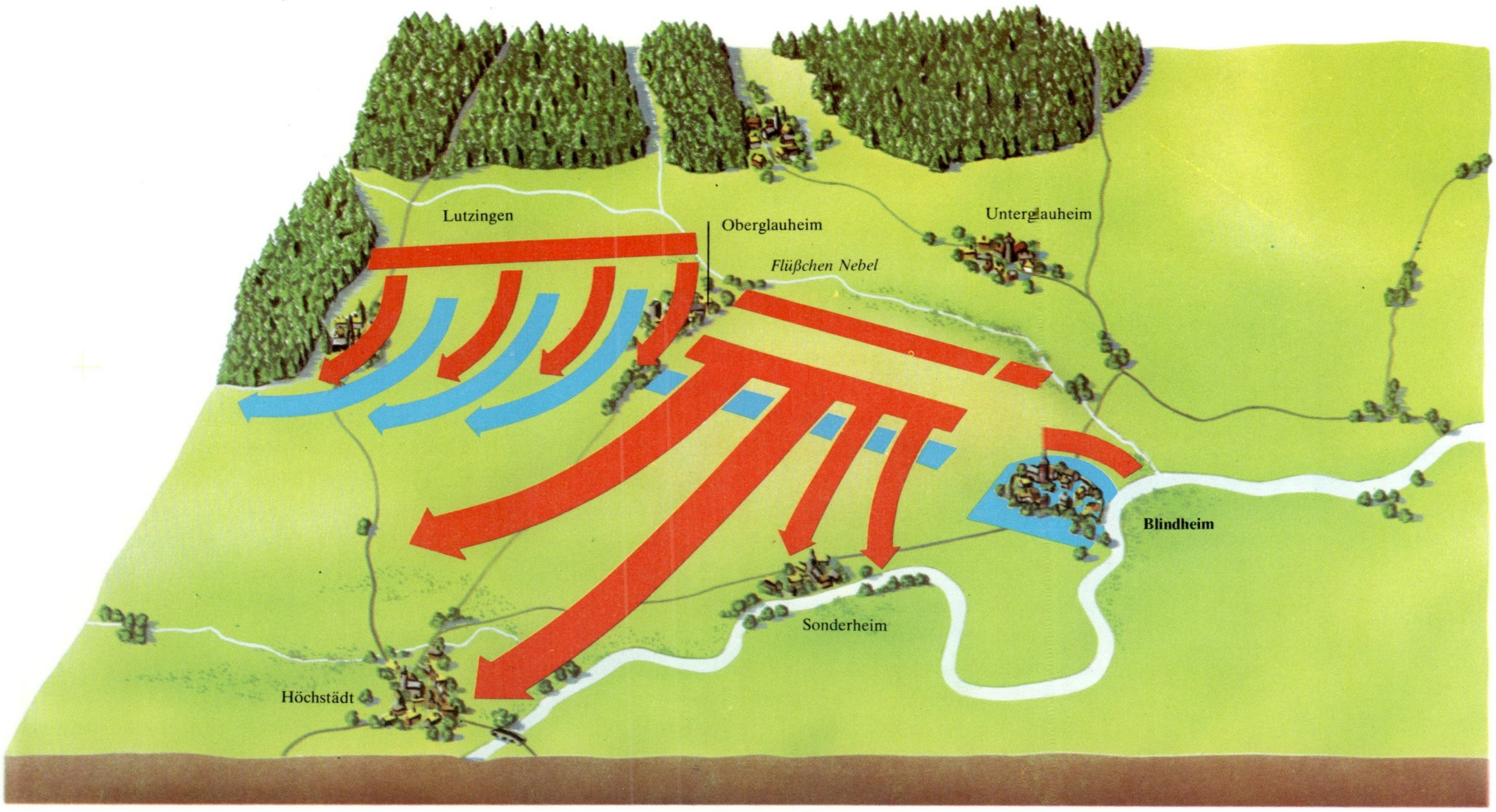

Oben: Das Modell der Schlacht. Marlborough (rot) muß warten, bis Eugen seine Stellung eingenommen hat, kann das französische Zentrum (blau) schwächen und schließlich mit einem entscheidenden Angriff durchbrechen.

Oben: Lord Cutts Infanterie stürmt gegen das in Flammen aufgehende Dorf Blindheim – ein Manöver auf der linken Flanke, um Tallard von dem entscheidenden Schlag im Zentrum abzulenken.

graf Marschall Marvin angreifen sollten. Doch der Markgraf hatte die Belagerungsgeschütze nicht geliefert, die er Marlborough lange vor dem Marsch versprochen hatte, und erwies sich als ein starrköpfiger und wenig hilfreicher Verbündeter. Er und Marlborough erstürmten die befestigte Anhöhe vom Schellenberg, nahmen am 2. Juli Donauwörth in Besitz und eroberten so eine wichtige Basis an der Donau, doch es gelang ihnen nicht, frontal nachzudrängen. Tallard hatte bereits den Rhein überquert, und Prinz Eugen konnte nichts weiter tun, als genügend Truppen im Westen zu lassen, die Villeroi so lange wie möglich im Schwarzwald aufhalten sollten, und mit dem restlichen Kontingent zu Marlboroughs Truppen vorzustoßen.

Eifrig darauf bedacht, Marlboroughs Vorsprung so schnell wie möglich aufzuholen, vereinigte sich Tallard am 5. August mit Marsin und dem bayerischen Kurfürsten Max Emanuel. Marlborough, Eugen und der Markgraf trafen am 6. August zu einer Ratsitzung zusammen. Es wurde vereinbart, daß der Markgraf mit 20000 Mann Ingolstadt belagern sollte – eine selbständige Aufgabe, die ihm gefiel und Marlborough und Eugen wiederum von ihrem langsamen, übervorsichtigen Bundesgenossen befreite und ihnen mehr Handlungsfreiheit gestattete. Eugens Heer blieb bei Höchstädt und sollte den Eindruck erwecken, daß er auf sich gestellt war, während Marlborough circa zwanzig Meilen weiter östlich Stellung bezog, aber in enger Verbindung mit Eugen blieb.

Am 10. August, zwei Tage nachdem der Markgraf nach Ingolstadt aufgebrochen war, ließ Eugen Marlborough mitteilen, daß er Kontakt zu den Franken aufgenommen hatte. Er blieb in Höchstädt, bis er die Gewißheit hatte, daß ihm die vereinte Armee der Franken zu Hilfe kam, und rückte am 11. in östliche Richtung vor, um am 12. auf Marlboroughs Truppen zu stoßen. Die beiden Waffengefährten verschafften sich gemeinsam einen Überblick über das Gelände, sahen, daß Franzosen und Bayern dabei waren, ihre Lager zu beziehen, und beschlossen, am 13. August anzugreifen.

Die Heere nehmen Gefechtsstellung an

Tallard hatte seine Position mit großer Sorgfalt gewählt. Die rechte Flanke seines Heeres grenzte, bei dem kleinen Dörfchen Blindheim, an die Donau, der linke Flügel dreieinhalb Meilen weiter östlich, bei Lutzingen, an einen dicht bewachsenen Wald. Das Dörfchen Oberglauheim, auf halbem Weg zwischen Lutzingen und Blindheim, diente als zentrale Bastion. Die Stellung war also an beiden Flanken stark gesichert und außerdem vor der Front durch die sumpfige Niederung des Nebelbaches geschützt. Um diese Position anzugreifen, konnten sich die Alliierten jeden Gedanken eines Flankenangriffs aus dem Kopf schlagen. Es kam nur eine Attacke im Zentrum in Frage – kein einfaches Unterfangen, da die Truppen zuerst die Nebel überqueren mußten.

Tallard und Marsin verfügten über 56000 Mann, gegen 52000 Alliierte. Außerdem war die Artillerie überlegen (90 Geschütze gegen 66) sowie ihre Infanterie (70 Bataillone gegen 66). Dafür aber war die Kavallerie der Allianz stärker (178 Schwadronen gegen 143). Mittlerweile wurden Brücken über die Nebel gebaut, und Marlborough rückte vor.

Die Angriffe auf Blindheim

Marlborough eröffnete das Gefecht mit einem scharfen Angriff auf das Dorf Blindheim, das auf zufriedenstellende Weise standhielt – zufriedenstellend deshalb, weil die Franzosen zur Sicherung ihres rechten Flügels ständig neue Truppenverbände nach Blindheim schickten. Lord Cutts (der den Spitznamen »Salamander« trug, weil er sich im heißesten Feuergefecht am wohlsten fühlte), der Oberbefehlshaber der ersten Infanterie-Brigade, hatte die Aufgabe, Tallards Aufmerksamkeit durch wiederholte Angriffe auf Blindheim zu fixieren, bis so viele Franzosen zur Verstärkung herangeholt waren, daß das Dorf verstopft und jede weitere Bewegung unmöglich wurde. Marlborough beaufsichtigte inzwischen die Flußüberquerung weiterer Truppenverbände. Schließlich befahl Marlborough Cutts, das Gefecht einzustellen und dafür zu sorgen, daß die gegnerischen Kräfte in Blindheim blockiert blieben und nicht an anderer Stelle in der Schlacht eingesetzt werden konnten. Außerdem sollte er sich für eine ähnliche Operation in Oberglauheim bereithalten.

Oberglauheim: Die Krise der Schlacht

Mit dem Sturmangriff auf Oberglauheim sollte Tallards Zentrum für eine entscheidende Attacke bloßgelegt werden, doch der Versuch schlug fehl. Die irische »Fremdenlegion« des französischen Heeres führte eine erfolgreiche Gegenattacke und drängte die zehn feindlichen Bataillone unter dem Prinzen von Holstein-Beck bis zur Nebel zurück. Jetzt war Marlboroughs Zentrum entblößt. Die Franzosen griffen wiederholt an, in der Hoffnung, die Armee in zwei Teile sprengen zu können, und Marlborough hielt nur dank des Kavallerie-Angriffs von Eugens Sonderkommando stand.

Die französische Kavallerie wird zurückgeschlagen

Gegen 4 Uhr wußte Marlborough, daß sich seine Strategie bewährt hatte. Die Haupttruppe von Tallards Infanterie war in Blindheim gefesselt, Oberglauheim war von der Kavallerie Eugens gesichert. Marlborough stellte zwischen Blindheim und Oberglauheim 14000 Infanteristen und 5000 Kavalleristen in je zwei Treffen auf. Tallards geschwächtes Zentrum sah einer Katastrophe entgegen – die Situation auf dem Schlachtfeld hatte sich um 180 Grad gewendet. Statt daß Marlborough gezwungen war, dort anzugreifen, wo Tallard es wünschte, mußte Tallard jetzt seine Kavallerie dort einsetzen, wo es Marlborough am besten zustatten kam.

Als die französische Kavallerie zum Angriff ansetzte, trat die englische Reiterei in Reih und Glied zurück und gab die langen Reihen der mit Musketen bewaffneten Infanteristen frei. Ein mörderischer Geschoßhagel brach die Attakken der französischen Kavallerie und drängte die französischen Reiter zurück.

Gnadenstoß im Zentrum

Gegen 5 Uhr nachmittags lag Eugens Kommando auf der rechten Flanke der Alliierten noch immer in erbitterten Gefechten mit Marsin und dem Kurfürsten von Bayern, doch Tallards Reserven waren aufgebraucht. Marlborough ritt ein letztes Mal an seiner Gefechtslinie entlang und rief seine massierte Kavallerie zum Angriff auf. 8000 gut ausgeruhte Reiter, unterstützt von Infanterie und Artillerie, stürmten voran und zerschmetterten die ermattete feindliche Kavallerie – alles, was Tallard dem Angriff entgegenstellen konnte.

Ohne das Zentrum blieb Marschall Marsin und dem Kurfürsten von Bayern, deren Männer noch drei Attacken von Eugen standgehalten hatten, nichts weiter übrig als der Rückzug. Die schwache Hoffnung einer Truppensammlung wurde durch die vereinte Verfolgung und die frühe Gefangennahme Tallards zunichte gemacht. Obwohl einige verbissene Regimenter noch bis 9 Uhr abends weiterkämpften, war die Schlacht gegen 6 Uhr entschieden, als die siebenundzwanzig eingeschlossenen Bataillone in den rauchenden Trümmern von Blindheim ihre Kapitulation anboten.

Verluste und Folgen

Die Nachricht vom Sieg der Alliierten in Blindheim versetzte die europäische Welt in Erstaunen: Es war das erste Mal, daß eine von Ludwigs Armeen eine Niederlage einstecken mußte. Marlborough und Eugen hatten zusammen 13000 Mann verloren, die französischen Verluste beliefen sich auf 20000; dazu kamen 14000 Gefangene. Weitere 7000 Franzosen desertierten auf ihrem Rückzug zum Rhein.

Doch der Krieg war mit Blindheim noch nicht beendet. Marlborough gab sich mit seinen Erfolgen, dem seit Azincourt größten englischen Sieg auf europäischem Boden, nicht zufrieden. Er marschierte gegen den Rhein und überquerte ihn. Er fiel ins Elsaß ein und stieß bis zur Mosel vor, wobei er Landau, Trier und Trarbach einnahm – alles hervorragende Stützpunkte für seine im nächsten Jahr folgenden Operationen. Doch selbst jetzt gab er keine Ruhe: Er eilte nach Berlin, 400 Meilen entfernt, und überredete den König von Preußen, seine Truppen nicht zurückzuziehen. Anschließend reiste er nach Hannover, um die Einzelheiten für die Kontingente von Hannover vorzubereiten; dann nach Den Haag, um mit den Holländern zu konferieren; und schließlich gen Heimat. Wenige Schlachten hatten so tiefgreifende Folgen wie die von Blindheim, doch der Sieg bedeutete nicht das Ende des Krieges. Durch die Uneinigkeit der Alliierten schleppte sich der Krieg noch über zehn Jahre hin

Unten: Das Ende von Blindheim. Tallards Armee ist zerschmettert, und der Marschall bietet Marlborough seine Kapitulation an.

KAPITEL 5

SARATOGA

14. SEPTEMBER–17. OKTOBER

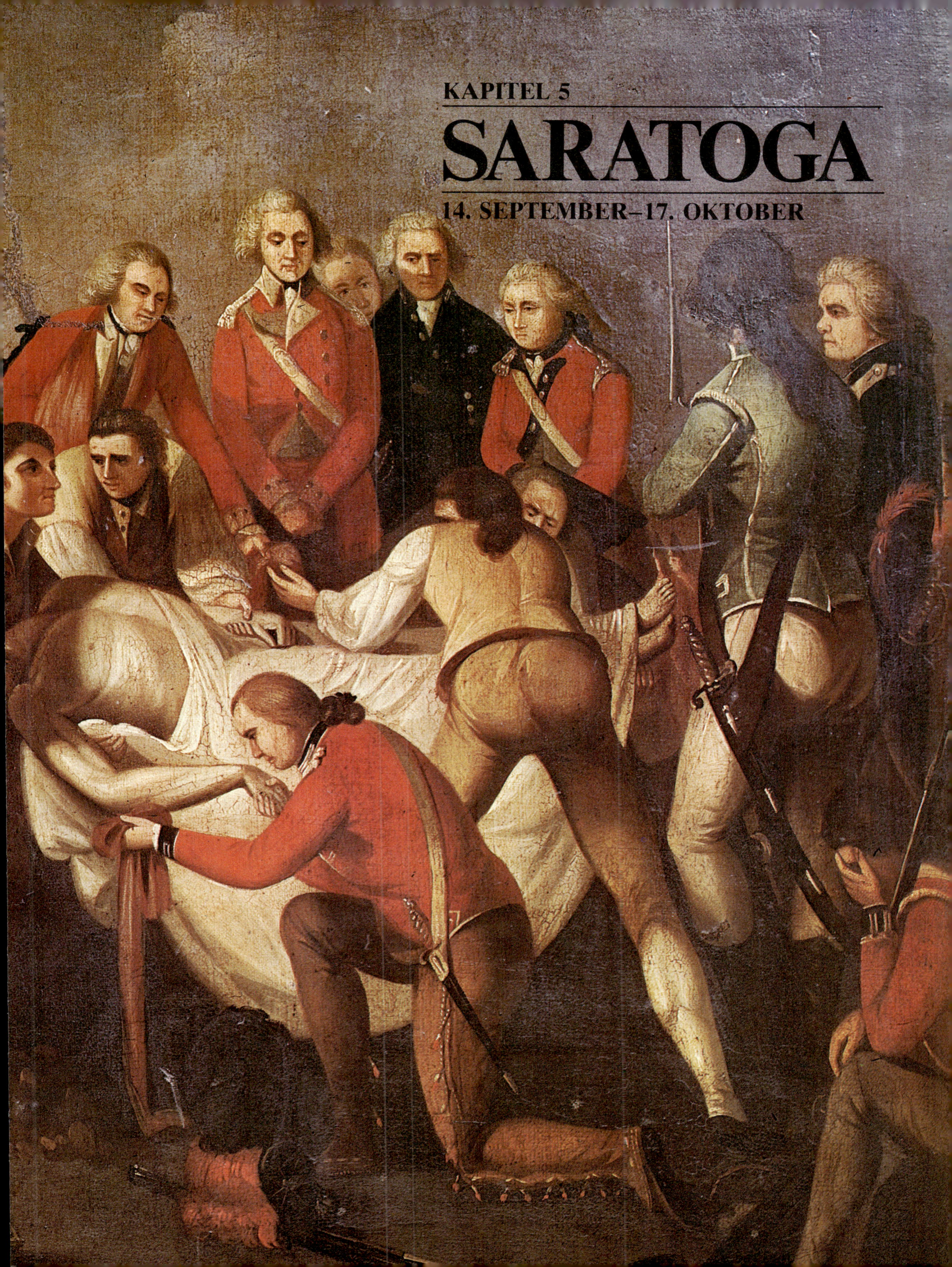

Vorherige Seiten: Die Beisetzung General Frasers unter amerikanischem Feuer während der zweiten Schlacht bei Freemans Farm, welche das Schicksal der eingekesselten britischen Truppen besiegelte. Es ist bezeichnend, daß kein anderes Thema für würdiger befunden wurde, an diese Schlacht zu erinnern.

Der Guerillakrieg in den amerikanischen Kolonien verschlingt eine gewaltige britische Militärmaschine – ein Muster für Vietnam?

Der Krieg

Dreiundsiebzig Jahre nach dem ruhmreichen Sieg von Blindheim mußten die Briten im amerikanischen Unabhängigkeitskrieg, dem Vietnam des achtzehnten Jahrhunderts, eine ihrer größten Demütigungen hinnehmen – die Niederlage bei Saratoga. Bis zu diesem entscheidenden Wendepunkt des Krieges schien die reguläre Armee Englands mit ihren eingeübten disziplinierten Manövern und ihrem enormen Kampfwert in offener Feldschlacht den Erfolg geradezu gemietet zu haben. In Saratoga jedoch wurde sie durch eine Volksarmee von »Hinterwäldlern« geschlagen – die »Amateure« waren den »Professionellen« überlegen.

Unten: »Gentleman Johnny« Burgoyne, der britische Oberbefehlshaber in Saratoga. Er hatte einen meisterhaften Plan zur Zurückeroberung der rebellischen Kolonien ausgearbeitet. Doch obwohl er von seinen Vorgesetzten und Waffengefährten schmählich im Stich gelassen wurde, verfolgte er seinen Plan bis zu einem Punkt, wo es kein Zurück mehr gab.

Es war ein Fehler der Regierung Georg III., sich mit den amerikanischen Siedlern zu verfeinden, da sich die Kolonien, allein durch die geographischen Gegebenheiten, schon immer sehr gut allein zurechtfanden. Im Siebenjährigen Krieg mit Frankreich (1756–63) hatten die Siedler ganz wesentlich dazu beigetragen, die französische Kolonialherrschaft in Kanada zu brechen und England in den Besitz der Kolonie zu bringen. Als der Krieg beendet war, steigerte sich ihr Selbstbewußtsein; sie fühlten sich zwar noch als Briten, hatten aber durch ihren erheblichen Beitrag zum Krieg ein gewisses Selbstwertgefühl erlangt. Doch die englische Regierung, statt sich dankbar zu zeigen, bürdete den Siedlern zur Tilgung britischer Kriegsschulden immer höhere Steuern auf und setzte sich über alle Proteste rücksichtslos hinweg. Auf diese Weise wuchsen die Spannungen zwischen dem englischen Mutterland und den amerikanischen Kolonien.

Aus der Sicht der Kolonisten gab es jetzt keine andere Wahl mehr, als sich zu einer politischen Einheit zu organisieren, ihre Staatsfinanzen selbst zu ordnen, eine eigene Gesetzgebung zu schaffen und eigene Streitkräfte aufzustellen. Die Vereinigten Staaten von Amerika entwickelten sich zu einer der größten und frühesten Handelsunionen der Geschichte, weil sie fest entschlossen waren, die unpopuläre Finanzpolitik des Mutterlandes durch militante Aktionen zu brechen.

Die Provokationen gegenüber den britischen Truppen nahmen ständig zu, bis es 1755, in Lexington und Concord, zu regelrechten Gefechten und somit zum Revolutionskrieg kam. Die neuenglischen Kolonisten konnten die britischen Truppen daran hindern, ihre heimlichen Waffendepots in Concord und in Lexington zu vernichten oder sicherzustellen, und kesselten sie in Boston ein. Es folgte die »Schlacht von Bunker Hill«, ein blutiges sinnloses Gemetzel, bei dem die Miliz der Aufständischen von der erhöhten Festung bei Boston vertrieben wurde. So schufen sich die amerikanischen »Patrioten« ihre ersten echten Kriegshelden; das hätte Georgs Regierung dazu veranlassen sollen, die Situation noch einmal zu überdenken und zu versuchen, auf dem Verhandlungsweg zu einer Einigung zu kommen. Statt dessen machte sich die britische Regierung daran, deutsche Truppen, vor allem hessische Söldner, anzuheuern und nach Amerika zu schicken, um die Revolte zu ersticken – eine Fehlentscheidung, die ganz entschieden dazu beitrug, daß es schließlich, am 4. Juli 1776, zur Unabhängigkeitserklärung kam.

Dadurch waren klare Fronten geschaffen, und die Auseinandersetzung spitzte sich zu. Es galt jetzt, eine feindliche Hauptstadt einzunehmen, Philadelphia in Pennsylvania, und eine feindliche Armee zu schlagen, die »Kontinentalarmee« unter George Washington aus Virginia. Würde es den Engländern und ihren Söldnertruppen gelingen, Philadelphia zu besetzen, zu halten und Washingtons Streitkräfte bei jeder Kampfhandlung zurückzuschlagen, dann hätte die Rebellen-Regierung keine Chance, Wurzeln zu schlagen.

Bis Dezember 1776 schienen die Briten auf dem besten Weg zum Sieg zu sein. Die Siedler hatten versucht, nach Kanada einzudringen – ein Unternehmen, das sich als ein verhängnisvoller Fehlschlag erwies; General William Howe hatte New York besetzt und Washington nicht nur aus dem Staat New York, sondern auch aus dem benachbarten New Jersey vertrieben; beträchtliche Truppenverstärkungen hatten bereits den Atlantik überquert; weitere waren für 1777 vorgesehen. Es waren Pläne für eine Zangenbewegung von Kanada und New York her ausgearbeitet worden, um die neuenglischen Kolonien abzuschneiden und den Weg für einen künftigen Vorstoß zur Zurückeroberung Bostons zu ebnen. Die Anfangserfolge der Kolonisten erschienen jetzt unbedeutend und nichtig neben der Kette von eben errungenen Siegen seitens der Briten.

Washington jedoch sollte alle eines Besseren belehren – die entmutigten Kolonisten ebenso wie die allzu selbstsicheren Briten –, indem er am Heiligen Abend des Jahres 1776 überraschend den Fluß Delaware überquerte und den Briten bei Princeton und Trenton zwei schmerzliche Niederlagen beibrachte. Trotz ihres kleinen Rahmens (es waren auf beiden Seiten weniger Soldaten verwickelt als in der Schlacht bei Naseby) hatte diese Operation Folgen, die weit über den direkt zugefügten Schaden hinausgingen. Für die rebellischen Kolonisten bedeutete sie einen Aufschwung, der ihnen nach einer Kette von Fehlschlägen wieder neuen Mut zum Kämpfen gab. Er zeigte ihnen, daß sie noch immer im Ring waren und eine Chance hatten, die Briten zu schlagen. Für General Howe war es ein emphatischer Beweis dafür, daß die Vernichtung von Washingtons Armee sein Hauptziel für 1777 sein mußte.

Doch wie Bernard Shaw schon in seinem »*Teufelsschüler*« bemerkte: »Der britische Soldat kann sich gegen alles auflehnen, nur nicht gegen das britische Heeresministerium.« Der Krieg gegen die Rebellen wurde aus einer Entfernung von mehr als 3000 Meilen, in Whitehall, dirigiert. Das bedeutete ganz automatisch eine beträchtliche zeitliche Verzögerung zwischen der Erteilung und Ausführung eines Befehls. Nicht einmal während des gesamten Konflikts erhielt ein britischer General einen Befehl aus London, der im Zusammenhang mit der aktuellen strategischen Situation einen Sinn ergab.

Das führte verständlicherweise zu einem übertriebenen Selbständigkeitsbedürfnis der britischen Generale, von denen ein jeder glaubte, am besten zu wissen, wie dieser Krieg gewonnen werden konnte. Das schwächste Glied in der Kette aber war »der Mann an der Spitze«, Lord George Germain, Staatssekretär für die amerikanischen Kolonien, der sich keiner sonderlichen Beliebtheit erfreute und neunzehn Jahre zuvor wegen Feigheit aus der Armee entlassen worden war. Doch er war ein gewandter Diplomat, der sich auf die Kunst der Hofpolitik verstand und das Vertrauen König Georgs genoß.

Es war Germain gewesen, der zwei verschiedenen Plänen für die Kampagne von 1777 zugestimmt hatte – zwei Strategien, die absolut unvereinbar waren –, ohne auch nur einen der beiden Generale, die ihm die Pläne unterbreitet hatten, von dem Vorhaben des anderen zu unterrichten.

Gegen Ende des Jahres 1776 war General John Burgoyne nach London gekommen, um den König und den Rat von seinem taktischen

Oben: George Washington als junger Offizier der Miliz Virginias lange vor dem Bruch des englischen Mutterlands mit ihren amerikanischen Kolonien. Er wurde später zum Oberbefehlshaber der »Kontinentalarmee« gewählt – eine gute Wahl, denn er war der Mann, der seinen Landsmännern beweisen sollte, daß sie die Briten bekämpfen und besiegen konnten.

Oben: Burgoyne wirbt indianische Rekruten für die Invasion der rebellischen Kolonien an. Die Rekrutierung von Indianern war nichts Neues: Man kannte sie bereits seit Beginn der amerikanischen Kolonialkriege gegen die Franzosen. Doch Burgoynes wiederholte Versuche, sie als eine »Terrorwaffe« zu verwenden, um die Rebellen einzuschüchtern, hatte die gegenteilige Wirkung und veranlaßte Tausende von Amerikanern, zu den Fahnen der Rebellen zu eilen.

Plan zu überzeugen: Er wollte mit einem Heer von Kanada aus in südlicher Richtung marschieren und in Albany, am Hudson, mit Howes Streitkräften zusammentreffen, um die neuenglischen Kolonien abzuschneiden. Ein Monat, nachdem Burgoynes Plan formell genehmigt worden war, billigte Germain Howes Vorschlag, in genau die entgegengesetzte Richtung, nämlich gegen Washington zu marschieren, nach Pennsylvania einzudringen und Philadelphia einzunehmen. Mit keinem Wort ließ Germain die Generale wissen, daß die eine Operation die Erfolgschancen der anderen beeinträchtigte. Mit keinem Wort erinnerte er sie daran, daß separate Aktionen gegen das erste Prinzip der Kriegführung verstoßen, das vorschreibt: »Sei niemals überall schwach und nirgends stark.« Auch hatte er nicht die Generale gewarnt, daß die Streitkräfte der Rebellen Burgoynes Vorstoß blockieren könnten, während Washingtons Armee intakt blieb.

Burgoyne: Der energische Amateur

Burgoynes Einsetzung spiegelte auf perfekte Weise das übermäßige Vertrauen, um nicht zu sagen die Vermessenheit der Briten gegen 1777 wider: Burgoyne hatte nicht die geringste Erfahrung als Kommandant einer Armee in Amerika. Das sollte sich jedoch nicht in der Energie und dem Tempo niederschlagen, mit denen er seine Armee vorantrieb. Was sich bei ihm vor allen Dingen nachteilhaft auswirkte, war seine Unterschätzung, ja Verachtung der amerikanischen Kolonisten. Er teilte die weitverbreitete Ansicht, daß die Art und Weise der Siedler zu kämpfen nichts weiter als Plänkeleien seien und daß es die amerikanische Miliz niemals mit den berufsmäßigen Truppen würde aufnehmen können – ein Wunschdenken, das 1775 noch vertretbar gewesen wäre, aber gewiß nicht mehr jetzt, 1777, nach Bunker Hill, Trenton und Princeton. Der General schätzte die Mentalität der Siedler völlig falsch ein und stellte sich vor, daß sie sich zu Hause ängstlich verkriechen würden, weil er damit gedroht hatte, ganze Indianerstämme unter Besoldung auf sie loszulassen. Das Gegenteil war der Fall; die Siedler reagierten mit Zorn und Abscheu, nicht mit Angst, auf die Vorstellung, daß ein britischer General, der sich selbst als einen Gentleman und großen Offizier bezeichnete, seine Würde so weit vergessen konnte, daß er »Wilde« gegen Frauen und Kinder einsetzte. Immer mehr Amerikaner eilten zu den Fahnen, um für die Freiheit der amerikanischen Kolonien zu kämpfen.

Die Streitkräfte, die Burgoyne in den Süden führte, waren ein kunterbuntes Gemisch von verschiedenen Nationalitäten: 3700 Briten, 3000 Deutsche, circa 200 Loyalisten (Englandtreue) und französische Kanadier sowie 500 Indianer; dazu gehörten 38 Geschütze – eine sehr große Artillerie für ein derart kleines Heer. Dem gegenüber stand General Philip Schuylers Miliz, die über ganz Vermont und New York verstreut war. Schuylers einzige Truppenkonzentration war die 3500 Mann starke Garnison von Fort Ticonderoga, am südlichen Ufer des Champlain-Sees.

Burgoyne nimmt Ticonderoga ein

Am 21. Juni 1777 wurden Burgoynes Streitkräfte am Champlain-See auf eine eindrucksvolle Flotte eingeschifft: 200 Truppentransporter, 20 Kanonenboote und 3 Fregatten. Am 3. Juli waren die Truppen samt ihrer Artillerie an Land und warteten auf den Befehl, Ticonderoga anzugreifen, wo Burgoyne glaubte, bei seiner Kampagne auf den größten Widerstand zu stoßen. Statt dessen aber hatte er ein leichtes Spiel: Die Garnison hatte nicht dafür gesorgt, den Gipfel des Sugar Loaf Hill, der die Festung beherrschte, zu schützen, und so konnte Burgoynes Artillerie-Kommandant, William Phillips, auch promt zwei Geschütze dort aufstellen. General St. Clair, der Oberbefehlshaber der Garnison, sah seinen Fehler auf der Stelle ein und wollte seine Truppen nicht durch einen sinnlosen Widerstand opfern. Er ließ die Festung noch in derselben Nacht evakuieren und durchbrach die Umzingelung in der Nacht zum 6. Juli mit einem Verlust von 400 Mann, die er bei einem Nachhutgefecht bei Hubbardton verlor.

Der Fall von Ticonderoga war ein enormer Schock für die Kolonialstreitkräfte, die fest damit gerechnet hatten, daß die Festung über Wochen hin Widerstand leisten würde. Bedrohlich war auch die Tatsache, daß sich Burgoyne nicht lange auf seinen Lorbeeren ausruhte. Er brach unverzüglich zu einem weiteren Vorstoß auf und erreichte am 10. Juli Skenesboro, knappe sechzig Meilen vor Albany. Mit einem Verlust von nur 200 Mann hatte er in zwanzig Tagen über hundert Meilen zurückgelegt und die stärkste Festung in Amerika mit 128 Geschützen eingenommen. Es ist verständlich, daß Burgoyne nach der widerstandslosen Einnahme Ticonderogas glaubte, den schwierigsten Teil der Operation bewältigt zu haben und den Sieg schon halb in den Händen zu halten.

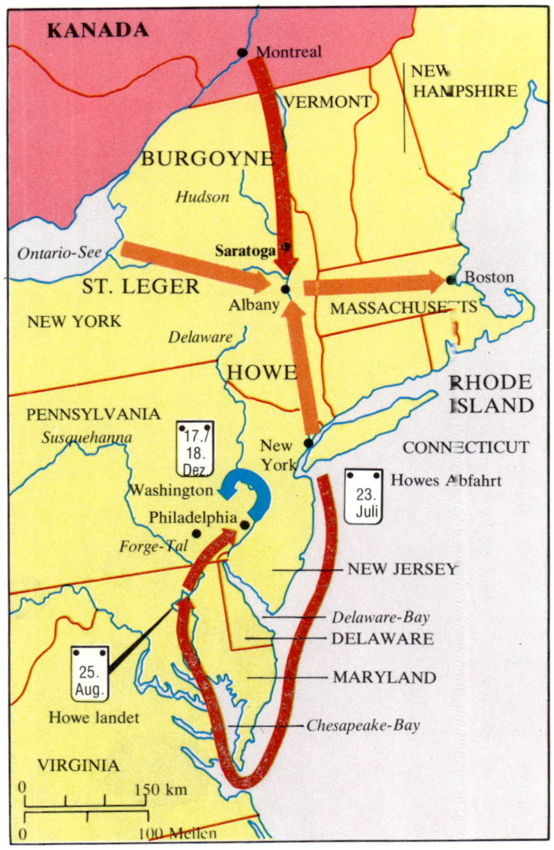

Links: Das große britische Konzept für die 1777er Kampagne gegen die Rebellen, so wie sie hätte verlaufen sollen (orange) und so wie sie sich schließlich entwickelte (dunkelrot). Zu dem Zeitpunkt, als Howes Truppen das Hudson-Tal hätten hinaufmarschieren sollen, um sich mit Burgoyne in Albany zu vereinigen, befanden sie sich »seekrank« auf dem Weg in die entgegengesetzte Richtung – auf einer Expedition gegen Philadelphia.

Nach Ticonderoga: Burgoynes Fehler

In Wirklichkeit aber fingen die Schwierigkeiten erst jetzt an, doch die hatte er, aufgrund von zwei Fehlentscheidungen, allein sich selbst zuzuschreiben. Die erste war der Beschluß, sich auf dem Landwege weiterzubewegen. Viel günstiger wäre es gewesen, er hätte seine Truppen nach Ticonderoga zurückgezogen, neu eingeschifft und wäre den George-See hinuntergesegelt. Statt dessen trieb er sie durch unwegsames Terrain mit dichten Wäldern und gewundenen Flußläufen, um zum Fort Edward am oberen Hudson zu gelangen. Viel unverständlicher aber noch war sein Beschluß, den denkbar schwersten Artillerie-Train mit auf den Weg zu nehmen, wodurch der gesamte Truppenverband wiederholt anhalten und warten mußte.

Hier sollte sich zum ersten Mal in der Militärgeschichte der unerschütterliche Glaube an die Überlegenheit gut ausgerüsteter regulärer Truppen über zerstreut kämpfende irreguläre Verbände als irrig erweisen – ein Trugschluß, der 200 Jahre später für die europäischen und amerikanischen Truppen in Vietnam zum Verhängnis werden sollte.

So war die Armee, die Burgoyne von Skenesboro zum oberen Hudson befehligte, eine andere als die, mit der er begonnen hatte. Sie war jetzt um 1100 Mann schwächer – 200 Mann hatte er bei Hubbardton verloren, 900 waren als Besatzung in Ticonderoga geblieben – und um so schwerer mit Geschützen und Munitionswagen überladen. Die Marschroute, die Burgoyne gewählt hatte, war ein einziger Alp-

Oben: Bei einem Sturmangriff gegen eine hessische Geschützstellung bei Saratoga bricht Benedict Arnolds Pferd zusammen (Mitte). Arnolds Mut und Unerschrockenheit trug ganz entschieden dazu bei, die Aufständischen davon zu überzeugen, daß sie die britischen Truppen nicht nur aufhalten, sondern auch schlagen konnten.

Rechts: Der Marsch auf Saratoga. Das Unternehmen begann sehr hoffnungsvoll mit der blitzschnellen Belagerung von Fort Ticonderoga, wo Burgoyne den größten Widerstand erwartet hatte. Doch von da ab verlangsamte sich Burgoynes Vorstoß (rot) von Tag zu Tag. Er hätte sich die Hälfte der Strecke nach Albany ersparen können, wenn er seine Truppen neu eingeschifft und den George-See hinuntergesegelt wäre; statt dessen wählte er die direkte Überlandstrecke. Die Rebellen unter General Horatio Gates (blau) konnten die so gewonnene Zeit voll zu ihrem Vorteil ausnutzen.

traum: Schuylers Miliz hatte mit Äxten zahllose Bäume gefällt, um die engen Pfade zu blockieren, und die Wasserläufe durch Steindämme gestaut. Bevor diese Hindernisse nicht beseitigt waren, konnte sich die Armee nicht um einen Zoll weiterbewegen, und wenn sie sich nach mühsamer Schwerstarbeit endlich wieder in Bewegung setzte, dann nur, um kurz darauf auf ein neues Hindernis zu stoßen.

Burgoyne isoliert

In der ersten Augustwoche des Jahres 1777 wurde die britische Strategie vollends ruiniert.

Howes Armee war nämlich weit davon entfernt, schnell nach Pennsylvania einzudringen, Philadelphia einzunehmen und dann zum unteren Hudson einzuschwenken, um Burgoyne zu unterstützen. Howe hatte fast zwei Monate damit verschwendet, eine Invasionsflotte zusammenzustellen, mit der er die Delaware Bay hinaufsegeln und Philadelphia vom Wasser aus angreifen wollte. Er brach am 23. Juli mit 19000 Mann auf und ließ 8000 Mann in New York unter dem Befehl von Sir Henry Clinton zurück. In letzter Minute änderte er seinen Plan und gab den Befehl, auf den Chesapeake statt auf den Delaware zuzusteuern. Erst am 25. August gingen seine Truppen endlich an Land. Inzwischen hatte Howe Germain geschrieben, daß Burgoyne keine Hilfe von ihm erwarten könne, und als Germain die erschreckende Nachricht erhielt, war es bereits zu spät.

Niederlage bei Bennington…

Das erste böse Omen zeichnete sich am 16. August ab. An jenem Tag wurde ein Trupp von 700 Hessen und Loyalisten, die von Burgoyne zu einem Raubzug in die Gegend von Green Mountain geschickt worden waren, von 2000 aufständischen Soldaten niedergemäht. Ein nachgeschickter 650 Mann starker Hilfstrupp wurde zum Fort Miller zurückgetrieben. Bennington kostete Burgoyne über 200 Tote und 700 Gefangene, d. h. mehr als zehn Prozent seiner Armee, doch er war noch immer fest entschlossen, bis Albany vorzudringen und sein ursprünglich geplantes Vorhaben auch ohne die zugesicherte Hilfe durchzuführen.

Was er nicht wußte, war, daß bei Bennis Heights 7000 Kolonisten auf ihn warteten und daß sich die Amerikaner zu Tausenden der Miliz anschlossen. General Gates war an die Stelle des pessimistischen Schuyler getreten und wurde durch die energische Hilfe von Benedict Arnold unterstützt, der soeben den Trupp von Barry St. Leger im Mohawk-Tal siegreich geschlagen hatte.

…und bei Freemans Farm

Burgoynes letzter Vorstoß eines Feldzuges, dessen Gelingen aufgrund von Inkompetenz zum Scheitern verurteilt war, fand am 13. Sep-

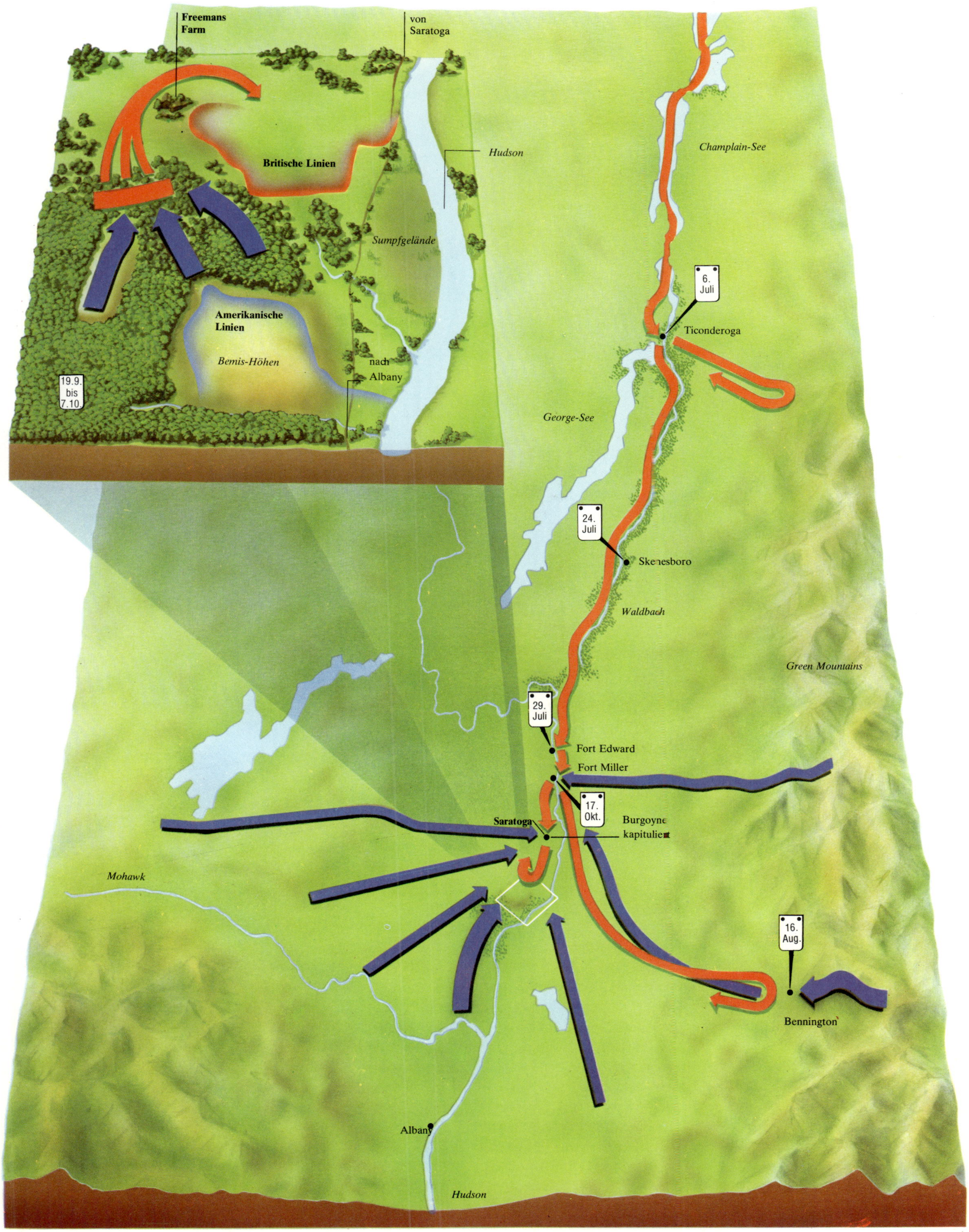
Freemans Farm
von Saratoga
Britische Linien
Hudson
Sumpfgelände
Amerikanische Linien
Bemis-Höhen
nach Albany
19.9. bis 7.10.
Champlain-See
6. Juli
Ticonderoga
George-See
24. Juli
Skenesboro
Waldbach
Green Mountains
29. Juli
Fort Edward
Fort Miller
17. Okt.
Saratoga
Burgoyne kapituliert
Mohawk
16. Aug.
Bennington
Albany
Hudson

tember statt, als er durch Saratoga gegen die amerikanische Position marschierte. Am 19. schickte er drei Truppenkolonnen aus, die sich durch die Wälder an Gates Armee herantasten und dem Feind in die Flanken fallen sollten; doch Benedict Arnold überraschte die gegnerischen Truppen bei ihrem Vordringen. In einem blutigen Gefecht bei Freemans Farm wurden Burgoynes Kolonnen von Arnolds zahlenmäßig überlegenen Streitkräften zurückgeschlagen und mußten weitere Verluste von circa 600 Mann hinnehmen.

Fast drei Wochen lang verharrte Burgoyne mit seinem Heer unbeweglich an einer Stelle in der Hoffnung, Gates würde zum Angriff übergehen – doch Gates blieb, wo er war, und konnte zu seiner Genugtuung feststellen, daß sich seine Streitkräfte durch das Eintreffen weiterer Milizangehöriger von Stunde zu Stunde verstärkten, während Burgoynes Männer bereits auf halbe Ration gesetzt worden waren und so ihre Kampfmoral dahinsiechte. Burgoyne schreckte vor der Aussicht zurück, das Feld zu räumen und sich den langen Weg durch dichte Wälder bis Kanada zurückkämpfen zu müssen. Er setzte all seine Hoffnung auf einen zweiten Angriff, um zu Henry Clinton am unteren Hudson durchbrechen zu können.

Am 7. Oktober, dem Tag von Burgoynes zweiter Attacke, war Clinton bis zum Hudson vorgedrungen und bewegte sich mit einer Streitkraft von 2000 Mann stromaufwärts. Clintons Hauptsorge war die Verteidigung von New York, und er wurde sich über Burgoynes verzweifelte Lage erst bewußt, als es schon zu spät war. Denn am 7. wurde Burgoyne in einem zweiten blutigen Kampf bei Freemans Farm erneut geschlagen und verlor weitere 700 Mann. Er stand mit seinen knapp über 5000 von Hunger gequälten und entmutigten Männern einem Heer von über 17000 triumphierenden Rebellen gegenüber.

Burgoyne hielt bis zum 12. Oktober aus in der verzweifelten Hoffnung, daß ein Wunder geschehen würde und Clintons Truppen weit genug vorgedrungen waren, um einen Durchbruch und eine Truppenverbindung zu ermöglichen. Am 13. beugte er sich dem Unausweichlichen und handelte die bestmöglichen Rückzugsbedingungen aus. Seine Männer mußten ihre Waffen niederlegen und durften sich nach England einschiffen unter der Bedingung, daß sie sich verbürgten, nie wieder in Amerika zu kämpfen. Gates willigte in diese Bedingungen ein, weil er fürchtete, Clinton könne in letzter Minute ein Vorstoß gelingen; er wollte Burgoynes Männer so schnell wie möglich unbewaffnet wissen. Am 17. Oktober nahm er Burgoynes Kapitulation formell an – doch die Militärkonvention von Saratoga wurde später vom Kongreß für ungültig erklärt, und Burgoyne und seine Männer gerieten in Gefangenschaft.

Auswirkungen

Das wichtigste Resultat des Fiaskos von Saratoga war die Intervention Frankreichs gegen England, der sich später Spanien und die Niederlande anschlossen. Durch die Gefangennahme eines gesamten britischen Heeres hatten sich die amerikanischen Siedler das Recht erworben, von Englands erbittertsten Feinden ernst genommen zu werden. Eine französische Expeditionsstreitkraft überquerte den Atlantik, um an der Seite von Washington zu kämpfen. Die französische Flotte bedrohte die britischen Stellungen an der amerikanischen Küste so lange, bis die Amerikaner schließlich gesiegt und so ihre Unabhängigkeit von Großbritannien durchgesetzt hatten.

Oben: Das Ende. Burgoyne bietet Gates am 17. Oktober seine Kapitulation an, nachdem er jede Hoffnung auf Unterstützung durch Clintons Streitkräfte aufgegeben hat.

Saratoga kostete die Briten die nördlichen Kolonien, bis auf eine Stellung in New York, die sie bis zum Ende des Krieges im Jahre 1783 hielten. Sie konnten noch einige beträchtliche Erfolge im Süden verzeichnen, doch die Intervention Frankreichs ließ die Siegeschancen zu gering und die Zahl der Opfer zu groß werden. Der eigentliche Schaden an der britischen Sache war bereits angerichtet worden – bei Saratoga, wo die Kolonisten richtig erkannten, was zu gewinnen war. Es war in der Tat ein großer Sieg, der über einen Krieg entschied und den Zusammenschluß einer neuen Nation zementierte.

Einen Schuldigen, dem man die Niederlage von Saratoga hätte zuschreiben können, gab es nicht. Schuld allein war die selbstzufriedene Annahme der Engländer, daß sich die amerikanischen Siedler im Fall einer Auseinandersetzung nicht wehren und gegen reguläre Truppen kämpfen würden. Die ursprünglich geplante Strategie für die Operation war gar nicht schlecht, doch sie wurde durch Howe auf fatale Weise geändert; außerdem war Burgoynes Versuch, seinen Part eigenhändig auszuführen, äußerst unrealistisch.

Es wird wahrscheinlich nie eine Lösung dafür gefunden werden, wie man irreguläre Truppenverbände auf fremdem Boden mit regulären Streitkräften bekämpfen kann, welche auf eine völlig andere Kriegführung eingestellt sind. Burgoyne und seine Männer hatten das Pech, in der langen Kette von fruchtlosen Experimenten die ersten Versuchskaninchen gewesen zu sein; sie sollten aber nicht die letzten bleiben.

KAPITEL 6

VALMY

20. SEPTEMBER 1792

Vorherige Seiten: Ein französischer Stich von der Kanonade von Valmy (von einem Punkt hinter den französischen Reihen gesehen). Die Stabsoffiziere im Vordergrund werden von den explodierenden Geschossen niedergemäht. Im Hintergrund erkennt man die preußischen Geschütze und weiter rechts die preußischen Kolonnen bei ihrem fruchtlosen Vorstoß.

Ein General verliert den Mut – die nicht geschlagene Schlacht, die die Französische Revolution am Leben hielt

Der Krieg

Vergleicht man die Schlachten von Saratoga und Valmy, so kann man gewisse Übereinstimmungen feststellen, wenn die beiden Operationen taktisch gesehen auch absolut nichts gemeinsam haben. In beiden Fällen standen sich ungeschliffene patriotische Verbände und disziplinierte, bestens ausgebildete reguläre Truppen gegenüber; in beiden Fällen wurden die »Professionellen« von den »Amateuren« geschlagen; und beide Schlachten wurden zu Symbolen der Geburt einer neuen Republik. Doch hier hören die Übereinstimmungen auf.

Die französischen revolutionären Truppen schlugen die Preußen nicht etwa deshalb bei Valmy, weil die alte französische royalistische Armee durch eine neue und dynamische Streitkraft ersetzt worden war. Ganz im Gegenteil: Sie waren siegreich, weil bis zum Ausbruch der Revolution so *wenig* an der Armee verändert worden war.

Zwischen 1789 und 1791 hatten nur wenige Ereignisse in Versailles und Paris die französische Armee direkt betroffen. Es ist auch unrichtig, wie aus manchen Geschichtsbüchern hervorgeht, daß die aristokratischen Offizierkorps *en masse* emigrierten und Hunderte von offenen Stellen zurückließen, welche dann durch Kandidaten aus dem Volk übernommen wurden. Die französische Armee war nämlich eine der ersten Institutionen des Landes, die von der Reform- und Modernisierungsbewegung der sechziger Jahre erfaßt worden war. Neue royalistische Militär-Akademien waren gegründet worden, darunter auch die, auf der ein junger Korse namens Napoleone di Buonaparte zwischen 1779 und 1784 seine Ausbildung für die französische Artillerie erhielt. Überflüssige Regimenter waren ganz aufgelöst oder mit anderen zusammengelegt worden; außerdem, und das war das Entscheidende, hatte man die Artillerie völlig überholt, vereinfacht und standardisiert und so zur zweifellos besten in ganz Europa gemacht.

Um einen Eindruck davon zu vermitteln, wie wenig die Revolution das Leben in der französischen Armee während der ersten beiden Jahre veränderte, werden an dieser Stelle einige Männer erwähnt, die unter der Republik Generäle und unter Napoleon Marschälle wurden. Michel Ney zum Beispiel ließ sich 1787 als Kavallerist im »Régiment Colonel-Général« anwerben und hatte es im Januar 1791 erst zum Quartiermeister-Unteroffizier gebracht; es dauerte weitere dreizehn Monate, bis er zum Feldwebel aufstieg. Nicolas Jean-de-Dieu-Soult meldete sich 1785 zur »Régiment Royal Infanterie«; er stieg im Juni 1787 zum Unteroffizier auf, wurde aber erst im Juli 1791 Feldwebel. Louis-Nicolas Davout trat im Februar 1788, direkt von der Pariser Militär-Akademie kommend, als Leutnant in die »Régiment de Royal-Champagne-Cavalerie«; er war ein der-

Unten: Französische Husaren mit ihren typischen sabretaches, die noch immer mit den Kronen und Monogrammen des ancience régime verziert sind. Michel Ney, einer der berühmtesten napoleonischen Marschälle, war zur Zeit von Valmy noch ein Unteroffizier in einem Husarenregiment.

art fanatischer Verfechter der Prinzipien der Revolution, daß er zuerst verhaftet und schließlich 1791 aus dem Dienst entlassen wurde. (Er wurde kurz darauf von dem ansässigen Regiment von Voluntären zum Oberstleutnant gewählt.)

Als Frankreich im April 1792 den Krieg begann, schaute sich in der regulären französischen Armee so mancher gut ausgebildete Soldat, der schneller befördert werden wollte, anderweitig um. Die Revolution hatte die Idee zu einer neuen »Bürgerarmee« aus Freiwilligen geboren. Sie war 100000 Mann stark und wurde von Offizieren befehligt, die aufgrund von Tapferkeit und Verdienst, nicht Geburt und Besitz, gewählt worden waren; doch kaum ein Drittel der Flut von Voluntären war aufgestiegen. Diejenigen aber, denen es gelungen war, bedurften einer weiteren Ausbildung. Deshalb wurden die Offiziere, die aus dem regulären Heer austraten, begeistert in die Reihen der Voluntär-Bataillone aufgenommen. Solche Überlaufaktionen mußten die regulären Einheiten natürlich stark schwächen; und während die Voluntäre die Rudimente des Kriegshandwerks erlernten, ließ die Kampfkraft der französischen Armee ständig nach.

Der Krieg war das Werk einer vergleichsweise gemäßigten Gruppe von Revolutionären in Paris. Sie sahen in einer Kriegserklärung gegen Österreich, Frankreichs traditionellem Feind und dem damaligen Zufluchtsort für Konterrevolutionäre, die ideale Gelegenheit, König Ludwig zu einer Stellungnahme für oder gegen die Revolution zu zwingen.

Eine Welle nationaler Begeisterung ergriff das Land. Angefeuert durch pathetische Ansprachen und unter dem Gesang der soeben entstandenen Marseillaise, eilten die Freiwilligen zu den Fahnen – Patriotismus, die Ideale der Revolution und der Kampfeswille sollten ihnen zum Sieg verhelfen. Doch Begeisterung allein genügte nicht. Ein Großteil der freiwilligen Truppen beherrschte nicht einmal die einfachsten Grundvoraussetzungen des Kriegshandwerks, so wie das Laden und Aufpflanzen des Bajonetts, ganz zu schweigen von den Disziplinen des geschlossenen Exerzierens und der Karreegefechtsordnung bei Kavallerieangriffen. Die Offiziere taten ihr Bestes, doch die ersten Grenzzusammenstöße mit den Österreichern waren verheerend. Die Einheiten zerbrachen, wendeten sich zur Flucht und glaubten, betrogen worden zu sein; einige brachten ihre Offiziere um. Nach drei Monaten ununterbrochener militärischer Fehlschläge hatten die Revolutionäre in Paris die Munition zusammen, die sie zur Auslösung einer zweiten Revolution benötigten. Sie nahmen den König gefangen, kerkerten ihn ein, riefen ein Nationalkonvent zusammen und kündigten einen Kreuzzug des Terrors gegen alle Feinde der Nation an.

Oben: Französischer Offizier und Infanterist mit dreifarbigen Kokarden bei einer äußerst »artigen« Übung mit dem Musket.

Die Armee des Nordens

Die Invasionsroute des Herzogs von Braunschweig war dieselbe, die einst Marlborough bei seiner Eroberung des Moseltals verfolgt hatte: Koblenz – Trier – Longwy – Verdun – Châlons und anschließend direkt auf Paris. Dem Herzog gegenüber stand die »Armee des Nordens«, die zwischen dem nördlichen Lo-

Oben: General Dumouriez, Oberbefehlshaber der »Armee des Nordens«. Er war unter König Ludwig XV. in den Heeresdienst getreten und wurde der Held der republikanischen Armee.

thringen und Belgien stationiert war und von General Charles François Dumouriez befehligt wurde. Dumouriez war ein erfahrener, dreiundfünfzig Jahre alter Offizier, der bereits unter Ludwig XV. im Siebenjährigen Krieg (1756–63) gedient hatte. Unter seiner Order stand außerdem General Charles-François-Etienne-Christophe Kellermanns »Armee des Zentrums« im Moselsektor. Mit seinem ausdauernden und Vertrauen erweckenden Charakter war Dumouriez genau der richtige Mann am richtigen Platz. Er hatte ursprünglich eine Operation in Belgien geplant, änderte dann aber sein Konzept und bereitete die Verteidigung der französischen Hauptstadt vor.

Die verheerenden Frühlings- und Sommermonate waren für die Franzosen nicht nur vergeudete Zeit gewesen. Die übriggebliebenen Freiwilligeneinheiten hatten eine Menge an Kampferfahrung dazugewonnen, wenn man ihnen auch oft hart zugesetzt hatte. Außerdem war es den Befehlshabern gelungen, ihre Einheiten mit nahegelegenen regulären Regimentern zu verstärken. Man kämpfte nicht mehr nach dem Motto »*sauve qui peut!*«, wenn die Anschlußregimenter ruhig ihre Stellung hielten. Dieser bedeutende Fortschritt, verbunden mit den hervorragenden Leistungen der regulären Artilleriebatterien, sollte sich als Trumpfkarte für Dumouriez und Kellermann erweisen.

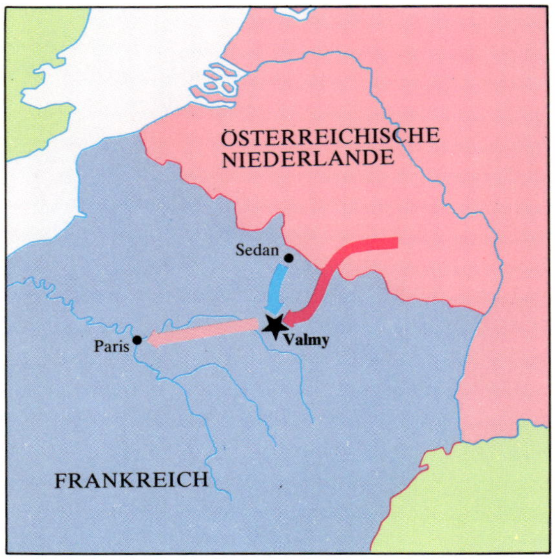

Oben rechts: Die große Bedrohung Frankreichs im September 1792, als die Armeen der royalistischen Koalition (rosa) die Grenzen überschreiten und gegen Paris marschieren, um König Ludwig XVI. zu retten und seine ursprüngliche Macht wieder herzustellen.

Die Argonnen-Pässe

Der Herzog von Braunschweig brach am 23. August nach Frankreich ein, nachdem er die Grenzstadt Longwy einen Tag lang in Beschuß genommen hatte und diese sogleich kapitulierte. Anschließend schlug er sich bei ununterbrochenem Regen bis zur Maas durch und nahm am 2. September Verdun ein. Das erste Hindernis für die Invasionstruppen war die dicht bewaldete Bergkette der Argonnen, fünfzig Meilen lang und zwanzig breit, eine natürliche Barriere, die nur über wenige Straßen passierbar und deshalb leicht zu verteidigen war.

Mit dem Versprechen, die Argonnen-Pässe zu verteidigen, »so wie einst die Spartaner die Tore bei den Thermopylen«, brach Dumouriez am 1. September mit 33 000 Mann von Sedan gen Süden auf, während sich Kellermann von Metz aus mit 18 000 Mann in östliche Richtung bewegte. Als Braunschweigs Armee am 8. September in drei Kolonnen in die Argonnen eindrang, schienen Dumouriez und Kellermann alle Ausgänge an der gegenüberliegenden Seite der Bergkette sicher abgeriegelt zu haben. Doch es gelang Dumouriez nicht, alle drei Mauselöcher gleichzeitig zu bewachen und zu schützen. Am 12. September kämpfte sich Clerfayts 11 000 Mann starkes österreichisches

Rechts: Der Herzog von Braunschweig zeigt König Friedrich Wilhelm von Preußen in Valmy die französischen Positionen, während seine Artillerieeinheiten im Hintergrund scheinbar ziellos hin- und herjagen. Verwirrt durch die Unbeirrbarkeit der Franzosen befahl Braunschweig den Rückzug, nachdem er vergeblich versucht hatte, mit seiner Kanonade und seinem Infanterievorstoß die Franzosen in die Flucht zu schlagen.

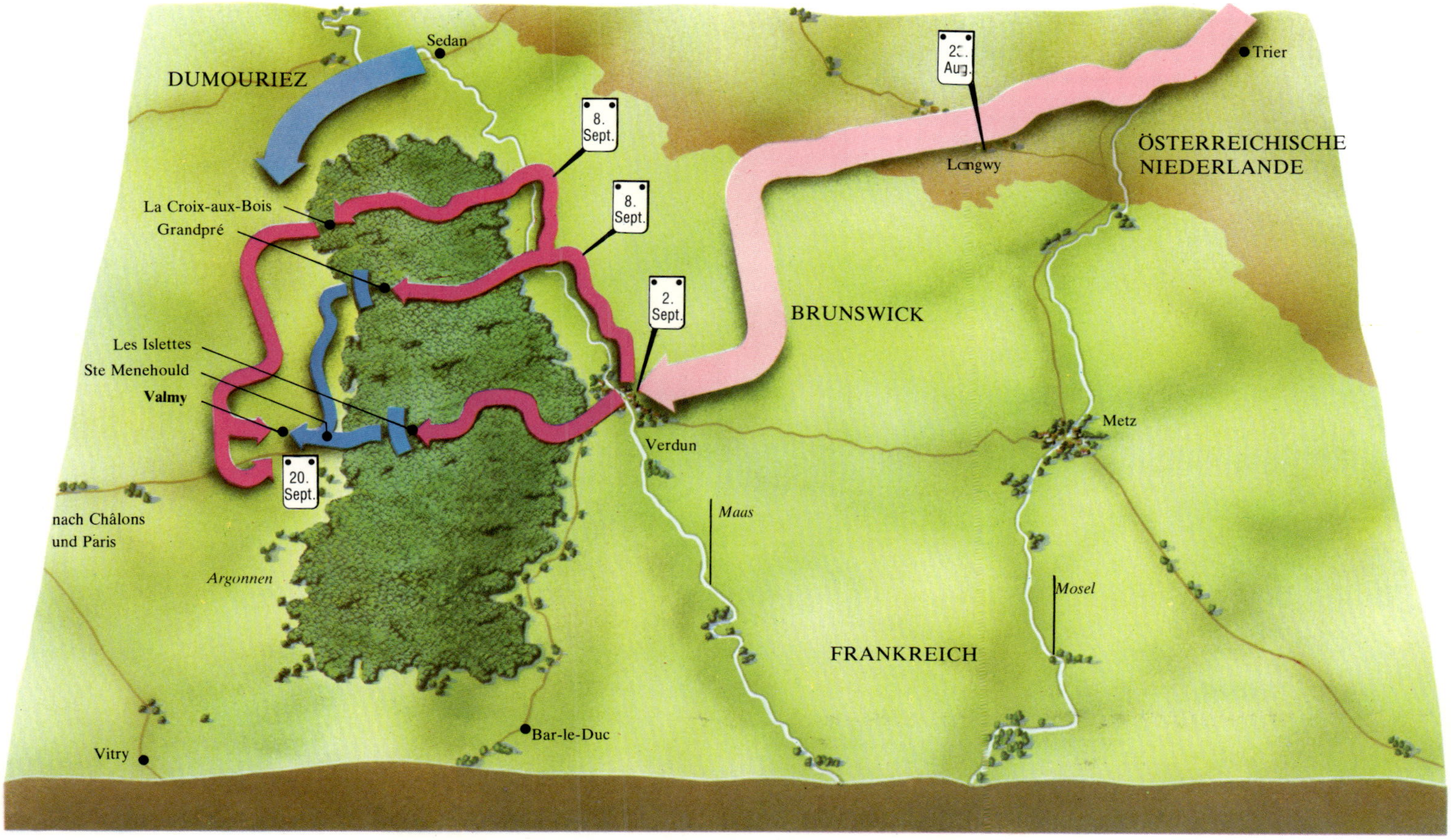

Oben: Das geschickte Manöver, durch das die »Armee des Nordens« (blau) praktisch eingekesselt wurde und so das Heer Braunschweigs (rosa) zwischen den französischen Kräften und Paris stand.

Korps einen Weg durch den Paß bei Croix-aux-Bois und marschierte ins offene Gelände. Um nicht eingekesselt werden zu können, zogen sich Dumouriez' und Kellermanns Truppen zurück und konzentrierten sich bei Sainte Menehould. Auf diese Weise waren sie gezwungen, die Marschroute nach Paris freizulegen.

Braunschweigs Reaktion war die richtige: zuerst versuchen, die feindliche Armee zu zerstören. Aufgrund der schlechten Organisation des Nachschubs blieb ihm, genau genommen, gar keine andere Wahl; es wäre reiner Wahnsinn gewesen, mit Dumouriez dicht auf den Fersen, gegen Paris zu marschieren. Am 17. September, sobald die beiden anderen alliierten Heereskolonnen die Argonnen passiert hatten, schwenkte Braunschweig südlich hinter Dumouriez und Kellermann ein und blockierte ihre einzige Rückzugslinie über die Straße nach Vitry. Die gesamte Masse der Invasionsarmee befand sich jetzt zwischen Paris und den französischen Verbänden. Am 20. September setzte sich Braunschweigs Heer in Bewegung, um dem Gegner den Gnadenstoß zu versetzen.

Die »Kanonade von Valmy«

Auf den ersten Blick schien es, als seien die Franzosen verloren. Nach fünfmonatiger verheerender Kriegführung waren sie nicht einer einzigen entscheidenden Attacke gewachsen gewesen; außerdem hatten sie sich noch nie in einer derart gefährlichen Lage befunden. Doch bei näherem Hinsehen sah die Situation gar nicht so hoffnungslos aus. Braunschweigs ursprünglich 75 000 Mann starkes Heer war nämlich auf dem langen und beschwerlichen Marsch von der Ruhrkrankheit befallen und bedenklich geschwächt worden. Und was Braunschweigs Versorgungslinien anging, so waren sie bis zur Mosel hin unterbrochen. Longwy und Verdun waren nichts als Glückstreffer gewesen: Der alliierte Belagerungspark hatte noch weit zurückgelegen, als die französischen Garnisonen kapitulierten. Bis zum 20. September hatte sich die Lage noch weiter verschlechtert, denn die preußischen Feldbäckereien befanden sich erst in Verdun, der Mehlnachschub sogar in Trier. Es war eine völlig durchnäßte, kränkliche und geschwächte Streitmacht, die am zwanzigsten gegen Dumouriez und Kellermann antrat.

Die französischen Befehlshaber dagegen waren äußerst abgehärtet – es waren ausnahmslos Veteranen, die bereits in der vorrevolutionären Armee gedient hatten. Der erfahrenste unter ihnen war der 63 Jahre alte Graf d'Abovile, der schon 1745 bei Fontenoy gegen die Briten gekämpft hatte und jetzt die französische Artillerie kommandierte. Die Franzosen hatten auf dem erhöhten Gelände um Valmy und Yvan Gefechtsformation angenommen und blickten über ein seichtes, sumpfiges Tal auf das Hochplateau von La Lune, wo sich die Preußen am Morgen des 20. September formierten. Die

Links: Die französische revolutionäre Infanterie, ein Stich, der die Ungeschliffenheit und Disziplinlosigkeit widerspiegelt, die nur durch geduldiges Exerzieren in die richtigen Bahnen gelenkt werden konnten. Wenn man bedenkt, in welch kurzer Zeit sich die zwar begeisterten, jedoch hoffnungslos unerfahrenen Rekruten bewähren mußten, dann verwundern die chaotischen Niederlagen ihrer ersten Schlachten kaum. Der Fall Valmy beweist jedoch, daß ungeschliffene Truppen an Selbstsicherheit gewinnen und nicht bei dem geringsten Anlaß in Panik geraten, wenn sie das Beispiel erfahrener Einheiten vor Augen haben.

Stärke der französischen Position war strategischer und nicht taktischer Natur. Sie konnte weder durch einen *coup de main* erstürmt noch durch ein Kurzstrecken-Artilleriefeuer vernichtet werden. Der Herzog von Braunschweig beschloß, die Schlacht mit einem Hagel von Langstreckengeschossen zu eröffnen.

Gegen Mittag hielt der Herzog von Braunschweig die Zeit gekommen für einen Infanterieangriff. Das dürfte nicht mehr als ein Versuch gewesen sein, die Franzosen in Panik zu versetzen, denn ihre Reihen waren noch völlig intakt, und sie hatten ihr Feuer noch immer nicht eingestellt. Doch das Terrain war kaum für eine schnelle, frontale Infanterie-Attacke geeignet – die angreifenden Preußen hätten unter verstärktem Artilleriefeuer durch tiefen Schlamm waten müssen.

Was schließlich geschah, war die vielleicht größte »Antiklimax« in der Militärgeschichte. Als die preußischen Reihen die Hänge von La Lune hinab marschierten, blieben die Franzosen, wo sie waren, und setzten ihr Geschützfeuer mit gleicher Stärke fort. Die gegnerischen Reihen begannen jetzt ihren beschwerlichen Vorstoß durch die sumpfige Ebene – doch plötzlich, noch im sicheren Abstand von den Musketgeschossen, hielten sie unvermittelt inne. Die Herzen der Franzosen schlugen höher, als sich abzeichnete, daß die Preußen ihre Geschütze gar nicht mit vorrückten, und wollten gar vor Freude zerbersten, als die Preußen zum Stehen kamen, um dann langsam den Rückzug anzutreten. Beide Seiten konnten ihre Positionen halten, doch die Preußen räumten in der Nacht das Schlachtfeld.

Nachwirkungen

Sobald sich Dumouriez aus der beinahe tödlichen Falle bei Valmy befreit hatte, konnte er seine Armee wieder entlang der Route nach Paris aufstellen. Nach zehn weiteren Regentagen und ständig zunehmenden Verlusten durch die Ruhrkrankheit bestand die alliierte Armee nurmehr aus 17000 kampffähigen Soldaten, und der Herzog von Braunschweig beschloß, den Rückzug anzutreten.

Die Schlacht bei Valmy, die eigentlich nichts anderes war als eine gewaltige Kanonade, wurde von den Franzosen zu Recht als ein großer Sieg gefeiert, wenn es sich auch eher um einen moralischen als um einen effektiven Sieg handelte. Die Soldaten eines neuen Frankreichs hatten mit den Waffen des alten gefochten – und gesiegt. Valmy wurde zu einem Symbol, denn noch während die Geschosse dröhnten, wurde in Paris die Republik ausgerufen. Es schien wie ein Omen, und als die Republikaner den alten Kalender mit seinen Wochen, Monaten und Feiertagen abschafften und ihren eigenen einführten, da wurde der 20. September, der Tag von Valmy, der Tag Eins des Jahres Eins der Republik.

Dumouriez blieb nicht mehr lange auf der Militärszene. In Paris zum ersten Helden der Republik erkoren, befehligte er im Jahre 1793 die große französische Invasion von Belgien, doch – wie Benedict Arnold im amerikanischen Unabhängigkeitskrieg – verriet er sein Land und seine Sache und lief zu den Alliierten über. Er starb 1822 in englischer Verbannung. Das Epitaph auf seinem Grab bei Henley-on-Thames, wo er seine letzte Ruhe fand, lautet: »... und er wartet, daß ihm sein Land Gerechtigkeit widerfahren läßt.«

Kellermann dagegen blieb bei der Tricolore und wurde als einer der größten Helden, erst der Republik und dann des Reiches, gefeiert. Napoleon ließ ihn zum Marschall befördern und verlieh ihm den Titel »Herzog von Valmy«. Kellermann überlebte die Jahre, die auf Valmy folgten, und starb 1820 in Paris.

Oben: Eine weitere Ergänzung zu dem Mythos von Valmy. Die erschütterte, aber unbezwingbare französische Infanterie, die einen verwundeten Offizier trägt und offensichtlich bereit ist, bis zum letzten Mann zu kämpfen. In Wirklichkeit zogen die bedrohten Preußen ihre Vorhut zurück, noch bevor sie die französischen Linien erreicht hatten, und bewahrten Dumouriez' Männer auf diese Weise vor einem großen Opfer. Doch das konnte die Künstler der Zeit nicht daran hindern, den Ereignissen einen heroischen, revolutionären Anstrich zu geben.

KAPITEL 7

AUSTERLITZ

2. DEZEMBER 1805

Vorherige Seiten: Ein Überblick über das Schlachtfeld von Austerlitz am 2. Dezember 1805 gegen 10 Uhr. Die »Sonne von Austerlitz« hat den Morgennebel aufgelöst und läßt Napoleons Attacke deutlich erkennen. Links stoßen Lannes' Korps und Murats Kavallerie gegen Bagrations Kräfte vor. Soults Korps im Angriff auf den Pratzen ist rechts im Hintergrund zu erkennen. Die großen Rauchschwaden ganz rechts im Bild deuten die schweren Kämpfe mit den führenden alliierten Kolonnen im unteren Goldbachtal an.

Napoleons Meisterstück: zentraler Durchbruch, seitliche Schwenkung, vernichtender Sieg

Der Krieg

Die Schlacht bei Austerlitz, dreizehn Jahre nach Valmy, sollte Napoleons klassischer Sieg und sein erster als Kaiser von Frankreich werden. Austerlitz war auch der erste aus einer langen Kette von Triumphen für sein einzigartiges Werk: die *Grande Armée,* die mit ihren glänzenden Marschällen unter Napoleons Oberbefehl schließlich in jede Hauptstadt Europas (außer London) einmarschierte.

Die *Grande Armée* wurde in Trainingslagern entlang der Kanalküste ausgebildet, denn Napoleons eigentliches Hauptziel für das Jahr 1805 war die Invasion und Eroberung Englands gewesen. Seit der Armada hatte der Insel keine solche Gefahr mehr gedroht, und so kam es zu Verhandlungen, die schließlich zur Dritten Koalition führten und Rußland und Österreich mit auf den Plan brachten. 1805, genauso wie 1792, dem Jahr von Valmy, war Frankreich durch ein Bündnis seiner ärgsten Gegner bedroht.

Valmy war schlicht und einfach das Produkt einer defensiven Strategie gewesen: Die republikanische Armee hatte die feindlichen Eindringlinge auf republikanischem Boden bekämpft. Die Operation bei Austerlitz jedoch war ein Beispiel für das, was wir heute als »Präventivangriff« verstehen. Statt abzuwarten, welche Maßnahmen die Österreicher und Russen ergreifen würden, stieß Napoleon mit seiner *Grande Armée* tief in feindliches Territorium ein und versetzte dem Gegner, Hunderte von Meilen vom eigenen Land entfernt, den vernichtenden Schlag. Seit Marlboroughs Marsch gegen die Donau, hundert Jahre zuvor, hatte man in der Militärgeschichte kein solches Meisterstück der Strategie gesehen. Anstatt sich, wie die Russen und Österreicher, im Schneckengang vorwärts zu bewegen, jagte die *Grande Armée* in vierzehn Wochen von der Kanalküste quer durch Europa bis in die Tschechoslowakei – eine enorme Leistung, wie man sie in diesem Ausmaß aus noch keinem Krieg kannte.

Beispiellos war auch die Art und Weise, wie Napoleon die französische Armee in die *Grande Armée* umgestaltete. Er teilte sie in sieben Korps ein, welche für sich genommen Miniaturarmeen mit eigener Infanterie, Kavallerie und Artillerie waren und unter dem Befehl eines Marschalls oder eines Generals standen, der für eine Beförderung zum Marschall vorgesehen war. Hinter dieser Aufteilung steckte die Idee, daß alle Korps verschiedenen Marschlinien folgen sollten und nur gerade so dicht zusammenbleiben, daß sie im entscheidenden Augenblick massiert gegen den Feind eingesetzt werden konnten. Oft ließ Napoleon den Gegner durch ein Armeekorps fesseln und manövrierte mit den restlichen Korps so, daß die feindlichen Reihen zuerst zerstreut, dann in der Flanke angegriffen, eingekesselt und schließlich vernichtend geschlagen werden konnten. Bei seiner Verteilung der Armeekorps für die Invasion Englands hatte sich Napoleon gegen Verluste gesichert. Er ließ je ein Korps in Hannover, Brügge und Utrecht aufstellen, um sie im Notfall gegen den Osten aufmarschieren zu lassen.

Napoleon hatte die Österreicher bereits zweimal siegreich geschlagen, beide Male in Norditalien (1796/97 und 1800). Da er die

Rechts: Marschall Davout. Er war mit der entscheidenden Rolle betraut, sein drittes Korps von Wien her in letzter Minute in die Schlacht zu werfen.

Denk- und Kampfweise der Österreicher kannte, nahm er zu Recht an, daß sie die Hauptoperation einer eventuellen neuen Kampagne in Italien erwarteten. Napoleon selbst hatte noch nie gegen die Russen gekämpft, dafür aber zwei seiner Marschälle (Soult und Mortier), und er war zuversichtlich, daß die Russen nicht schwer zu besiegen sein würden. Da sie an die Österreicher gekettet waren, würde er mit ihnen allein sicherlich spielend fertigwerden. Napoleon plante deshalb eine Blitzinvasion Bayerns und des Donautals, um so die Initiative vor den Österreichern und Russen zu ergreifen, ihre Armeen aus dem Gleichgewicht zu bringen und schließlich eine nach der anderen zu zerschlagen.

Erste Phase: Der Marsch auf Ulm

Die Engländer pflegen ihren Kindern zu erzählen, daß Nelsons Sieg bei Trafalgar über die französische Flotte (21. Oktober 1805) England vor einer Invasion bewahrte – ein Mythos, der allein durch die Tatsache widerlegt wird, daß in der Zeit von Trafalgar die Invasionslager leer und die Invasionsstreitkräfte seit mehr als acht Wochen in genau die entgegengesetzte Richtung marschierten. Die Truppenverschiebung am Kanal begann am 27. August, und nach dreißig Marschtagen hatten sich die einzelnen Kolonnen am Rhein, zwischen Mannheim und Straßburg, vereinigt.

Jetzt ging es in einer über hundert Meilen breiten Front in Richtung Osten, gegen die westlichste österreichische Armee: 70000 Mann, die von General Mack befehligt wurden und bei Ulm im oberen Donautal konzentriert waren. Durch ein Ablenkungsmanöver der französischen Kavallerie wurde Mack getäuscht, der glaubte, die Franzosen müßten über den Schwarzwald einmarschieren. In Wirklichkeit aber wurde er von allen Seiten eingekesselt, erst vom Norden und Osten dann vom Süden und schließlich vom Westen

Einige österreichische Generäle hatten Mack dringendst anempfohlen, sämtliche Truppenverbände, die im Umkreis von Ulm verstreut lagen, zusammenzurufen, seine Armee zu konzentrieren und auszubrechen – entweder in Richtung Süden, nach Tirol, oder östlich das Donautal hinab, um sich mit den vorrückenden russischen Truppen zu verbinden. Doch Mack tat nichts dergleichen, sondern zerbrach sich nur den Kopf darüber, was die Franzosen wohl im Schilde führten. Am Ende blieb ihm keine andere Wahl, als seine Kapitulation anzubieten (20. Oktober). 18000 Mann hatten einen Ausbruchversuch unternommen, wurden aber ver-

Oben: Jacques Louis Davids dramatische »Verteilung der Adler auf dem Champ de Mars« beschreibt die Geburt der Legende der Grande Armée. Napoleon in seinen neoklassizistischen Krönungsgewändern spielt den Caesar (links), die neu ernannten Marschälle schwenken salutierend ihre Marschallstäbe, während die blitzenden neuen Adlerstandarten in Ehrerbietung gesenkt werden. Die Fahnenträger im Vordergrund tragen bereits die Auszeichnung, nach der Napoleons Soldaten am meisten trachten sollten: das Kreuz der Legion d'Honneur.

Rechts: Marschall Soult, Kommandeur des fünften Korps, der den entscheidenden französischen Angriff gegen das alliierte Zentrum bei Austerlitz führte. Hier ist er vor den Hintergrund der Kanalküste gemalt, dem Exerziergelände der Grande Armée, die vergeblich auf den Befehl zur Invasion Englands wartete. Im Hintergrund erkennt man das Monument, das Soult – etwas voreilig – erbauen ließ, um den Sieg zu zelebrieren.

folgt und geschlagen. Ein wichtiger Bonus zuzüglich der Vernichtung von Macks Armee war das Unterstützungsangebot des Kurfürsten von Bayern, der sich, zum Dank für die »Befreiung« seines Landes, auf die Seite der Franzosen schlug. Die erste Phase des strategischen Plans Napoleons war also mit einem unblutigen und vollständigen Sieg zu Ende gegangen.

Zweite Phase: Der Marsch auf Wien

Napoleons nächstes Ziel war die russische Armee von General Kutusov, welche sich seit Anfang Oktober donauaufwärts bewegte, um Mack zu unterstützen, und sich bei Braunau am Inn, 160 Meilen östlich von Ulm, konzentrierte, nachdem Mack kapituliert hatte. Napoleons Hauptsorge war, die starken österreichischen Kräfte könnten die Alpen überqueren, um sich mit Kutusovs Heer zu vereinigen. Um das zu verhindern, sonderte er drei seiner Armeekorps ab und ließ sie zur Verteidigung der Alpenlinie nach Süden marschieren. Kutusov hatte nicht die Absicht, sich schon jetzt zu einem Kampf reizen zu lassen, zumal er wußte, daß Napoleon die Operation bereits sorgfältigst vorhergeplant hatte: Er würde kämpfend donauabwärts zurückweichen, wenn nötig bis nach Wien und weiter, um sich mit den Hauptheeren der Alliierten zu verbinden.

Die zweite Phase der Kampagne begann am 24. Oktober, als die *Grande Armée* weiter in östliche Richtung aufbrach. Es gelang Napoleon nicht, wie geplant, Kutusovs Heer südlich der Donau zu schlagen: Kutusov überquerte am 9. November bei Krems den Fluß und verbrannte die Holzbrücke hinter sich. Anschließend schwenkte er auf die französischen Truppen vom Nordufer ein und setzte ihnen bei Dürnstein ziemlich übel zu. Die Flucht auf das Nordufer entschädigte Kutusov dafür, daß Napoleon alle Defensivpositionen, die die Russen zu halten versuchten, durchbrochen und sein Heer innerhalb von drei Wochen 130 Meilen zurückgedrängt hatte.

Napoleon befahl jetzt den direkten Anmarsch auf Wien, wobei er die Donau nördlich der Stadt überqueren und nach Hollabrunn vordringen wollte, um Kutusovs Armee abzuschneiden. Das Gelingen dieses Plans hing von der Einnahme der Taborbrücke bei Spitz ab, welche die Österreicher bewacht hielten. Die Franzosen nahmen die Brücke durch eine militärische List ein, indem sie dem verschlafenen österreichischen Kommandanten vorgaukelten, daß ein Waffenstillstand unterzeichnet worden sei und die Franzosen deshalb das Recht hatten, zu passieren. Der französische Kavallerie-Kommandant, Murat, hatte die Österreicher an der Taborbrücke an der Nase herumgeführt, doch als er am 15. November

Rechts: Der Marsch auf Austerlitz. Napoleons Operation von 1805 (rot) war ein perfektes Beispiel der neuen Doktrin »Getrennt marschieren, vereint schlagen«. Dieser Taktik verdankte er 1805 gleich zwei Siege, wobei der erste die Vernichtung von Macks österreichischer Armee (blau) bei Ulm war.

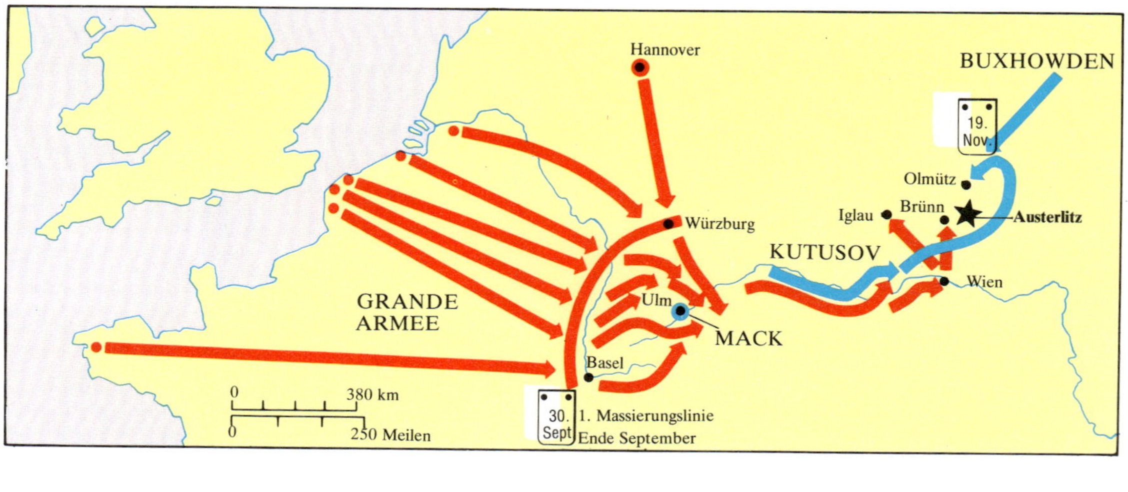

bei Schöngraben auf Kutusovs Nachhut stieß, hielt er sie irrtümlich für die gesamte russische Armee. Kutusov bemerkte Murats Zögern, trat in vorgetäuschte Waffenruheverhandlungen mit ihm ein und konnte auf diese Weise einen ganzen Tag für das russische Hauptheer gewinnen, um sich aus Napoleons Falle zu befreien. Kutusov marschierte in die tschechische Provinz Mähren ein und stieß am 19. November auf die erste russische Verstärkungskolonne unter General Buxhöwden.

Napoleons Falle

Kutusovs Entkommen und die anschließende Konzentration der österreichisch-russischen Armeen bei Olmütz schienen eine Wende der Situation auf dem Kriegsschauplatz einzuleiten. Erschöpft und erschlagen nach den monatelangen strapaziösen Märschen standen die zerstreuten französischen Korps jetzt einer geballten Kraft von 80000 Mann gegenüber, die ständig durch neu hinzukommende Truppen aus Rußland und dem Alpenraum verstärkt wurde. Es hatte den Anschein, als sei Napoleon dieses Mal in eine Falle geraten. Doch Napoleon war nicht im geringsten entmutigt, sondern plante, so bald wie möglich eine entscheidende Schlacht herbeizuführen, um die Operation mit einem einzigen Streich zu beenden. Er wußte bereits, wo er sie austragen wollte.

Am 21. November durchquerte er bei einem Ritt mit der Besatzung seines Brünner Hauptquartiers die Gegend um das Dörfchen Austerlitz. Das Gebiet wurde durch eine Anhöhe beherrscht, den Pratzen, welcher mit Sicherheit die Aufmerksamkeit der alliierten Armee auf sich lenken würde, wenn sie von Olmütz aus gegen ihn vorstieß. Grundsatz Nummer 1 bei der Wahl der Position auf dem Schlachtfeld war es schon seit jeher gewesen, »eine möglichst hochgelegene Stellung einzunehmen«, und da die Alliierten dazu neigten, strikt nach den vorgegebenen Regeln der Kriegskunst vorzugehen, würden sie automatisch den Pratzen besetzen und annehmen, die Franzosen hätten einen gewaltigen Fehler gemacht, die Stellung nicht selbst einzunehmen. Das war ein natürlicher Köder, mit dem es Napoleon gewiß gelingen würde, den Feind zum Angriff herauszulocken. Im gesamten Verlauf des 21. November inspizierte Napoleon das Gelände und arbeitete einen taktischen Plan aus. »Nie«, schrieb Baron Thiébault, ein Augenzeuge von Austerlitz, »wurde ein Schlachtfeld mit soviel Sorgfalt ausgewählt und überprüft.«

Napoleons Idee war, im Umkreis von Austerlitz eine möglichst schwache Position vorzutäuschen. Die Österreicher und Russen, jetzt unter dem Kommando des jungen, romantischen und naiven Zaren Alexander, wünschten eine Schlacht. Zum ersten Mal während der gesamten Kampagne würde Napoleon zurückweichen. Beim Vorrücken der Alliierten würden die Franzosen einen Rückzug simulieren und so den Feind anreizen, nachzurücken und den Pratzen zu besetzen. Doch sobald sich die Alliierten den Pratzen hinabbewegten, würde Napoleon sie mit allen ihm zur Verfügung stehenden Kräften angreifen, nachdem er in letzter Minute die Korps von Bernadotte und Davout aus Iglau bzw. Wien ins Spiel gebracht hatte.

Oben: Französische Dragoner überfallen und erbeuten einen russischen Versorgungstrain. Kutusov, der die Vorhut der russischen Armee im Donautal befehligte, gelang ein hervorragend ausgeführter Rückzug donauabwärts, bis er vor Austerlitz auf die Hauptkräfte der Alliierten stieß.

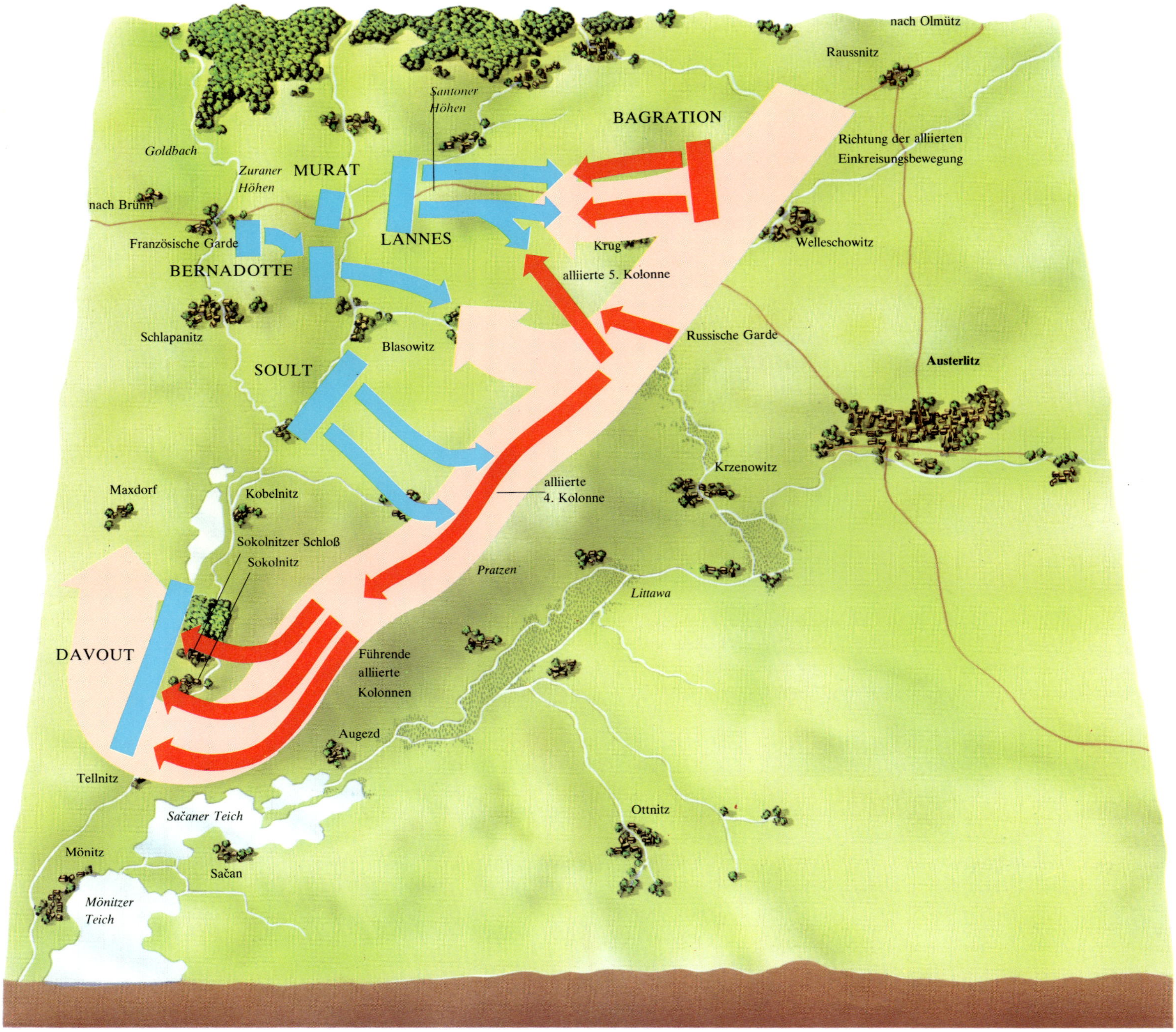

Oben: Die Vernichtung des österreichisch-russischen Heeres (rot) bei Austerlitz. Napoleon hatte ursprünglich geplant, mit der gesamten französischen Armee südwärts einzuschwenken, um die Alliierten einkesseln zu können, doch die französische linke Flanke wurde durch den erbitterten Widerstand von Bagration gefesselt.

Dabei war die richtige zeitliche Abstimmung das schwierigste Problem. Sollten Bernadotte und Davout nicht rechtzeitig eintreffen, dann würden die Armeekorps von Lannes und Soult und Murats Kavallerie mit größter Sicherheit niedergemäht und vernichtet. Wäre der Aufprall des Angriffs zu gewaltig, dann würden die Franzosen aus dem Schlachtfeld gedrängt, das Napoleon ausgewählt hatte. Doch die Alliierten setzten sich am 27. November nur schwerfällig bei Olmütz in Bewegung, und Napoleon ließ ihnen einen weiteren Tag, bevor er Bernadotte und Davout den Befehl zum Abmarsch gab. Am 29. und 30. zogen sich die französischen Divisionen, wie geplant, langsam in Richtung Westen zurück, während die Alliierten weiter nachrückten. Am darauffolgenden Tag lockte Napoleon sie zum Pratzen, und ihr Zentrum schwenkte südwärts von der Straße nach Brünn ab, als Bernadotte und Davout mit ihren Korps eintrafen. Gegen Einbruch der Nacht waren alle Vorbereitungen getroffen; die Falle brauchte nur noch zuzuschnappen. Am nächsten Morgen würden sich die Franzosen weiter »zurückziehen«; die Alliierten würden vom Pratzen aus angreifen und die französische Konterattacke auslösen.

Der Operationsplan der Alliierten wäre Napoleon kaum besser zustatten gekommen, hätte er die Befehle selbst geschrieben. Er sah einen massierten Linkshaken der Masse der österreichisch-russischen Streitkräfte vor, die in drei gewaltige Kolonnen aufgegliedert waren, um vom Pratzen her das schlammige Tal des Goldbachs zu überqueren. Eine vierte Kolonne sollte die Franzosen in der Front fesseln; eine

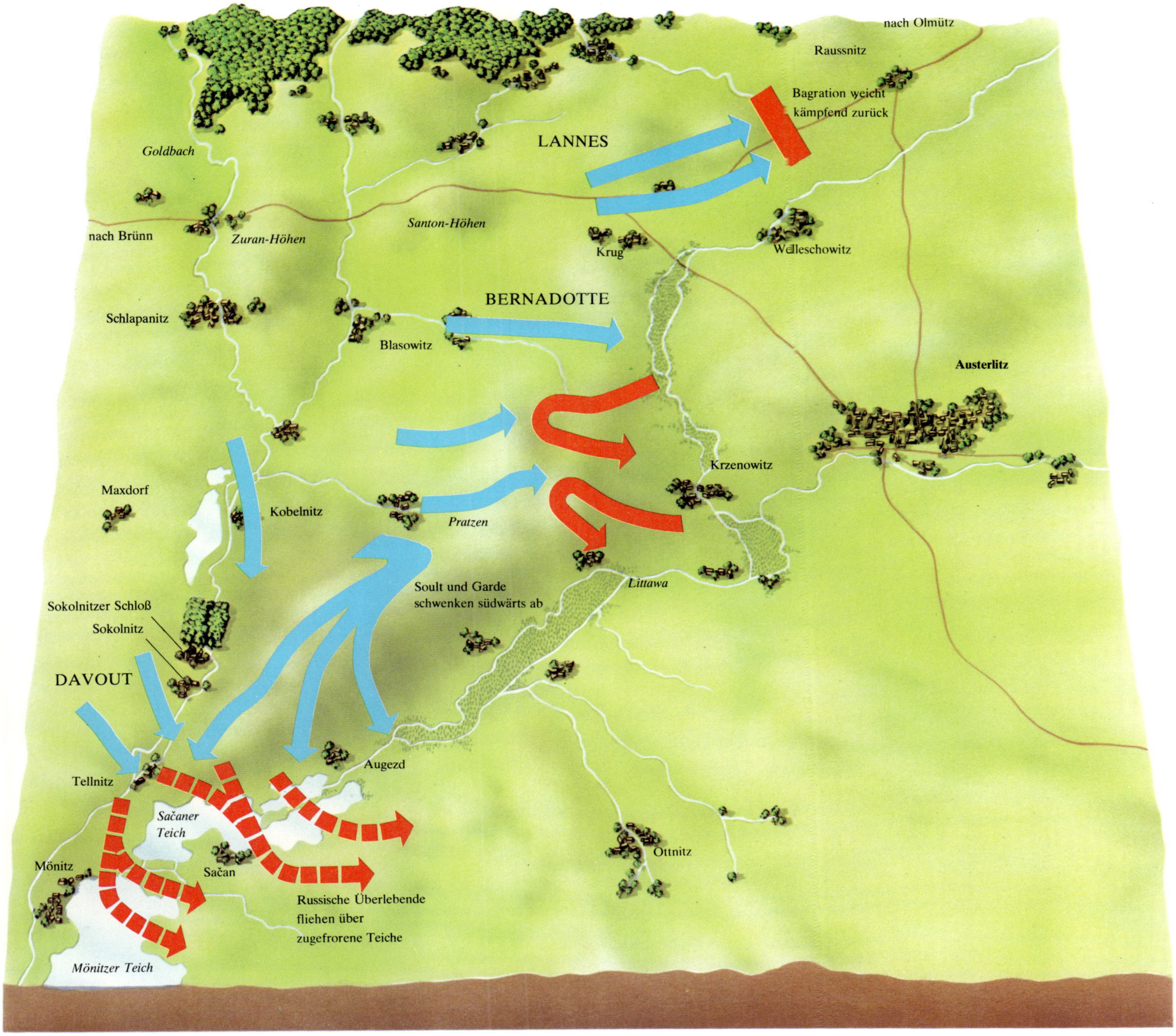

fünfte, mit der russischen Reichsgarde, sollte in die französische rechte Flanke stoßen. Doch allein das Abschreiben der komplizierten Bewegungsabläufe auf Russisch und auf Deutsch nahm die ganze Nacht in Anspruch, und einige der Offiziere befanden sich am nächsten Tag in Aktion, ohne einen Schimmer davon zu haben, worauf die ganze Strategie hinauslief. Außerdem sah der Plan der Alliierten nicht genügend Spielraum in Form von Reservetruppen vor, die an schwachen Punkten eingreifen konnten. Von feindlichen Truppen angegriffen zu werden, die offensichtlich wußten, was sie zu tun hatten, erwies sich als ein moralischer Schlag, noch bevor die eigentliche Schlacht begonnen hatte. Napoleon hatte seine Streitkräfte ideal aufgestellt und wußte, daß die gegnerische Strategie schlecht war – er hatte sie dem Feind ja selbst aufgezwungen.

Als die Schlacht am Morgen des 2. Dezember begann, wurde den Franzosen noch ein weiterer Trumpf zugespielt, der praktischer und psychologischer Art war: Dichter Bodennebel umhüllte das französische Heer und verbarg seine genaue Aufstellung, als sich die alliierten Truppen langsam zum Angriff voranbewegten. Die österreichisch-russischen Verbündeten waren gezwungen, einem unsichtbaren Feind entgegenzutreten; die Franzosen indessen tauchten urplötzlich aus den Dunstschleiern ins Sonnenlicht und stießen auf einen unvorbereiteten und ungeordnet aufmarschierenden Gegner. Das alliierte Heer, das sich gegen 6.30 Uhr in Bewegung gesetzt hatte, war nämlich schon bald aus der geplanten Schlachtordnung geraten. Einige Kolonnen fielen gleich zu Anbeginn zurück, während die restlichen zwar rechtzeitig, aber in totaler Isolation ihr Ziel erreichten.

Oben: Der Abend von Austerlitz. Verwundete russische Gefangene sehen einer grausamen Nacht im Schnee entgegen.

Die ersten Schüsse fielen gegen 7 Uhr am unteren Goldbach, als die französische leichte Infanterie die Spitze der führenden russischen Kolonne angriff. Es war Davouts drittes Korps, das sich noch von seinem strapaziösen Marsch erholte und nur vortäuschte, Widerstand zu leisten, bevor es, wie geplant, zurücktrat, um die alliierten Truppen zum weiteren Vorrücken anzureizen. Unterhalb der Regimentsebene bewegten die Soldaten freilich andere Gedanken, und ein Scharmützel flammte am unteren Goldbach auf. Gegen 8 Uhr saßen zwei der drei flankierenden Kolonnen noch immer fest, und die dritte, welche die Franzosen bis hinter das Dorf Tellnitz gedrängt hatte, war zum Stillstand gekommen.

Als die aufsteigende Sonne den Pratzen beschien, fragte Napoleon Soult, wieviel Zeit sein viertes Korps benötigen würde, um die Anhöhe zu erstürmen. »Zwanzig Minuten, Eure Majestät!« war die knappe Antwort, und kurz nach 8.30 Uhr begann der große zentrale Vorstoß. Soults Worte sollten sich bestätigen, und der Pratzen war in Windeseile eingenommen; doch auf der anderen Seite trat jetzt die vierte russische Kolonne verspätet in Aktion. Die vollständig überrumpelten Russen und Österreicher versuchten mit aller Macht, den Pratzen zurückzuerobern, was ihnen auch um Haaresbreite gelungen wäre. Doch die französischen Infanteristen waren die besseren Schützen, und Soult konnte mit der gesamten Artillerie-Reserve seines Korps vorrücken und blutige Breschen in die feindlichen Reihen schießen. Die linke Division von Soults Korps rückte weiter vor, bis sie die Anhöhe bedrohte, auf dem die beiden verbündeten Kaiser den Tag begonnen hatten, und versetzte die alliierte Seite in Panik.

Im nördlichen Teil des Kampfgebietes waren die Franzosen (Murats Kavallerie und Lannes fünftes Korps) und die Russen (Bagration mit der früheren alliierten Vorhut) vorgerückt und frontal aufeinandergestoßen. Doch das französische Kavallerie-Korps konnte die russische Attacke gegen Nachmittag brechen und Bagration nach und nach bis zur Straße nach Olmütz zurückdrängen, wobei zahlreiche russische Geschütze verlorengingen.

Schon gegen 11 Uhr morgens hatte Napoleon die Strategie der Alliierten bedenklich ins Wanken gebracht. Der alliierte linke und rechte Flügel saß fest; das Zentrum war durch die Franzosen auf dem Pratzen bedroht, auf den sich außerdem Bernadottes Erstes Korps und die französische Reichsgarde zubewegten; und die alliierte Rechte wurde langsam zurückgedrängt. So verblieb den Verbündeten nur eine einzige nicht ins Gefecht verwickelte Einheit auf dem Schlachtfeld: die 10000 Mann starke russische Reichsgarde. Durch einen verheerenden Angriff gegen Soults Viertes Korps auf dem Pratzen gelang es ihr kurz nach 11.30 Uhr, eine Krise im Kampfgeschehen hervorzurufen, und sie erbeutete die einzige Trophäe der Schlacht – die Adler-Standarte des französischen 24. leichten Infanterie-Regiments. Die russischen Gardisten konnten erst durch die Kavallerie der französischen Reichsgarde zurückgedrängt werden, und nach einem einstün-

digen erbitterten Gefecht konnte die Gefahr gebannt werden.

Napoleons ursprünglicher Plan sah eine südliche Schwenkung seiner gesamten Linie vor, um so die ganze alliierte Armee mit einem Schlag zu zerschmettern, doch Bagrations hartnäckiger Widerstand im Norden machte eine Änderung der Strategie notwendig. Napoleon mußte sich deshalb damit begnügen, mit seinen Hauptkräften nach Süden einzudrehen und den am Goldbach kämpfenden Kolonnen in Flanke und Rücken zu fallen. Die feindlichen Truppen waren gezwungen, in südöstliche Richtung, über die zugefrorenen Teiche von Sačan und Mönitz, zurückzuweichen. Jetzt gingen immer mehr französische Geschütze in Stellung und eröffneten ein vernichtendes Feuer auf die Eisdecke der Teiche. Viele der Verbündeten ertranken, als das Eis unter ihnen brach. Jedoch Austerlitz bedeutete nicht das Ende des Krieges.

Auswirkungen

Die siegreiche *Grande Armée* sollte Frankreich erst drei Jahre später wiedersehen, und das eigentlich nur auf einem Durchmarsch, um eine neue Kampagne, diesmal gegen Spanien, einzuleiten. Dennoch war der Sieg Napoleons bei Austerlitz entscheidend und von großer Tragweite. Kaiser Franz I. begrub seine Hoffnung, das Schicksal des Krieges wenden zu können, trat aus der Koalition aus und schloß einen Waffenstillstand. Preußen mobilisierte eine über 100000 starke Armee gegen die Franzosen, wurde aber in der Doppelschlacht von Jena und Auerstädt siegreich geschlagen, und Napoleon konnte Berlin besetzen. 1807 siegte Napoleon in Friedland über die Russen, und der Zar bat um Frieden. Austerlitz führte Napoleon zum Gipfel seiner Macht, die ihn zum Herrscher über Westeuropa machte.

Oben: Die Schlußphase der Schlacht. Napoleon in seinem berühmten grauen Überrock beobachtet, wie Soults Korps und die Reichsgarde südlich gegen die Alliierten einschwenken. Die mit Turban versehene Gestalt zu Napoleons Rechten ist Roustan, der Leibwächter des Kaisers – ein »Vermächtnis« aus Napoleons Kampagne in Ägypten und Syrien von 1798, ebenso wie die Mamelukken der Garde, eine der etwas exotischen Einheiten der Gardekavallerie, von der zwei Soldaten im rechten Teil des Bildes zu sehen sind.

Hillingford

KAPITEL 8

WATERLOO

18. JUNI 1815

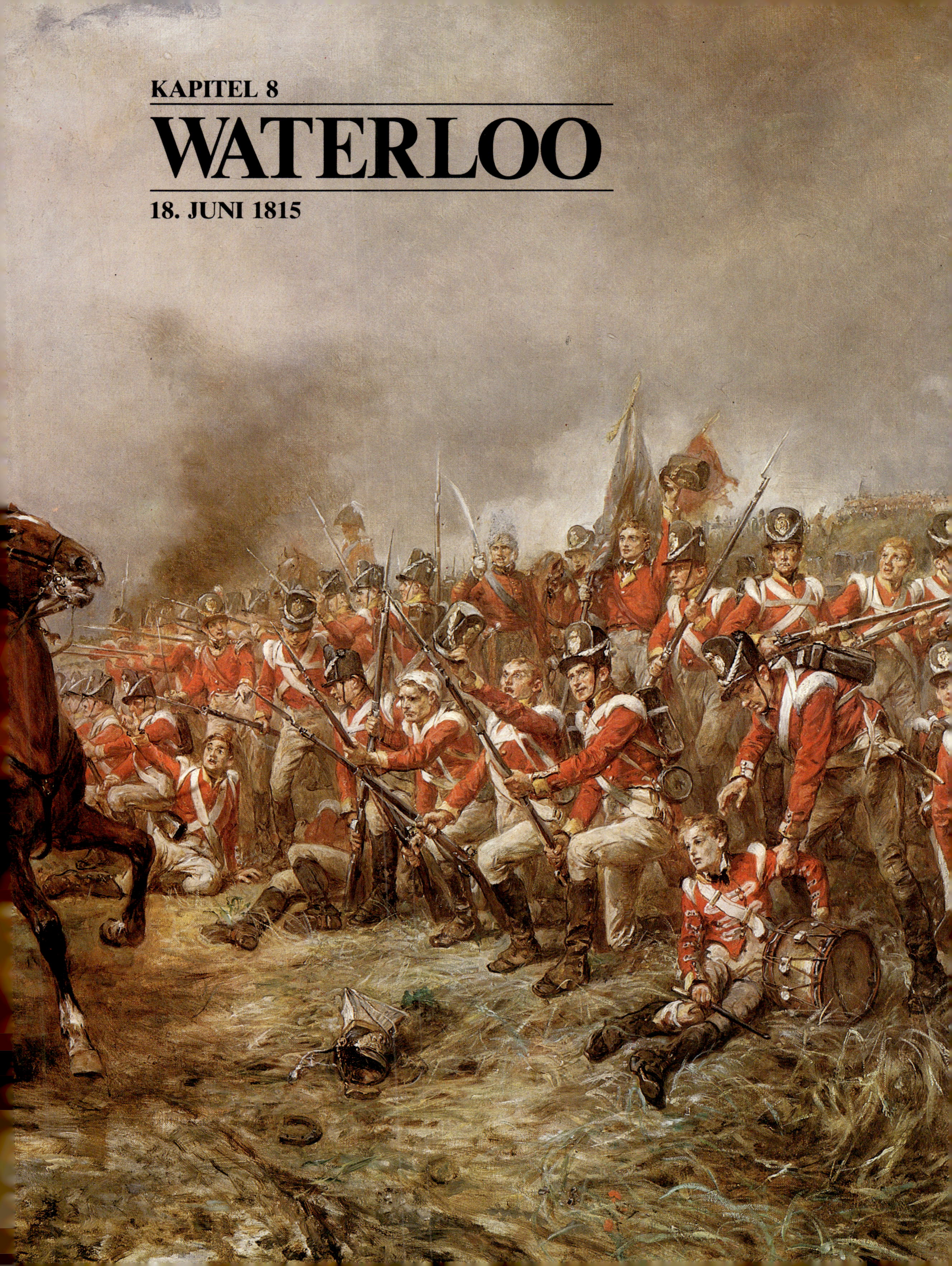

Drei Tage schwerer Fehler und Unterlassungssünden, die Napoleons Untergang bedeuteten

Der Krieg

Zehn Jahre nach Austerlitz, als Napoleon seine letzte Schlacht bei Waterloo austrug, war seine alte *Grande Armée* nicht mehr existent: sie hatte sich bei der Katastrophe von 1812 in Rußland fast gänzlich aufgelöst. Alles, was Napoleon in den Jahren 1813 und 1814 verblieb, war ein Gerippe von Überlebenden, ausgefüllt mit jungen ungeschliffenen Rekruten, eingehüllt in den Deckmantel einer Tradition militärischer Glorie, derer sich kein anderes europäisches Land rühmen konnte.

Das Gespenst der *Grande Armée* war nicht stark genug, um Frankreich im Jahre 1814 vor der Invasion und Eroberung der Verbündeten zu bewahren. Allerdings blieben die Männer, die für Napoleon gekämpft hatten, eine gefährliche Sprengkraft, als ihr Kaiser nach Elba in die Verbannung geschickt und der bourbonische König Ludwig XVIII. wieder auf den Thron seiner Vorfahren gesetzt worden war. Die Franzosen fühlten sich so, wie sich die Deutschen nach dem Ersten Weltkrieg fühlen sollten – betrogen, verraten, ausgebeutet und gedemütigt durch das Nachkriegsregime und die Überheblichkeit der Siegernationen. Sie empfanden sicherlich wenig Reue dafür, Europa in den letzten zweiundzwanzig Jahren völlig entzweit zu haben. Als Napoleon von Elba flüchtete und am 1. März 1815 mit einer kleinen Streitmacht bei Antibes in Südfrankreich an Land ging, atmete die Nation nach elfmonatiger bourbonischer Herrschaft erleichtert auf und lag ihm alsbald wieder zu Füßen.

Das zumindest war die volkstümliche Version der napoleonischen Legende, die zum Teil von Napoleon selbst auf St. Helena verfaßt wurde. In Wirklichkeit jedoch war seine Position nach seiner Rückkehr von Elba ganz und gar nicht so sicher. Die Armee war tief gespalten: seine alten Generäle und Marschälle waren in den Dienst Ludwig XVIII. getreten, um die Titel und Reichtümer, die sie unter Napoleon erworben hatten, nicht zu verlieren, und nur wenige seiner früheren Soldaten eilten wieder zu seinen Fahnen. Auch in der Bevölkerung war die Stimmung sehr geteilt. Weite Teile Frankreichs hatten dem Bourbonen ihre Loyalität bewahrt und verhielten sich ablehnend. Andere sahen dem erneuten Umschwung gleichgültig zu. Das Land war durch die zwanzig Kriegsjahre völlig ausgeblutet und geschwächt. Es stand außer Frage, die ruhmreichen Eroberungen von 1805–12 zu erneuern.

Als Napoleon am 20. März in den Tuilerien einzog (der König war in der Nacht zuvor geflohen), sah sich Frankreich mit einer Wiederholung der alliierten Invasion von 1814 konfrontiert. Die Siegermächte – England, Preußen, Rußland und Österreich – hatten Napoleon als einen Usurpator geächtet und erklärten, so lange Krieg zu führen, wie Napoleon den Thron Frankreichs innehätte. Vergebens beteuerte Napoleon, ein rechtmäßiger Herrscher zu sein und auf der Basis der Verträge von 1814 zu regieren. Die Alliierten vereinigten sich zu einer Gegenoperation, und seine Position wurde von Woche zu Woche gefährdeter. Er mußte als erster angreifen und das Koalitionsheer zerschlagen, noch bevor seine Feinde zur Konzentration überstarker Kräfte gelangen konnten – oder untergehen. Und er beschloß, 1815 dasselbe zu tun, was er schon 1805 getan hatte: selbst die Initiative zu ergreifen und die gegnerischen Armeen eine nach der anderen zu zerschlagen.

Die Armeen von 1815

Im Frühling des Jahres 1815 war Napoleon sehr viel besser mit Truppen bestückt, als er es während des vorangegangenen Jahres gewesen war. Die Kriegsgefangenen waren in ihre Heimat zurückgekehrt, und die Verwundeten, die an dem Konflikt von 1814 nicht teilgenommen hatten, waren zum Teil genesen und warteten begierig auf einen neuen Feldzug. Napoleon war in der Lage, aus diesem reichhaltigen Angebot an altgedienten Soldaten die Reichsgarde neu aufzubauen und bis Mitte Juni eine 124 000 Mann starke Feldarmee aufzustellen. Durch Zwangsaushebungen hätte er noch mehr Kanonenfutter anhäufen können, doch bis er dieses Rohmaterial beisammen gehabt hätte, wären die österreichischen und russischen Alliierten bereits eingeschritten. Napoleon zog seine Kräfte an der nördlichen Landesgrenze zusammen, um Wellington und Blücher zu schlagen, noch ehe Österreicher und Russen kamen.

Ähnlich wie in Austerlitz waren absolute Präzision und perfekte zeitliche Koordinierung die Grundvoraussetzung für das Gelingen seines Konzepts, doch aus dem glänzenden Team von Marschällen, die ihm bei Austerlitz zum Sieg verholfen hatten, stand Napoleon nur noch Soult, als Generalstabschef, zur Seite. Davout, jetzt Kriegsminister, blieb in Paris. All die anderen waren tot, entlassen, desertiert oder in den Ruhestand getreten.

Vorherige Seiten: Als sich ein weiterer französischer Kavallerieangriff im Hintergrund abzeichnet, legt Wellington eine Kampfpause ein, um seine angeschlagene Infanterie erneut anzuspornen. In der schweren Zerreißprobe der folgenden Stunden feuerten die britischen Artilleristen ihre Geschosse bis zur letzten Minute ab und gingen dann in die schützende Karreegefechtsordnung, sobald die gegnerischen Kavallerieeinheiten heranpreschten.

Oben: Ein britisches Karree schlägt Neys Kavallerie am 16. Juni bei Quatre Bras zurück. Da es Ney nicht gelang, Wellingtons Truppen bei Quatre Bras zu schlagen und sie ungehindert bis zur Hügelkette von Mont St. Jean zurückweichen ließ, konnten sich die alliierten Kräfte am 18. Juni doch noch vereinen.

Es gab eine Ausnahme: Michel Ney, »der Tapfere der Tapferen«, den Napoleon aufgrund seiner Kühnheit auf dem Schlachtfeld einen Löwen genannt hatte. Berühmt vor allem wegen seiner meisterhaften Führung der Nachhut während des Rückzugs von Moskau, war er gewiß der Mann, auf den Napoleon zählen konnte. Ney war jedoch der Anlaß gewesen, warum die anderen Generäle 1814 auf Napoleons Abdanken bestanden hatten. Er war zum Pair ernannt worden und hatte Ludwig XVIII. sein Wort gegeben, Napoleon nach seiner Flucht von Elba »in einem eisernen Käfig« zurückzubringen. Bei der Aussicht auf einen Krieg aber schloß sich Ney erneut Napoleon an, nachdem er sich mit fadenscheinigen Erklärungen für sein Verhalten entschuldigt hatte. Wie sich jedoch schon bald herausstellen sollte, war Ney ein hoffnungslos kranker Mann, der von dem Wunsch besessen war, seine Fehler durch den Tod auf dem Schlachtfeld wiedergutzumachen. Das Beste wäre gewesen, Napoleon hätte ihm all seine Titel erneut zuerkannt und ihn dann in den Ruhestand versetzt, doch der Kaiser war so knapp an Kommandanten, daß er Ney gleich zum Oberbefehlshaber über zwei Korps machte: den gesamten linken Flügel. Obwohl es die äußeren Umstände waren, die Napoleon zu diesem Entschluß trieben, ja fast zwangen, war diese Ernennung der erste fatale Fehler des Feldzugs.

Neys Einsetzung zeigt, wie wenig Geschick Napoleon zuweilen in der Auswahl seiner Offiziere an den Tag legte. Er plante, die Alliierten mit zwei starken Flügeln und einer zentralen Reserve zu schlagen. Zu diesem Zweck benötigte er zwei erstklassige Korpskommandanten und einen geschickten Stabschef, der präzise Befehle erteilte. Der beste Korpskommandant, den Napoleon jemals besessen hatte, kam nicht in Betracht; er saß hinter seinem Schreibtisch in Paris. Soult, der Mann, der mit seinem zentralen Korps entscheidend zum Sieg in Austerlitz beigetragen hatte, war jetzt Generalstabschef. Der rechte Flügel wurde von Marquis de Grouchy befehligt, einem ziemlich wenig bekannten Kavallerie-Kommandanten, der sehr viel besser in der zentralen Reserve unter Napoleons Aufsicht aufgehoben gewesen wäre. Bei der Wahl aller drei Schlüsselpositionen ließ Napoleon mangelndes Urteilsvermögen sichtbar werden: in keinem Fall war der richtige Mann am richtigen Platz.

Trotz all dieser verborgenen Schwächen war Napoleons Armee eine mächtige Streitkraft, und der Kaiser war zuversichtlich, die alliierten Armeen mit ihr zerschlagen zu können.

Wellington und Blücher: Das Dilemma der Alliierten

Um Belgien gegen den »Usurpator« zu verteidigen, wurden die am schnellsten verfügbaren Kräfte der Alliierten eingesetzt: die Armee Wellingtons mit 94 000 Briten, Holländern und Hannoveranern und Blüchers 123 000 Preußen. Doch sie waren über ganz Belgien verstreut, von den Ardennen bis zur Nordsee – überall schwach und nirgends stark. Blücher hielt Ostbelgien von den Ardennen bis Charleroi; Wellington die westliche Zone des Landes.

Oben links: Eine romantisierende Darstellung der Kampfhandlungen bei Waterloo, bei der die britischen Infanteristen eine Attacke der französischen leichten Kavallerie abwehrten. In Wirklichkeit jedoch bestand die Masse von Wellingtons Armee aus Deutschen, Belgiern und Holländern, die er mit erfahrenen britischen Verbänden durchsetzte, ähnlich wie man einen Zaun mit Stützpfosten durchsetzt.

Es blieb ihnen keine andere Wahl, als Napoleon seine Karten aufdecken zu lassen und dann erst ihre Kräfte zu konzentrieren, um zur Konterattacke überzugehen. Während sie darauf warteten, daß Napoleon den Kampf eröffnete, versuchten sie jedoch, ihre Kräfte so günstig wie möglich zu verteilen.

Napoleons Strategie der stückweisen Vernichtung war offensichtlich und mußte durch gegenseitiges Vertrauen und bestmögliche Kooperation zwischen den alliierten Kommandanten vereitelt werden. Ebenso offensichtlich war, daß Brüssel Napoleons Hauptziel sein würde, was ihm mit allen Kräften verwehrt werden mußte. Nun war es den Alliierten jedoch unmöglich, alle Routen zu verteidigen, über die Napoleon gegen die Hauptstadt marschieren konnte.

Es gab vier solcher Routen, zwei in Wellingtons Sektor und zwei in Blüchers. Die westlichste führte von Lille über Tournai, Ath und Halle; die kürzeste von Valenciennes über Mons und Soignies. Weiter östlich, in Blüchers Sektor, bildete die belgische Stadt Charleroi einen Kreuzpunkt von zwei weiteren möglichen Routen, wovon die eine über Maubeuge-Beaumont-Charleroi und die andere über Rocroi-Philippeville-Charleroi verlief. Die alliierten Truppen waren einfach nicht stark und zahlreich genug, um all diese denkbaren Einfallrouten sicher zu blockieren. Sollte es Napoleon gelingen, schnell genug vorzustoßen und eine der beiden Armeen zu schlagen, dann blieb zu erwarten, daß er die zweite ebenfalls vernichtete.

Napoleon schlägt zu: Ligny und Quatre Bras

Napoleon faßte den Entschluß, zuerst die Preußen anzugreifen. Bei dieser Entscheidung mögen folgende Gesichtspunkte eine Rolle gespielt haben: im Jahre 1806 hatte er ihre Armee bereits in der Doppelschlacht von Jena und Auerstädt geschlagen. 1812 jedoch hatten sie sich von der französischen Oberherrschaft befreit, 1813 mit den Österreichern und Russen verbündet, um ihm Deutschland zu entreißen, und schließlich hatten sie 1814 den Angriff auf Paris angeführt. Der Preuße war der alte Feind, der geschlagene Gegner von Valmy, und ein weiterer Sieg, gleich zu Anfang der 1815er Kampagne, wäre ein vielversprechendes Omen für die folgenden Schlachten. Außerdem war das preußische Heer eine härter zu knackende Nuß als Wellingtons aus Engländern, Holländern und Deutschen zusammengewürfelte Armee. Waren die preußischen Kräfte erst einmal vernichtet, dann hätte er mit Wellington ein leichtes Spiel.

Das Flüßchen Sambre, welches bei Namur in die Maas mündet, bildete zu Beginn die natürliche Grenze; Napoleon überschritt sie am 14. Juni. Das südlichste preußische Korps zog sich bis weit hinter Charleroi zurück, und Blücher gab den Befehl, sein gesamtes Heer bei Sombreffe zu konzentrieren. Gleichzeitig ließ er Wellington mitteilen, daß sich starke französische Kräfte über die Route von Charleroi auf die Preußen zubewegten und daß sich sein Heer ihnen entgegenstellen und kämpfen würde. Wellington jedoch konnte sich nicht vorstellen, daß dies das französische Hauptheer sei und daß Napoleon nicht gleichzeitig von der direkten Route Charleroi–Brüssel oder weiter westlich angreifen würde. Der Kaiser hatte in der Vergangenheit weitaus ehrgeizigere Manöver gestartet. Um zu verhindern, daß sich Panik in der Hauptstadt ausbreitete, tanzte Wellington ganz demonstrativ auf einem am Abend des 15. Oktober vom Herzog und der Herzogin von Richmond gegebenen Ball. Während dieser

Oben: Das Schlachtfeld von französischer Seite gesehen. Napoleon auf seinem Befehlsstand (rechts im Bild) erhält neue bedrückende Nachrichten. Wellington und seine Männer sind links im Hintergrund zu erkennen. Im Anfangsstadium der Schlacht kam ein Offizier zu Wellington gestürzt und berichtete ganz außer Atem, Napoleon sei in Reichweite seiner Geschütze; sollte er das Feuer eröffnen? »Ganz gewiß nicht«, lautete die schroffe Antwort des Herzogs. Feldherren hatten anderes zu tun, als sich gegenseitig unter Beschuß zu nehmen.

Festlichkeit erreichte ihn eine dringende Nachricht von Blücher, der klar erkennen ließ, was die Franzosen im Schilde führten: einen blitzartigen Vorstoß, um sich zwischen die alliierten Heere zu schieben und ihr Zusammenwirken zu verhindern. »Napoleon hat mich hereingelegt, bei Gott!« entfuhr es ihm. Fest entschlossen, alles zu tun, um Blücher zu unterstützen, ohne jedoch dadurch Brüssel ungeschützt zu lassen, stellte Wellington noch in derselben Nacht Verbände zusammen, um Quatre Bras zu verteidigen, den wichtigen Knotenpunkt, wo sich die nördliche Route nach Brüssel und die östliche nach Namur kreuzten.

Am frühen Nachmittag des 16. Juni war Napoleon bereit, Blüchers Armee bei Ligny, sechs Meilen östlich von Quatre Bras, anzugreifen. Er wollte Ney mit 40000 Mann nach Quatre Bras schicken, um dort die Straßenkreuzung zu verteidigen und jeden Versuch Wellingtons zu unterbinden, Blücher zu Hilfe zu eilen. Anschließend konnten Neys beide Korps östlich einschwenken, um den Preußen bei Ligny den Todesstoß zu versetzen. »Wenn Ney meine Befehle genauestens ausführt«, schwärmte Napoleon, »dann wird uns kein Mann und kein Geschütz dieser Armee (der preußischen) durch die Lappen gehen.«

Doch die Befehle, die Soult Ney übersandte, waren nicht eindeutig und ließen nicht erkennen, daß Ligny die Hauptkampfzone des Tages sein sollte. Ney erhielt den Auftrag, alles zu attackieren und niederzumähen, was ihm in den Weg kam, um sich dann »uns anzuschließen und dieses Korps einzukesseln«. Ney ging am Nachmittag des 16. Juni bei Quatre Bras zum Angriff über und stand zu Beginn 7000 Holländern und Belgiern unter dem Herzog von Orange gegenüber. Doch er stieß schon bald auf immer heftigeren Widerstand, als nach und nach britische Regimenter von Brüssel her aufmarschierten. Gegen 4 Uhr erreichte Ney ein Befehl vom Reichshauptquartier, daß sich d'Erlons erstes Korps von Ney lösen und dem Gefecht bei Ligny anschließen solle. In der festen Überzeugung, daß *er* dem stärkeren Heer der Alliierten gegenüberstand, setzte sich Ney über den Befehl hinweg: D'Erlons Korps marschierte zurück nach Quatre Bras, kurz nachdem es die Randzone des Schlachtfeldes von Ligny erreicht hatte. Neys Eingriff hatte zur Folge, daß d'Erlons Korps weder bei Quatre Bras noch bei Ligny zum Einsatz kam und daß Wellington und Blücher am 16. Juni eine vernichtende Niederlage erspart blieb.

Die fatalen zwölf Stunden

Napoleon kehrte jetzt seinen ursprünglichen Plan um. Wenn der französische rechte Flügel die Preußen weiter zurückdrängte, dann könnte Wellington auf der Quatre-Bras-Waterloo-Brüssel-Route im Handumdrehen erledigt werden. Was er nicht wissen konnte, war, daß das preußische Heer bei Ligny gar keinen derart erheblichen Schaden davongetragen hatte. Noch war er jemals einem eisenharten Gegner wie Blücher begegnet. Der 73jährige Heeresführer, der während des Rückzugs vom Pferd gestürzt und gefährliche Verletzungen erlitten hatte, war fest entschlossen, die Vereinigung mit Wellington doch noch zu erzwingen und leitete den Rückmarsch nicht zu seiner Ausgangsstellung an den Rhein, sondern schlug einen Haken nach Wavre, in Richtung Nordwesten. Blücher blieb die ganze Nacht mit Wellington in Verbindung, der versprach, sich zum Kampf zu stellen, wenn Blücher ihm Verstärkung schickte. Blücher sicherte ihm seine Unterstützung zu.

Wellington wußte genau, wo er kämpfen

würde. Er hatte den Ort schon vor einundzwanzig Jahren, im Juli 1794, gesehen, als er – damals noch Oberst in den britischen Expeditionsstreitkräften – zusammen mit den Österreichern gegen das republikanische Frankreich kämpfte. Es war die Hügelkette von Mont St. Jean, welche die Straße Quatre Bras–Brüssel südlich von dem Dörfchen Waterloo querte – ein idealer Defensivstandort, bis Blüchers versprochene Hilfe aus Wavre, nur acht Meilen weiter östlich, eingetroffen war.

Ney ließ die Briten ungehindert von Quatre Bras bis zum Höhenzug von Mont St. Jean zurückweichen. Napoleon selbst verließ Ligny erst gegen Mittag. Statt die Preußen auf der Stelle mit seiner ganzen Armee zu verfolgen und zu zerschlagen, damit sie nicht mehr ins weitere Kampfgeschehen eingreifen konnten, schickte er Marschall Grouchy erst am Morgen des 17. Juni mit dem circa 33 000 Mann starken rechten Flügel zu ihrer Verfolgung – ein Fehler, der ihm teuer zu stehen kam: er beraubte sich selbst einer wertvollen Streitkraft, während Blücher seine Armee bereits in Wavre auf den Kampf vorbereitete. Denn als Grouchy schließlich am 18. Wavre erreichte, fand er lediglich die preußische Nachhut vor: Blüchers führende Korps waren bereits auf dem Weg zum Schlachtfeld von Waterloo.

Natürlich war Napoleon nicht für das Wetter verantwortlich, welches am 16. und 17. Juni beiden Seiten schwer zu schaffen machte; wiederholte heftige Regengüsse hatten den Boden vollständig aufgeweicht. Er kann jedoch zur Rechenschaft dafür gezogen werden, das Wetter nicht einkalkuliert und zu viel Zeit verloren zu haben, um seine Streitkräfte erneut in Bewegung zu setzen. Der Vorsprung, den seine Gegner dadurch gewinnen konnten, sollte fatale Folgen für ihn haben. Wellington blieb genügend Zeit, um nach Mont St. Jean zurückzuweichen, und Blücher blieb genügend Zeit, um seine Kräfte bei Wavre neu zu formieren und Wellington zu unterstützen.

Waterloo: Gefechtsstellung der Heere

Wellington hatte nicht erwartet, daß Napoleon ihm den »Gefallen« tun würde, frontal anzugreifen; er hatte befürchtet, die französische Armee könnte ihm vom Westen her in die Flanken fallen. Das war in der Tat auch Soults Gedanke gewesen, doch Napoleon fegte den Vorschlag ungeduldig vom Tisch – er hatte keine Zeit für ausgeklügelte Manöver, er wollte Wellington mit einem Frontalschlag niedermähen. »Der Teufel hol's!« rief Wellington aus, als er Napoleon heranstürmen sah, »was ist das doch für ein Heißsporn!« Ihm fehlten jetzt dringend die 18 000 Mann, die er in Halle, auf der Route Brüssel–Mons, aufgestellt hatte, um ein eventuelles Einkreisungsmanöver der Franzosen zu verhindern. Diese Einheit konnte in der Schlacht gar nicht eingesetzt werden.

Wellington war ein Meister der Geländeausnutzung und Defensivtaktik und hatte seine Armee optimal aufgestellt, um sie gegen das angreifende Heer verteidigen zu können. Im Gegensatz zu Napoleon, der durch zusammengefaßtes Artilleriefeuer den Feind zu vernichten suchte, hatte sich Wellington seine eigene Kampfweise ersonnen, die sich im spanischen Krieg bereits mehrere Male bewährt hatte: es

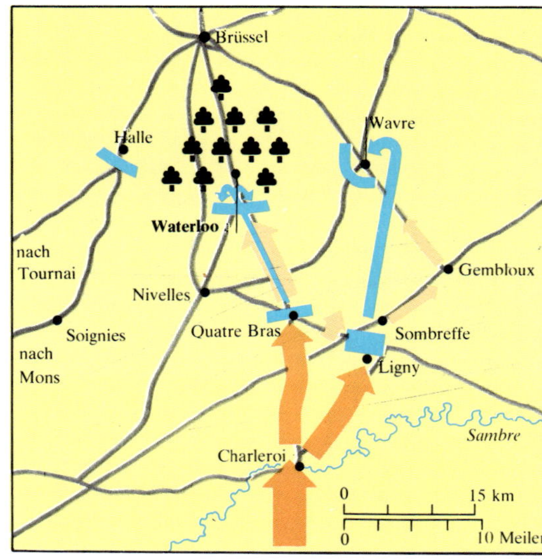

Rechts: Die Waterloo-Schlacht. Napoleon (orange) versuchte, mit zwei Flanken und einer Reserve Wellingtons und Blüchers Armeen (blau) zu trennen und einzeln zu zerschlagen. Am 16. Juni, nach seinem Sieg bei Quatre Bras, glaubte Napoleon, die Preußen in die Flucht geschlagen zu haben und so Wellingtons bereits geschwächtes Heer spielend vernichten zu können. Doch der Kaiser hatte nicht mit der Hartnäkkigkeit Blüchers gerechnet, der Ligny als einen vorübergehenden Rückschlag betrachtete und fest entschlossen war, die Vereinigung mit Wellington doch noch zu erzwingen. »Ich habe Wellington meine Unterstützung zugesichert«, trieb er seine erschöpften Kanoniere an, die unter größten körperlichen Anstrengungen ihre Geschütze über die morastige Route von Wavre nach Waterloo zogen, »und niemand wird mich daran hindern, mein Wort zu halten.«

war eine abgewandelte Form der alten Lineartaktik. 1815 jedoch stand ihm kein rein britisches Heer zur Verfügung. Seine 49 608 Mann starke Infanterie zählte nur 16 816 Briten und 12 806 Hannoveraner; der Rest waren Holländer und Belgier. (Napoleons Infanterie war 48 608 Mann stark.) Als Wellington seine Linien bei Waterloo aufstellte, durchsetzte er das alliierte Heer mit seinen britischen Regimentern, ähnlich wie man einen Zaun mit Stützpfosten durchsetzt. Das war die sicherste Methode, um schwache Stellen in der alliierten Linie zu vermeiden. Er durfte die weniger erfahrenen alliierten Einheiten nicht ohne die unmittelbare und erprobte Unterstützung lassen.

Ein interessanter Schritt zurück hinter Naseby und die Zeit der Pikenträger war Wellingtons Einsatz der »verlorenen Hoffnung«, die der Front vorangestellt war und die Wucht des Aufpralls der feindlichen Attacke auffangen sollte. Er verteilte kleine Garnisonen auf die Gehöfte, die zwischen Braine l'Alleud und Merbe Braine an der rechten alliierten Flanke und Papelotte und Smohain am linken Flügel verstreut lagen. Die beiden strategisch wichtigsten Garnisonen waren Hougoumont und La Haye Sainte, ganz dicht an der Straße nach Brüssel. Sie waren deshalb von so großer Bedeutung, weil, solange sie von den Alliierten gehalten wurden, die Franzosen ihre Geschosse

nicht dicht genug an die alliierte Kampflinie vorziehen konnten.

Waterloo: Das lange Warten

Die entscheidende Frage am Morgen des 18. Juni war, ob Napoleon, der glaubte, die Preußen bei Ligny ausgeschaltet zu haben, Wellingtons Armee vernichten konnte, bevor die Preußen ihr zu Hilfe eilten. Ein wichtiger Punkt bei Waterloo, der häufig übersehen wird, ist, daß die Franzosen zwischen Sonnenaufgang (4 bis 5 Uhr) und 11.30 Uhr gar nichts unternahmen, während Blücher diese Zeit ausnutzte, um mit seinen Kräften von Wavre gegen Waterloo vorzurücken. Die Ursache für diese Verzögerung waren die ununterbrochenen Regengüsse der drei vorangegangenen Tage; die Franzosen wollten warten, bis der Boden so gut wie eben möglich ausgetrocknet war. Kein Wunder, daß die Briten so gerne vom Wetter sprechen. Es half ihnen schon in so mancher Kampagne, doch in keiner mehr als in der Schlacht bei Waterloo.

Hougoumont hält stand

Gegen 11.30 Uhr gab Napoleon den Befehl zum ersten Vorsturm: die Atacke auf Hougoumont durch Reilles Zweites Korps. Er verfolgte damit gleich zwei Ziele; einmal wollte er sich auf diese Weise den Weg für eine uneingeschränkte Offensive gegen Wellingtons Front freikämpfen, gleichzeitig aber war es ein Versuch, die Taktik Marlboroughs bei Blindheim zu imitieren: in eine Flanke des Gegners zu stoßen, damit er sie auf Kosten des Zentrums verstärkt. Bei Waterloo jedoch sollte sich diese Kriegslist nicht bewähren. Die Garrison von Hougoumont hielt aus und konnte drei massierte französische Attacken erfolgreich abwehren. Wellington führte ihr zwar Verstärkungen zu, aber nur in so kleinen Mengen, daß der Rest der Linie nicht geschwächt wurde. Gegen 1 Uhr leistete Hougoumont noch immer Widerstand und zog so die Aufmerksamkeit des gesamten linken Flügels auf sich.

Napoleon wollte soeben den Befehl zum Vernichtungsstoß ins feindliche Zentrum erteilen, als in der Ferne Truppen gesichtet wurden, die sich aus östlicher Richtung auf das Schlachtfeld zubewegten. Napoleon hoffte, es sei das Korps von Grouchy, den er am selben Morgen hatte zurückrufen lassen. Grouchy jedoch hatte den Befehl zu spät erhalten und war bei Wavre in ein Gefecht mit der preußischen Nachhut geraten. Als sich herausstellte, daß die herannahenden Truppen Preußen waren, blieben Napoleon nur noch drei Stunden, um Wellingtons

Oben: Eines der berühmtesten »epischen« Gemälde von den großen Kavallerieangriffen bei Waterloo. Es zeigt die glänzenden französischen curassiers, schwere Kavallerie-Einheiten mit Brust- und Rückenpanzern, die vergeblich versuchen, ein Karree von Hochländern anzugreifen. Wellington wurde später gefragt, ob die französische Kavallerie nicht sehr schön aufmarschiert sei. »Ja«, antwortete er, »und sie ist dann auch sehr schön untergegangen.«

Waterloo, 1815

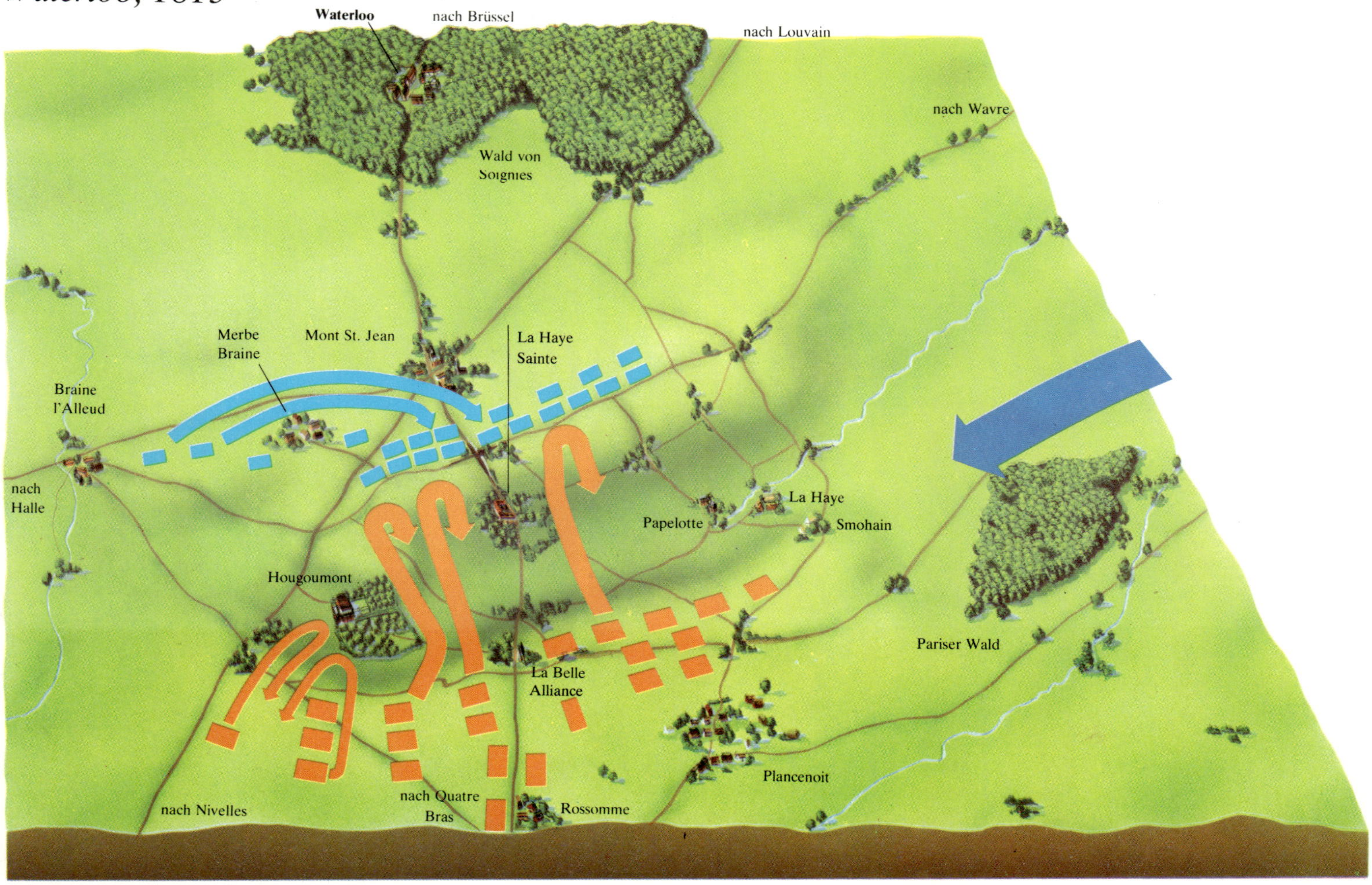

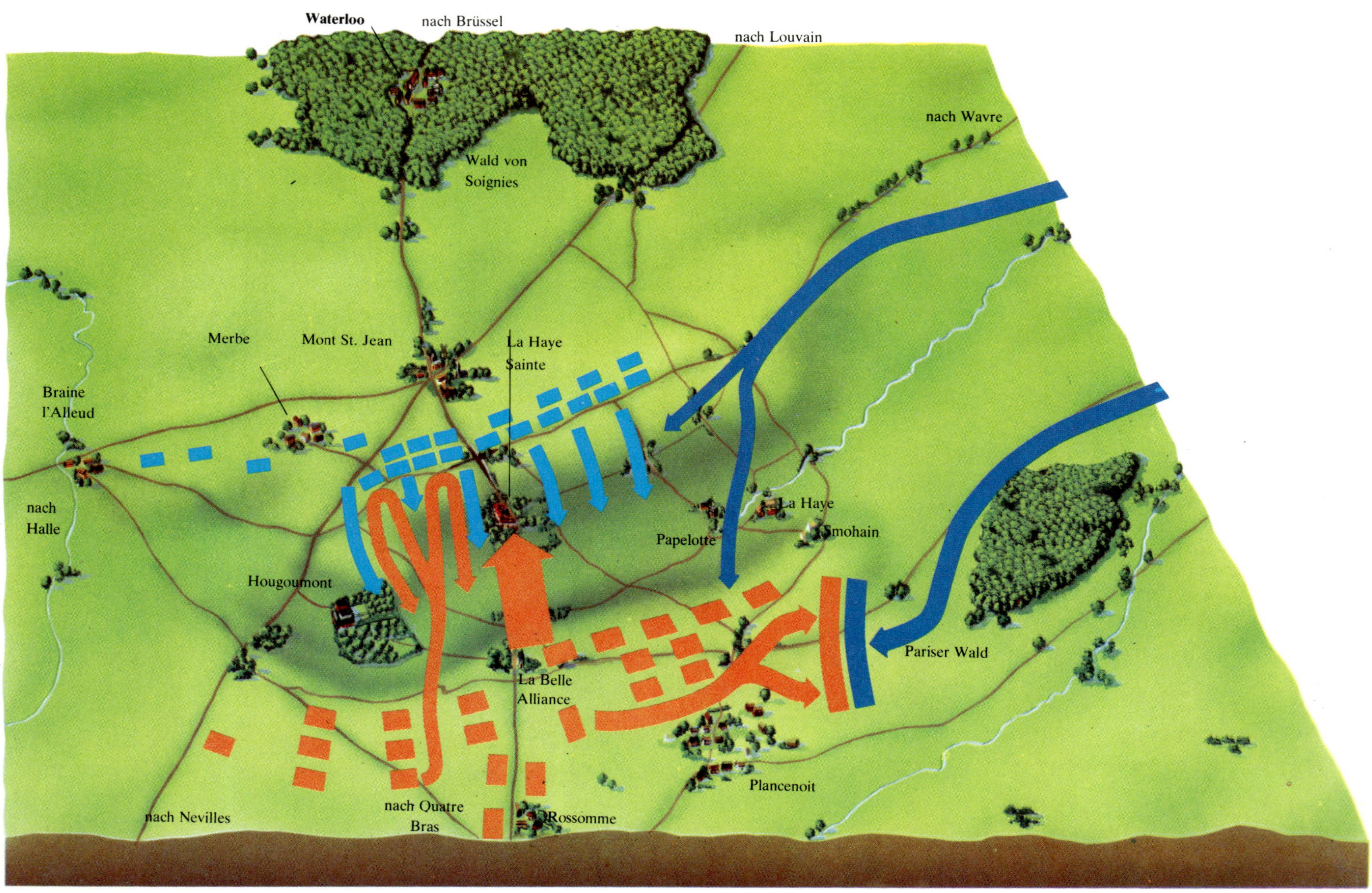

Armee zu vernichten, seine eigenen Kräfte neu zu formieren und sich der neuen Bedrohung zu stellen. Er hatte eine zentrale Batterie von acht Geschützen konzentriert, die die Front des Gegners mit einem Geschützfeuer überschütten sollte, bevor er sie mit geballten Kolonnen der Infanterie und der Kavallerie völlig aufreiben wollte. Die französischen Geschütze donnerten gegen 1 Uhr los und hämmerten 30 Minuten lang in das alliierte Zentrum – als Auftakt für eine Attacke von d'Erlons Erstem Korps.

d'Erlons Attacke schlägt fehl

Gegen 1.30 Uhr setzte sich d'Erlons Korps zum Angriff in Bewegung, umging dabei La Haye Sainte, das erbitterten Widerstand leistete, konnte aber Papelotte und Smohain überrennen. 8000 französische Infanteristen stürmten gegen die Alliierten vor und konnten dabei eine belgische Brigade in die Flucht schlagen. Doch General Pictons Brigade, alles Veteranen aus Spanien, marschierte in einer Gefechtslinie auf, als die triumphierenden Franzosen versuchten, die Front zu durchstoßen, brachen die Reihen der Angreifer mit einem gewaltigen Geschoßhagel auseinander und drängten die Franzosen zurück.

Weiter östlich, entlang der Hügelkette jedoch sah das Bild anders aus. Zwei von d'Erlons Divisionen, die beide noch nicht zum Einsatz gekommen waren, weder in Ligny noch bei Quatre Bras, stießen in Packs Brigade, die bei Quatre Bras sehr stark geschwächt worden und d'Erlons Einheiten zahlenmäßig weit unterlegen war. Packs Männer waren im Rückzug begriffen, als Lord Uxbridge, Wellingtons Kavallerie-Kommandant, mit zwei Brigaden schwerer Kavallerie ins Kampfgeschehen eingriff.

Wellingtons Kavallerie: Triumph und Verderben

Innerhalb von wenigen Minuten war alles vorüber. Das noch immer in Kolonnen zum Angriff aufgereihte Korps von d'Erlon hatte keine Chance gegen die britischen Gardetruppen und Unionsbrigaden. Es löste sich auf und ergriff die Flucht, dicht gefolgt von 2000 siegessicheren britischen Kavalleristen. Doch plötzlich wendete sich das Blatt. Statt seine Männer zum Stehen zu bringen, neu zu formieren und in die Reserve zurückzuziehen, trieb Uxbridge die Kavallerie, wie zu einer wilden Fuchsjagd, weit hinein bis ins Zentrum der französischen Position. Es war genau wie in Naseby – Uxbridge hatte die leichtfertige Rolle von Rupert übernommen –, nur das Ergebnis war noch weitaus verheerender. Die Kavallerie war bis zu den Geschützen der französischen Batterie gelangt, als sich Napoleons Kürassiere und leichten Kavalleristen in einer vernichtenden Konterattacke auf sie warfen, den Spieß umdrehten und Wellingtons einzige bewegliche Reserve niedermähten.

Ney greift ein: Die großen Kavallerieangriffe

Kurz nach 3 Uhr eröffneten die Franzosen erneut das Feuer und leiteten die spektakulärste Phase der Schlacht ein: die wiederholten Angriffe der massierten schweren Kavallerie, angeführt von Ney in Person.

Die Idee war nicht schlecht; Ney wollte Wellingtons Infanterie in defensive Karrees zwingen, selbst plötzlich abdrehen und so den Weg für die Kanoniere freigeben, welche die Karrees mit ihren Geschossen zertrümmern sollten. Neys Führungsstil und zeitliche Koordinierung jedoch waren katastrophal. Als Wellingtons Truppen hinter den Kamm der Hügelkette zurücktraten, um vor den französischen Geschützen Deckung zu suchen, brachte Ney die Kavallerie vorzeitig in Aktion, in dem irrtümlichen Glauben, Wellington wolle sich vollständig zurückziehen. Als die Kavallerie die Karrees erreichte, scheuten die Pferde vor dem stacheligen Wall von Bajonetten, welche die Soldaten vor sich aufgepflanzt hatten. Ganze Scharen von Reitern umzingelten die Karrees und deckten die Alliierten gegen die französischen Geschosse, bevor sie unter schweren Verlusten erneut die Hänge hinabpreschten. Jedes Mal, wenn sich die französischen Kavalleristen zurückzogen, stürzten die britischen Artilleristen aus den Karrees und eröffneten das Feuer. Diese Angriffe waren rasend und blind so wie Ney selbst, der barhäuptig und vor Zorn tobend seine Befehle herausbrüllte und mit der flachen Seite seines Schwertes auf ein desolates Geschütz einhieb. So führte man keine Armee, ganz abgesehen von dem Zeitverlust, der durch seine fehlgeleiteten Order entstand. Als Wellingtons Karrees gegen 5 Uhr den letzten großen Angriff abwehrten, hörte man vom rechten Flügel das Dröhnen preußischer Geschütze.

Napoleons letzte Chance

Jetzt wurde Napoleon aus seiner Sorglosigkeit gerissen, die ihn veranlaßt hatte, Ney die taktische Führung der Schlacht zu überlassen. Die Franzosen kämpften auf zwei Fronten; Lobaus Viertes Korps versuchte verzweifelt, die anrükkenden Preußen aufzuhalten und dem Hauptheer eine letzte Chance zu geben, Wellington zu vernichten. Gleichzeitig sank Neys Kampffieber, gerade lange genug, um ihm zu zeigen,

Vorherige Seite: Die wichtigsten Höhepunkte der französischen Attacken bei Waterloo. Wellington (blau) hatte nicht erwartet, daß Napoleon (orange) sich mit einem Frontalangriff begnügen würde, sondern eher mit einem Flankenangriff vom Westen her gerechnet. Das war auch der Grund, warum er Verbände bei Braine l'Alleud und Merbe Braine postiert hatte, die er später als Reserven zum Ausfüllen seiner durchlöcherten Front benutzte. Die Franzosen versuchten in wiederholten Angriffen, Hougoumont und La Haye Sainte einzunehmen, die jedoch wie Wellenbrecher standhielten. Als La Haye Sainte schließlich fiel, griffen die Preußen bereits den französischen rechten Flügel an. Dennoch leitete der Verlust von La Haye Sainte die größte Krise der Schlacht ein, denn Wellingtons Zentrum war jetzt völlig ungeschützt. Durch Napoleons langes Zögern, die Alte Garde einzusetzen, und die geniale Taktik, mit der die englische Garde ihren Angriff abwehrte, wurde schließlich die Entscheidung herbeigeführt.

wie die Schlacht zu gewinnen wäre. In den folgenden beiden Stunden schmolzen Wellingtons Verbände bis auf die Hälfte zusammen und standen kurz vor der totalen Niederlage.

Gegen 6 Uhr führte Ney 6000 Reserveinfanteristen zu einer schonungslosen Attacke auf La Haye Sainte an, welches nach einer halben Stunde fiel. Jetzt konnten die französischen Geschütze vorgezogen werden, um Wellingtons Zentrum unter Beschuß zu nehmen, doch als Ney Napoleon um weitere Infanterieverstärkung bat, lehnte der Kaiser ab. Seine letzte Reserve war das Korps der Reichsgarde; die Regimenter der Jungen Garde lagen bereits in erbitterten Kämpfen gegen die Preußen, und er scheute davor zurück, die Elitegrenadiere der Alten Garde zu opfern. Eine weitere halbe Stunde verstrich – lebenswichtig für Wellington, der jetzt, da die Preußen eingetroffen waren, Einheiten vom linken Flügel herüberziehen konnte – bevor Napoleon sich entschloß, die Alte Garde einzusetzen.

Angriff und Niederlage der Alten Garde

Der Angriff der Alten Garde, den Napoleon gegen 7 Uhr befahl, war als entscheidender Schlag gedacht, dem ein geballter Vorstoß des linken Flügels und des Zentrums folgen sollte. Die Attacke war auf Wellingtons Zentrum und rechten Flügel gerichtet, die zuvor einem halbstündigen Geschoßhagel ausgesetzt gewesen war. Doch der Angriff Neys war miserabel geführt.

Der Mann, der die Alte Garde schließlich schlug, war Oberst Colborne, der das britische 52. Regiment befehligte. In eigener Regie schwenkte er sein erstes Bataillon um 90 Grad herum und konnte die Zweite Kolonne der Alten Garde mit einem perfekt ausgeführten Flankenfeuer bestreichen und schon mit dem ersten Geschoßhagel zertrümmern. Als die französischen Reihen auseinanderbrachen und

Oben: Napoleon sieht sich besiegt und wendet sich zur Flucht (sein treu ergebener Roustan ist noch immer an seiner Seite). Die blumenreiche französische Bildunterschrift lautet: »Napoleon suchte sich in einer überstürzten Flucht in Sicherheit zu bringen; und die Willkürherrschaft des Eroberers der Welt und der Ruhm seiner Armee wurden durch diesen einzigen Schlag für immer gebrochen.«

Oben: Romantischer Stich von der berühmten Vereinigung Wellingtons und Blüchers bei La Belle Alliance am Ende des Tages von Waterloo. »Lieber Kamerad!« rief Blücher noch ganz außer Atem. »Quelle affaire«, erwiderte Wellington zum Gruß, was, wie er selbst hinzufügte, das einzige war, was er auf Französisch zu sagen wußte.

die Flucht ergriffen, wiederholten Colbornes Männer dieselbe Taktik bei der zweiten Kolonne, die von der englischen Garde zwar aufgehalten, aber nicht geschlagen worden war. Entsetzt wurden die Franzosen Augenzeugen des Zusammenbruchs der Alten Garde und des bedrohlichen Vorstoßes der alliierten Linie.

Auswirkungen und Verluste

Angesichts der Kürze der Schlacht (acht Stunden von der ersten Attacke auf Hougoumont bis zur Niederlage der Alten Garde) waren die Verluste bei Waterloo erschreckend. Die Franzosen verloren 25 000 Mann und 8000 Gefangene, Wellington 15 000 Mann und die Preußen 7000. Waterloo wird immer als die Ein-Tages-Schlacht beschrieben, in der Napoleon endgültig geschlagen wurde; in Wirklichkeit jedoch war es eine Drei-Tages-Schlacht, und es ergibt keinen Sinn, den 18. Juni getrennt von beiden vergangenen Tagen zu betrachten.

Es ist leicht – wenn auch allgemein üblich –, alle Schuld an der Niederlage Grouchy zuzuschreiben. Grouchy war ein pedantischer, einfallsloser Mann, der glaubte, Napoleons Befehle genauestens zu befolgen, und es war eher Napoleons Fehler, daß die Kommunikation so schlecht funktionierte. Das wirkliche Problem lag jedoch darin, daß Napoleon die Kunst der defensiven Kriegführung nie gemeistert hat. Als ehemaliger Geschützoffizier hätte er sich auf seine Artillerie als Schlüssel zum Sieg verlegen sollen, statt Ney so viel Zeit und so glänzende Truppen vergeuden zu lassen. Die schlechte Zusammenarbeit auf der französischen Seite war auch Napoleons Fehler. Die Kommunikation zwischen Wellington und Blücher und ihr gegenseitiges Verständnis waren beispiellos seit der Zeit von Marlborough und Prinz Eugen. Wellington und Blücher machten viele Fehler bei der Waterloo-Kampagne. Doch ihr großer Gegner Napoleon noch sehr viel mehr.

KAPITEL 9

BALAKLAWA

25. OKTOBER 1854

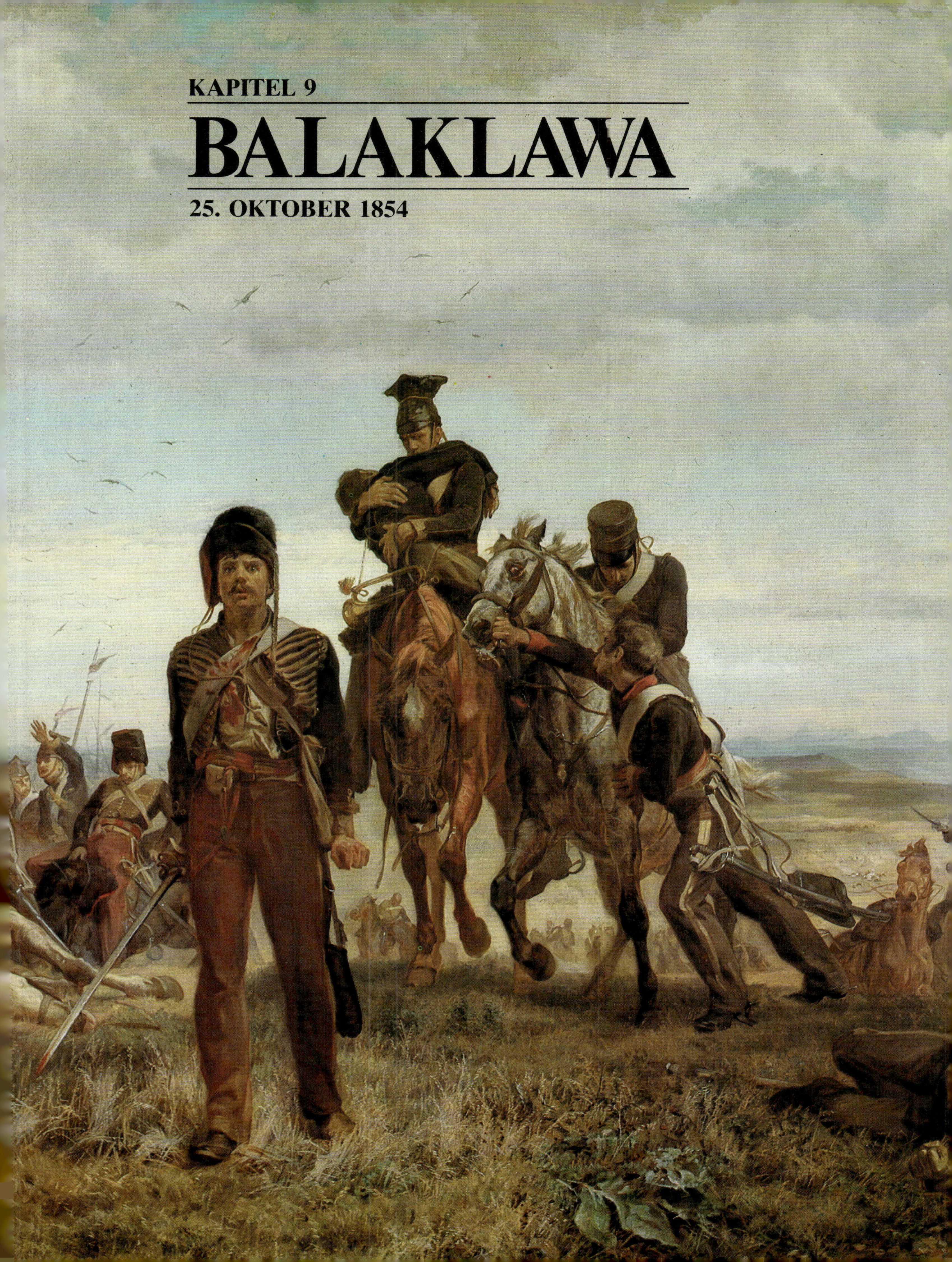

Balaklawa, 1854

Rechts und gegenüber: Zwei Ansichten des blutigen Vorspiels der Kampagne auf der Krim: der Vorsturm der englischen Garde gegen die Höhen der Alma (20. September) und die Eroberung der russischen Stellungen, die die Marschroute nach Sewastopol blokkierten. Doch der Heldenmut, den die Alliierten bei der Alma an den Tag legten, trug keine Früchte; durch die zu spät aufgenommene Verfolgung des Feindes blieb den Russen reichlich Zeit, um sich nach Sewastopol zurückzuziehen und die Rüstung ihrer Festungen zu verstärken.

Wenn Dilettantismus und Inkompetenz zusammentreffen – eine verheerend geführte Schlacht in einem sinnlosen Krieg

Der Hintergrund des Krieges

Betrachtet man Kriege schlechthin als die grausamsten Unfälle der Geschichte, so muß man den Krimkrieg (1854–56) als die größte militärische Katastrophe aller Zeiten verurteilen, denn es hat in der gesamten Militärgeschichte kaum einen schlechter geführten Krieg gegeben als diesen. Jeder kennt die Platitüde, die besagt, daß Kriege viel zu ernst sind, um den Generälen überlassen zu werden. Der Krimkrieg ist vor allem ein warnendes Beispiel für die Lust am kriegerischen Abenteuer nach einem langen Frieden, den Krieg um des Krieges willen, für die Macht eines kriegshetzerischen Journalismus und die Schwäche und Einfalt der Politiker.

Der unmittelbare Anlaß zu diesem Krieg läßt sich mit wenigen Worten zusammenfassen: Rußland, das sich als Verfechter der modernen christlichen Zivilisation ausgab, hoffte, sich auf Kosten des geschwächten türkischen Reiches eine Stellung am Mittelmeer sichern zu können und marschierte in die türkischen Provinzen der Donau-Fürstentümer (das heutige Rumänien) ein. England und Frankreich, die sich als Fürsprecher der wehrlosen Türken verstanden, sandten eine französisch-britische Expeditionsstreitkraft zum Schwarzen Meer, um die Russen aus den besetzten Gebieten zu vertreiben.

Diese gemeinsame Aktion an sich war schon ein Novum, denn es war das erste Mal seit der Zeit der Kreuzzüge, daß englische und französische Truppen auf derselben Seite fochten. Außerdem war dies für beide Länder der erste große europäische Krieg seit Waterloo, was ihre Allianz besonders befremdlich erscheinen ließ. Die Militärs auf beiden Seiten des Kanals hatten die Köpfe noch voll von Erinnerungen an die napoleonischen Kriege. Frankreich war wieder zu Macht gekommen; die britische Armee wurde von Lord Raglan befehligt, der bei Waterloo den rechten Arm verloren hatte und keine Entscheidung fällte, ohne sich zu fragen, was Wellington wohl an seiner Stelle getan hätte. Er pflegte großes Unbehagen unter seinen alliierten Zuhörern zu stiften, wenn er, statt von seinen »französischen Verbündeten« von »seinen Feinden« sprach.

Nur Frankreich war unlängst in einen Krieg verwickelt gewesen: die Eroberung Algeriens und Tunesiens sowie den Sturz der Römischen Republik und die Neueinsetzung des Papstes (1848). Die Briten hingegen hatten sich lediglich in Indien kriegerisch betätigt, wobei die Karriere der dort eingesetzten Armeeoffiziere durch die grenzenlose Überheblichkeit der Kommandanten im eigenen Land vereitelt wurde. »Indische« Offiziere wurden herablassend behandelt; Geburt und Dienstalter entschieden über die Rangordnung und die entscheidenden Beförderungen. Diese Voreingenommenheit gegen »indische« Offiziere war vor allem deshalb so absurd, weil der größte britische Feldherr des neunzehnten Jahrhunderts, der Herzog von Wellington, aus der indischen Armee hervorgegangen war. Trotzdem blieb dieses Vorurteil weiter bestehen, was zur Folge hatte, daß bei Ausbruch des Krimkriegs die Befehlshaber der britischen Armee entweder zu alt oder völlig unerfahren waren.

Der bei weitem prächtigste Arm des britischen Heeres war die Kavallerie. So mancher

Vorherige Seiten: Dieses großartige Gemälde von Lady Elizabeth Butler mit dem einfachen Titel Balaklawa schildert die qualvolle Rückkehr der Überlebenden der Leichten Brigade, denen das Entsetzen nach ihrem berüchtigten Angriff noch auf den Gesichtern geschrieben steht. Lord Cardigan, ihr arroganter Kommandant, kam ohne eine Schramme davon. »Es war nicht meine Schuld«, erklärte er einer Gruppe von Überlebenden. »Mylord«, soll einer unter ihnen geantwortet haben, »wir sind bereit, es noch einmal zu tun.«

Oberst gab ein wahres Vermögen für glänzende Uniformen und edle Pferde aus. Und so war gerade in der Kavallerie der Snobismus besonders stark ausgeprägt, obschon die Ereignisse beweisen sollten, daß dies die Kampfkraft der leichten und schweren Reiterregimenter nicht beeinträchtigt hatte. Schwerwiegende Folgen jedoch ergaben sich aus zwei völlig absurden Entscheidungen: der Beförderung des Herzogs von Lucan zum Kommandanten der Kavallerie-Division und des Herzogs von Cardigan zum Oberbefehlshaber der leichten Kavallerie-Brigade. Die Tatsache, daß beide noch nie Truppen im Felde befehligt hatten, war symptomatisch; dasselbe galt für den Kommandanten der schweren Kavallerie-Brigade, James Scarlett. Lucan und Cardigan waren obendrein aufs ärgste verfeindet, was sich nicht weniger fatal auswirken sollte als die totale Vernachlässigung der Ausrüstung und des Verpflegungswesens in der britischen Armee.

Der Krieg loderte nicht plötzlich über Nacht auf, sondern glimmte während der gesamten zweiten Hälfte des Jahres 1853 vor sich hin, wobei Rußland im Oktober in die Türkei einmarschierte. Frankreich und England griffen erst im März 1854 ein. Die Hauptbasis war Scutari am Bosporus, direkt gegenüber von Konstantinopel, wo die ersten Einheiten gegen Ende April eintrafen; im Juni hatten die französische und englische Armee den Hafen Warna am Schwarzen Meer erreicht. Zur selben Zeit machte sich die russische Donauarmee an die Belagerung Silistrias auf der unteren Donau. Ihre Truppen wurden jedoch von der Cholera heimgesucht und stark geschwächt, und die Türken leisteten einen derart erbitterten Widerstand, daß der Kommandant der russischen Armee am 23. Juni die Belagerung von Silistria aufhob und seine Streitkräfte auf das linke Donauufer und schließlich ganz aus dem türkischen Territorium zurückzog. Bis zu diesem Zeitpunkt hatten die Briten und Franzosen noch keinen Finger gerührt. Hunderte starben an Cholera und Ruhr.

Als im Heimatland bekannt wurde, daß die Türken ihren Krieg ohne jegliche Hilfe der Expeditionskräfte gewonnen hatten und so die enorm hohen Ausgaben für die Truppenverschiebung nichts als reine Verschwendung gewesen waren, breitete sich allgemeiner Unmut unter den Franzosen und Engländern aus – ähnlich wie in einem übervollen Fußballstadion, in dem plötzlich verkündet wird, daß das Spiel gar nicht stattfindet. Die Politiker waren verwirrt; die Presse nährte den Kampfgeist der Nationen und forderte Blut und Rache. Die *Times* in London verlangte, daß die Armee *irgend etwas* tun müsse, bevor sie in die Heimat zurückkehre, und bestand auf einer Invasion der Krim und der Einnahme der stärksten russischen Marinebasis am Schwarzen Meer: Sewa-

stopol. Natürlich ließ sich Rußland durch die Einnahme Sewastopols nicht in die Knie zwingen – ebenso hätte man versuchen können, einen Elefanten mit einer Stecknadel zu töten. Die Politiker hatten bei diesem Schachzug zwei ganz andere Ziele vor Augen. Einmal konnten sie auf diese Weise das allgemeine Volksbegehren befriedigen, und zum anderen sahen sie die Chance für eine neue Verhandlungsbasis, die sich bei eventuellen Friedensgesprächen nur positiv auswirken konnte. Geradezu schockierend waren die Umstände, unter denen die Ent-

Oben: Die britische Versorgungsbasis bei Balaklawa an der Südküste der Krim. Balaklawa, ein hübscher kleiner Ferienort reicher Russen, war für Kriegszwecke völlig ungeeignet und verwandelte sich binnen kurzer Zeit in eine Hölle auf Erden, in der Krankheiten wüteten und die Versorgung teilweise völlig zusammenbrach.

scheidung gefällt wurde – im Rahmen einer Kabinettssitzung am 28. Juni, bei der die Hälfte der Anwesenden einnickte.

Als Mitte Juli die Weisungen in die Hauptquartiere der Verbündeten ergingen, sich für die Überfahrt zur Krim bereit zu halten, fragte sich so mancher Offizier, ob es nicht zu riskant sei, in ein ihm völlig unbekanntes Gebiet einzudringen und eine mächtige Festung mit den wenigen zur Verfügung stehenden Belagerungsgeschützen anzugreifen, wo doch die Russen alle Trümpfe in der Hand hielten, wenn es darum ging, Truppenverstärkungen heranzuziehen. Diesmal bestand für Raglan kein Zweifel daran, was Wellington an seiner Stelle getan hätte: der Herzog hätte sich strikt geweigert, die Weisungen zu befolgen. Andererseits stand außer Zweifel, daß sich das Kabinett auf das Krim/Sewastopol-Hasardspiel derart versteift hatte, daß Raglan und seine Generäle durch andere Offiziere ersetzt würden, sollten sie gegen das Projekt Veto einlegen. Der Oberbefehlshaber des französischen Expeditionskorps, Marschall St. Arnaud, war auf der Stelle bereit gewesen, die Kampagne in die Hand zu nehmen, und zwar aus dem einfachen Grund: Sein Kaiser hatte dem Plan ebenfalls zugestimmt. Und so stach die alliierte Armada am 7. September bei Warna in See.

Der Sieg an der Alma und der Marsch auf Sewastopol

Die französisch-englische Streitmacht landete nach einer reibungslosen Überfahrt am 14. September in der Bucht von Kalamita, circa 25 Meilen nördlich von Sewastopol. Doch die Organisation funktionierte so schlecht, daß die beiden Armeen erst vier Tage später ihren Vormarsch gegen Sewastopol antreten konnten. Es waren insgesamt nicht mehr als 58 000 Mann: 24 000 Franzosen, 27 000 Briten und ein kleines Korps von 7000 Türken.

Der russische Oberbefehlshaber in der Krim, Fürst Menšikov, erwartete sie mit seiner Armee von 39 000 Mann und 96 Geschützen in einer starken Stellung auf den südlichen Abhängen des Flusses Alma. St. Arnaud schlug eine doppelte Flankenattacke vor, wobei die Franzosen die Alma an der Mündung überqueren und die Briten den russischen rechten Flügel weiter landeinwärts fesseln sollten – doch Raglan widersetzte sich dem Plan. Er weigerte sich, seine Kavallerie überflüssigen Gefahren auszusetzen. Zum Glück für die Alliierten war Menšikov in gleichem Maße besorgt, seine Geschütze zu verlieren, und als es am 20. September zur Schlacht kam, erlitten die Russen trotz tapferer Gegenwehr eine blutige Niederlage und zogen sich unter schweren Verlusten zurück.

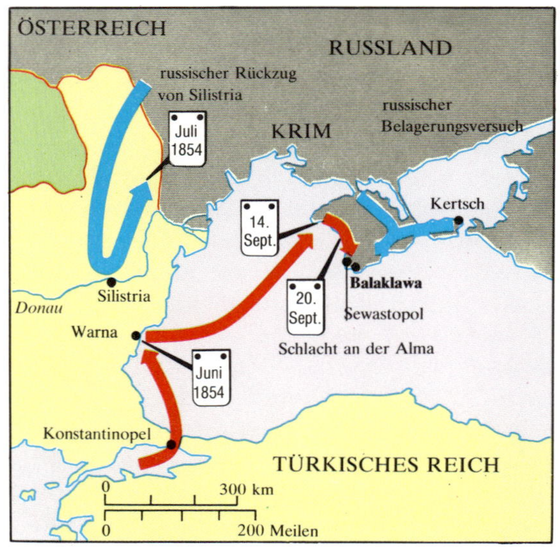

Rechts: Die Balaklawa-Operation, eine der größten militärischen Katastrophen aller Zeiten, ein Beispiel für einen Krieg, der nur um des Krieges willen geführt wurde. Die Briten und Franzosen (rot) zogen in den Krieg, um die Türken südlich der Donau zu unterstützen; doch die Türken vermochten sich auch ohne die Hilfe der Alliierten zu verteidigen. Obwohl der eigentliche Zweck der Kampagne erfüllt war, fing der Krieg erst jetzt wirklich an.

So stand den Verbündeten der Weg nach Sewastopol offen. Eine rasche Verfolgung und Vernichtung des geschlagenen russischen Heeres durch die noch völlig intakte britische Kavallerie hätte den Alliierten die Stadt Sewastopol geradezu in die Hände gespielt. Doch ihre Verluste waren zu schwer gewesen: 2000 Briten, 500 Franzosen (gegen 5500 russische Verluste, darunter 1800 Tote). Die Verwundeten mußten aufgelesen, behandelt und auf dem Seeweg evakuiert werden – eine Aufgabe, die zwei volle Tage in Anspruch nahm. So gewannen die besiegten russischen Truppen für ihren Rückzug nach Sewastopol einen enormen Vorsprung. Währenddessen wurden im Hafen die ältesten Kriegsschiffe versenkt, um den Zugang vom Meer zu blockieren.

Also brachen die verbündeten Heere zu einem Flankenmarsch um Sewastopol auf, um südlich der Stadt Lager beziehen. Raglan wählte den winzigen Hafen Balaklava als neuen britischen Stützpunkt aus. Während mit den Vorbereitungen für das Ziehen von Schützengräben begonnen und der Belagerungspark von der Flotte an Land geschafft wurde, hatten die Verteidiger reichlich Zeit, die Rüstung der Festung zu verstärken.

Am 10. Oktober wurden die ersten Laufgräben eröffnet und wenig später die Batterien für das Bombardement errichtet. Am 17. Oktober schließlich wurde das Feuer auf Sewastopol eröffnet. Doch schon am folgenden Tag erreichte die Alliierten eine alarmierende Botschaft: Russische Verstärkungen konzentrierten sich, um Balaklava anzugreifen und die alliierte Belagerung zu beenden. Bis zum 27. Oktober waren diese Kräfte schon zu einer Armee von 25000 Mann mit 38 Geschützen herangewachsen, befehligt von General Liprandi.

Raglans Hauptproblem war die Entfernung zwischen dem Hafen von Balaklava und den alllierten Belagerungslinien um Sewastopol, sechs Meilen nordwestlich, auf den Chersoñer Höhen. Dieses Hochplateau endet abrupt an den Sapuner Hängen und wurde nur an einer Stelle durch die von den Briten als »Causeway Heights« (Dammhöhen) bezeichnete Hügelkette in östlicher Richtung verlängert. Die zu beiden Seiten liegenden Täler wurden dementsprechend Nord- und Südtal genannt. Liprandis am 25. Oktober gestarteter Versuch, die Causeway Heights einzunehmen und südlich auf Balaklava einzuschwenken, leitete die spektakulärste Phase des Krimkrieges ein.

Eröffnende Schritte: Der Vorstoß gegen die Schanzen

Zur Verteidigung der Causeway Heights und des nördlichen Tals hatten die Alliierten sechs Schanzenwerke angelegt. Sie waren mit Zwölfpfünder-Geschützen ausgerüstet und mit türkischen Einheiten besetzt. Auf diese Verschanzungen hatte es Liprandi am frühen Morgen des 25. Oktober abgesehen. Nach einem überraschenden und gezielt geführten Artilleriebombardement konnte die Schanze Nr. 1 von den Russen erobert werden, und die Garnisonen von Nr. 2, 3 und 4 ergriffen panikartig die Flucht. Starke russische Infanterie- und Kavalleriekräfte bezogen auf dem östlichen Teil der Causeway Heights Stellung. Zwischen der Hügelkette und dem Hafen von Balaklawa befand sich lediglich die britische Schwere und Leichte Brigade im Südtal und Sir Colin Campbells berühmtes 93. Hochländer-Regiment.

Schon bald fiel der erste Geschoßregen auf die Kavallerie-Division, der nichts anderes übrigblieb, als zum westlichen Ende des Südtals zurückzuweichen. So waren Campbells Hochländer buchstäblich auf sich allein gestellt, sieht man einmal von der fraglichen Unterstützung durch die türkischen Kräfte an ihren Flanken ab. Gegen 9.30 Uhr hätte die Situation für die Alliierten kaum schlechter aussehen können. Die Initiative lag wieder bei den Russen, die sich inzwischen auf den Causeway Heights etabliert hatten. Gedeckt durch ihre Waffengefährten auf der Hügelkette, stieß die russische Kavallerie, über 3000 Mann stark, in das Nordtal vor. Dabei lösten sich circa 400 Reiter von dem Hauptverband los und drehten in südlicher Richtung ab, um Campbell anzugreifen.

Raglan hatte sich inzwischen mit seinem Stab auf den Sapuner Höhen, 200 Meter oberhalb der Ebene postiert. Er hatte die Erste und Vierte Infanterie-Division beordert, den russischen Vorstoß aufzuhalten, und war fest entschlossen, seine Kavallerie zu schonen, bis die Infanterieverbände eingetroffen waren, was für die Kavallerie demütigend und enttäuschend war, weil sie es lieber gesehen hätte, Lord Lucan würde sich nicht so strikt an Raglans Order halten. So mußten Campbells Hochländer die Wucht des russischen Angriffs allein, ohne die Hilfe ihrer eigenen Kavallerie, auffangen.

»Die dünne rote Linie«

Als »dünne rote Linie mit einer Stahlspitze« hatte William Russell, der Korrespondent der

Links: Eines der allerersten Kriegsfotos, aufgenommen von Roger Fenton: britische leichte Kavalleristen (eine Gruppe des 8. Husarenregiments) um die sogenannte »Feldküche« im Lager von Balaklawa versammelt.

Balaklawa, 1854

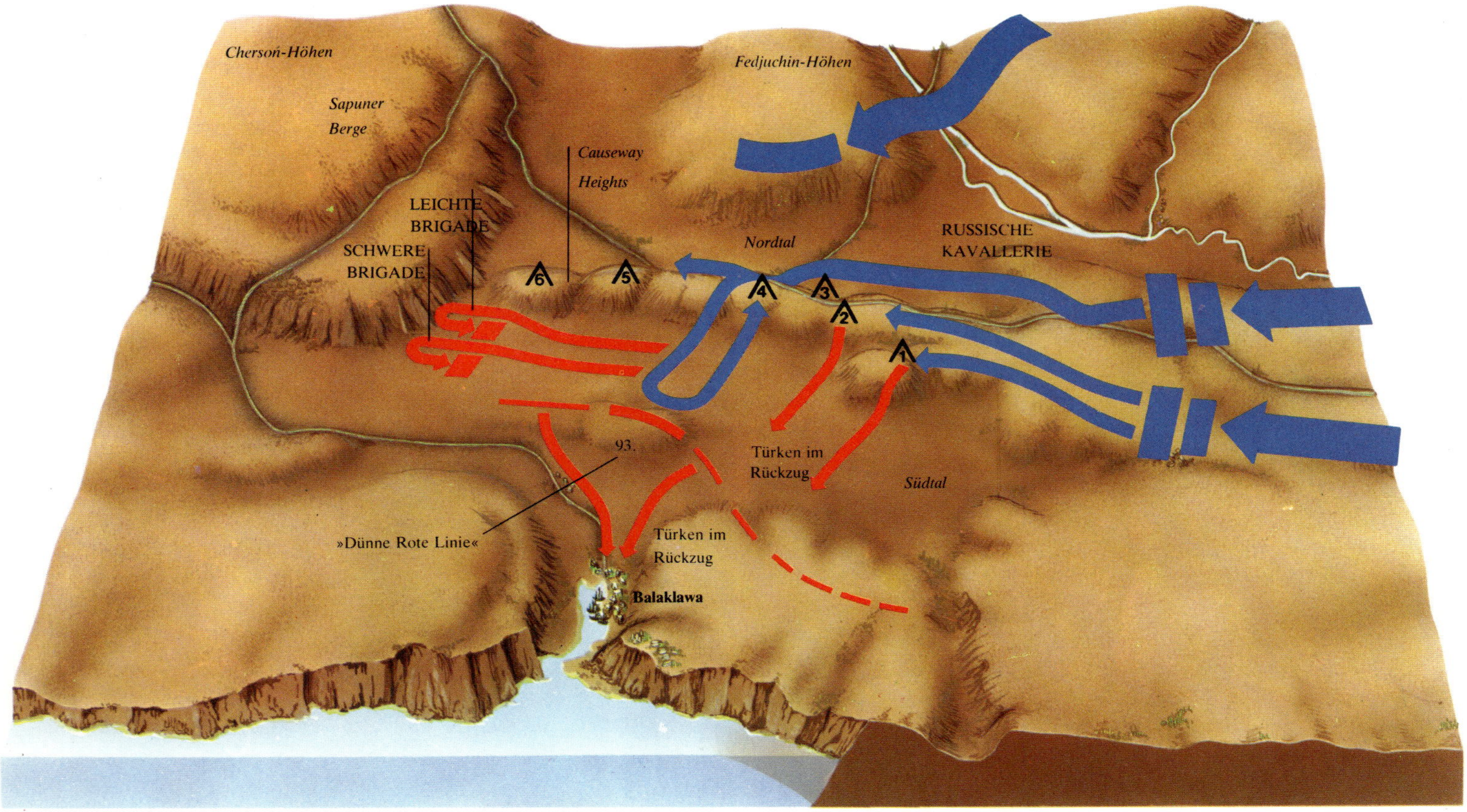

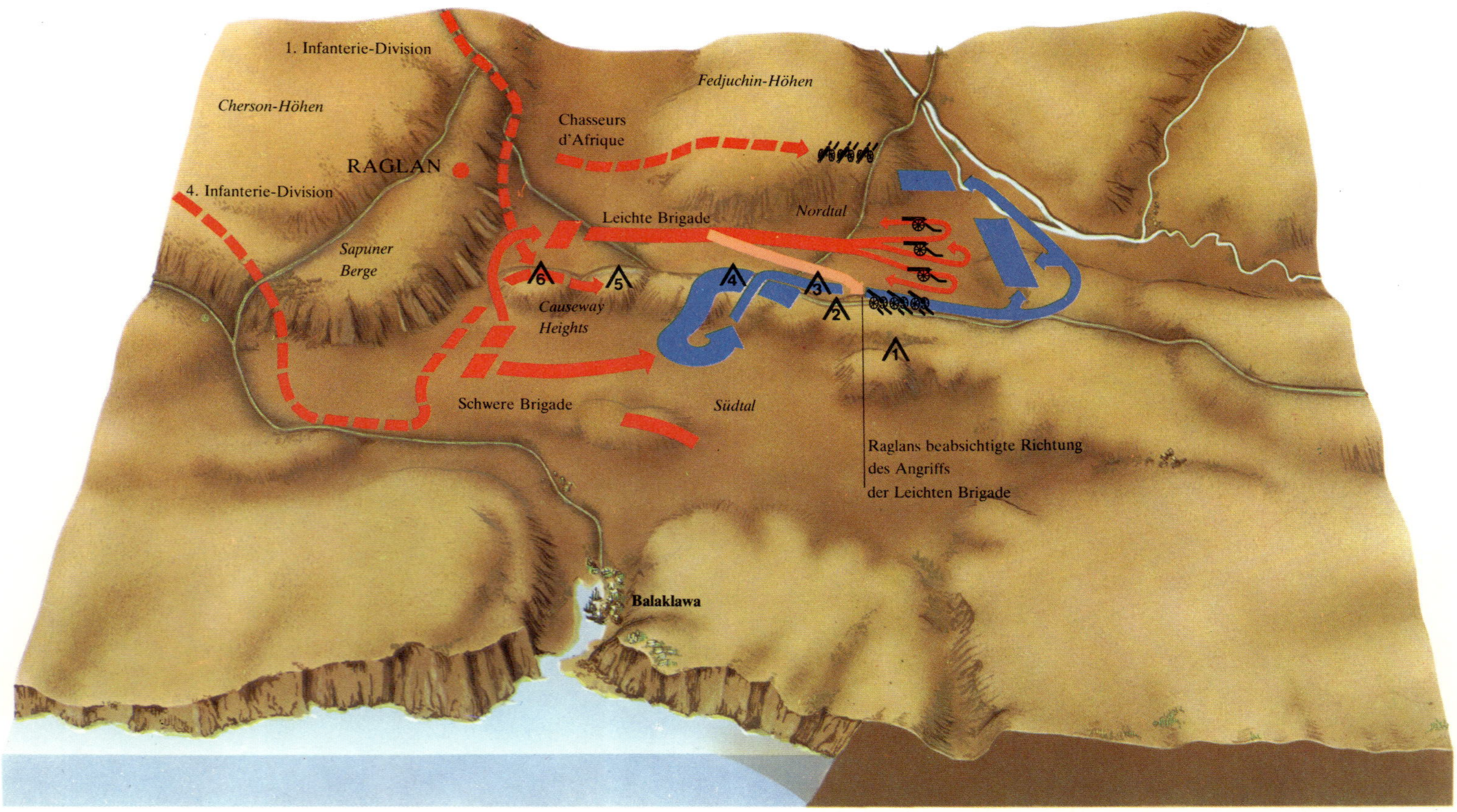

Oben: Die Schlüsseloperationen bei Balaklawa. Liprandi, der russische General, wurde durch die enttäuschende Leistung seiner Kavallerie (blau) um den Sieg gebracht, die zuerst von Campbells Hochländern und dann durch Scarletts Angriff mit der Schweren Brigade geschlagen wurde. Doch Raglan, für den der Sieg durch diese beiden Aktionen schon zum Greifen nahe war, zögerte zu lange und griff erst ein, als die Russen die Geschütze von den Causeway Heights zu ihrer Front ziehen wollten. Er schickte die Leichte Brigade los, um die Geschütze zurückzuerobern – doch sie preschte gegen die falschen Geschütze vor.

Oben: Colin Campbells Hochländer, die in der Times als »dünne rote Linie mit einer Stahlspitze« beschrieben wurden, eröffnen das Feuer gegen die russische Kavallerie. Nachdem die Türken beim Ansturm der Russen panikartig die Flucht ergriffen hatten, waren Campbells Männer die einzigen Truppen, die den Weg nach Balaklawa blockierten. Aus übergroßer Freude über den Rückzug der russischen Kavallerie taten einige Hochländer so, als wollten sie ihre Verfolgung aufnehmen. »Potzblitz!« kläffte Campbell, »zum Teufel mit all diesem Eifer!«

»Times«, die Hochländer während des russischen Kavallerieangriffs beschrieben. Beim Anblick des vorstürmenden Gegners gaben die Türken an den Flanken der Hochländer einen hastigen Geschoßhagel ab und ergriffen dann panikartig die Flucht in Richtung Balaklava. Die Hochländer jedoch konnten die russischen Reihen mit einem wiederholten kräftigen Salvenfeuer erschüttern und das Tempo ihres Angriffes bremsen. Einen Augenblick lang sah es so aus, als wollten die Russen mit einem Linkshaken die Hochländer einkesseln, doch dieser Versuch wurde durch einen erneuten Geschoßhagel, diesmal in die russische Flanke, vereitelt. Erleichtert stellten die Hochländer fest, daß die Russen erneut links abdrehten, um Richtung Causeway Heights zurückzugehen.

Angriff der Schweren Brigade

Von seiner erhöhten Position auf den Sapun-Höhen aus hatte Raglan die sich abzeichnende Bedrohung Campbells verfolgen können und hatte acht Dragoner-Schwadronen der Schweren Brigade zur Unterstützung der wankenden Türken ins Südtal beordert. Doch die Operation der »dünnen roten Linie« war bereits abgeschlossen, als General Scarletts Reiter eben erst aufgebrochen waren und sich vorsichtig einen Weg durch das Lager der Leichten Brigade bahnten. Als sie sich ungefähr auf der Höhe der eroberten Schanze Nr. 5 befanden, stießen sie auf die Front der anrückenden russischen Kavallerie, die just in diesem Augenblick hinter dem Kamm der Causeway Heights auftauchte.

Es hatte den Anschein, als brauchten sich die Russen nur die Hänge hinabzuwälzen, um die Schwere Brigade zu überrennen und auszulöschen. Sie waren 3000 an der Zahl und hätten die ahnungslosen Briten förmlich überrumpeln können. Unverständlicherweise jedoch blieben die Russen auf der Kammhöhe stehen; General Scarlett drehte bei und formierte seine Kräfte zum Angriff.

Einen achtmal stärkeren Feind in einem »Angriff bergauf« schlagen zu wollen, das ging gegen alle Regeln der Kriegskunst, doch die Unsicherheit der russischen Kavallerie war offensichtlich, ganz abgesehen von der Niederlage, die ihnen bereits durch die Hochländer beigebracht worden war. Als Scarlett und seine Männer die Hänge hinaufstürmten, direkt ins Herz der russischen Massen, da wallte ihr Blut auf und ihre Säbel blitzten in der Sonne. Von den Sapuner Höhen aus konnte Raglan beobachten, wie die russische Formation ins Wanken geriet, als die beiden hinteren Regimenter der Schweren Brigade im psychologisch genau richtigen Augenblick dazustießen. Die russische Masse brach auseinander, zersplitterte und wich über den Hügelkamm der Causeway Heights zurück.

Scarletts tollkühne Attacke hatte die Situation auf dem Schlachtfeld um 180 Grad gewendet. Nach zwei verheerenden Niederlagen zog sich die russische Kavallerie wie ein begossener Pudel ins Nordtal zurück. Jetzt war die Zeit für die Leichte Brigade gekommen. Zu lange schon hatte sie untätig warten müssen, während die »verdammten Heavies« (die Schwere Brigade) allen Ruhm für sich in Anspruch nahmen. Sie brannten darauf, vorzupreschen und den zurückweichenden Gegner in Stücke zu schlagen – denn das war ja schließlich die Aufgabe der leichten Kavallerie. Doch obwohl ihn seine kampflustigen Offiziere förmlich beknieten, weigerte sich Cardigan hartnäckig, die Leichte Brigade auch nur um einen Zoll von dem Standort zu rücken, an dem er sie laut Befehl

Rechts: Der Angriff der Schweren Brigade, der gegen alle Regeln der Kriegskunst geführt wurde: bergauf und gegen einen zahlenmäßig weit überlegenen Feind. Doch es sollte ein absoluter Erfolg werden, ein geradezu ironischer Gegensatz zu dem anschließenden totalen Fiasko.

seines Blutfeinds, Lord Lucan, zurückhalten sollte. Die Entwicklung der Kampfhandlungen machten diesen Befehl überflüssig, um nicht zu sagen widersinnig, doch das war Cardigan gleichgültig. Er verharrte, wo er war, und die Erfolge blieben ungenutzt.

Angriff der Leichten Brigade

Nach dieser Niederlage der russischen Kavallerie beschloß Raglan, die Causeway Heights mit den Schanzen zurückzuerobern. Doch die Vierte Infanterie-Division war noch nicht eingetroffen, und der Lord war nicht willens, seine Kavallerie erneut einzusetzen. Raglan stand vor der Entscheidung: entweder auf die Infanterie zu warten oder die Causeway Heights mit seiner Kavallerie allein zu räumen.

Nach längerem Abwägen erteilte er schließlich Lucan den Befehl, »vorzurücken und jede Gelegenheit auszunutzen, um die Causeway Heights zurückzuerobern«, und fügte hinzu, daß die Kavallerie von der Infanterie unterstützt würde. Lucan jedoch sah keine Chance für einen Angriff der Kavallerie allein und interpretierte den Befehl so, daß er *nur dann* vorrücken solle, wenn er von der Infanterie unterstützt würde. Er unternahm nichts weiter, als die Leichte Brigade bis zum westlichen Ende des Nordtals vorzuschieben, um dem Beispiel seines Oberbefehlshabers zu folgen.

Nach einer fast einstündigen Kampfpause waren es die Russen, die beschlossen, die Initiative zu ergreifen. Liprandi erteilte den Befehl, die Geschütze aus den Schanzen bis zu den russischen Hauptlinien zu ziehen. Es war offensichtlich, daß die Zurückeroberung der Geschütze das nächste Ziel der Briten sein mußte, und so würden sie nur die leeren Verschanzungen vorfinden.

Als Raglan von seinem Standort aus die plötzliche Betriebsamkeit an den eroberten Geschützen beobachten konnte, blieb keine Zeit mehr, um auf die Infanterie zu warten. Er erteilte auf der Stelle den Befehl: »Lord Raglan wünscht, daß die Kavallerie so schnell wie möglich zur Front vorstößt, den Gegner verdrängt und zu verhindern sucht, daß der Gegner die Geschütze fortschafft.« Doch dieser Befehl war auf fatale Weise zweideutig. Erstens schaute Raglan über die Köpfe der Schweren und Leichten Brigade hinweg, als er zu den Schanzen blickte, und was für ihn die »Front« war, war für sie eben nicht die »Front«. Es hätte, wenn überhaupt von »Front« die Rede sein konnte, »Flankenfront« oder präziser (und präzise hätte ein derart wichtiger Befehl sein müssen) »rechte Flankenfront« heißen müssen: vorwärts und rechts.

Zweitens konnte Raglan von seiner erhöhten Position aus die Schanzen auf dem Kamm der Causeway Heights sehen – die Kavallerie unten im Tal jedoch nicht. Alles, was sie sehen konnten, war die Masse von Liprandis Armee, zwei Meilen entfernt, am entgegengesetzten Ende des Tals, gedeckt von der vorgeschobenen Artillerie. Etwas weiter links konnten sie weitere russische Truppen und Geschütze erkennen, die auf den Fedjuchin-Höhen postiert waren.

Als Captain Nolan Lord Lucan Raglans Befehl überbrachte, konnte Lucan den Sinn der Operation nicht verstehen. Er blickte verwirrt und fragend drein, während Nolan vor Ungeduld kochte und schließlich brüllte: »Lord Raglan befiehlt, daß die Kavallerie auf der Stelle

Unten: Der Angriff der Leichten Brigade, von der russischen Stellung auf den östlichen Fedjuchinschen Höhen aus gesehen. Die Schanzen, welche die Leichte Brigade eigentlich angreifen sollte, sind im Hintergrund auf den Causeway Heights zu erkennen. Dies ist ein weiteres Beispiel für eine ungenaue künstlerische Darstellung der Kampfhandlungen: Die Leichte Brigade scheint die ganze Breite des Tales einzunehmen, und die Regimenter liegen viel zu dicht beieinander.

Rechts: Noch ein berühmtes Kriegsfoto Fentons vom Krimkrieg: eine Aufnahme vom »Tal des Schattens und des Todes«, bedeckt mit Kanonenkugeln.

angreifen soll!« »Angreifen, Sir?« kläffte Lucan zurück, »Was angreifen? Welche Geschütze, Sir?« Hier hätte Nolan einmal tief Luft holen, bis zehn zählen und im Detail Raglans Frage beantworten müssen; statt dessen verlor er völlig die Kontenance. Wie ein Schulmeister, der einen begriffsstutzigen Schüler belehrt, wies er mit einer weit ausholenden Geste zu den Russen am anderen Ende des Tals. »*Dort,* mein Lord, ist Euer Feind. Und *dort* sind Eure Geschütze!«

Selbst Lord Cardigan, dem Lucan jetzt befahl, den Angriff der Leichten Brigade zu führen, protestierte, daß sie auf diese Weise von allen drei Seiten ins Kreuzfeuer gerieten. »Ich weiß«, erwiderte Lucan achselzuckend, »doch Lord Raglan will es eben so.«

Raglan und seine Späher auf den Sapuner Höhen hatten erwartet, die Kavallerie an den Schanzen Nr. 6 und 5 vorbeireiten zu sehen, bevor sie in vollem Galopp rechts abschwenkten, um den Kamm der Causeway Heights zu erstürmen. Statt dessen mußten sie entsetzt mit ansehen, wie Cardigan die Leichte Brigade mit äußerster Disziplin und Präzision in das mörderische Kreuzfeuer der russischen Geschütze von den Causeway Heights und den Fedjuchinschen Höhen lenkte. Der Rausch der russischen Geschütze hüllte nach und nach das Tal wie in eine Gewitterwolke ein, die durch die Feuerzungen der Geschosse wie von Blitzen durchzuckt wurde. In diesen Rauchschwaden verschwand die Leichte Brigade.

Nur 195 der insgesamt 700 Männer überlebten den tollkühnen Ansturm; 500 Pferde wurden getötet. Ihre Verluste wären noch größer gewesen, wären bei ihrem Rückzug nicht die französischen *chasseurs d'Afrique* auf der britischen Linken dazugestoßen, um mit ihrer brillant geführten Attacke gegen die russischen Verbände auf den Höhen von Fedjuchin die dortigen Geschütze zum Schweigen zu bringen.

Das Ende der Schlacht

Durch die katastrophale Niederlage der Leichten Brigade wurde Raglan die letzte Chance vereitelt, Liprandis Einheiten mit einem entscheidenden Schlag zu vernichten. Als seine Infanterie schließlich eintraf, schob sie sich vorsichtig an den Causeway Heights entlang, konnte die Schanze Nr. 4 zurückerobern und auf diese Weise die Nachschublinie nach Balaklawa sichern. Die Schlacht endete gegen 4 Uhr in einem regelrechten Patt: die russische Entlastungsarmee war noch intakt, und Balaklawa noch in britischer Hand.

Auswirkungen

Die Russen unternahmen nur noch einen weiteren Versuch, die Alliierten aus Balaklawa zu vertreiben, und zwar zehn Tage später in der Schlacht bei Inkerman. Diesmal gelang es den britischen Truppen nach einem langen und erbitterten Kampf, in den schließlich auch die Franzosen eingriffen, die Russen zum Rückzug zu zwingen – eine Niederlage, die die Russen 12300 Tote und Verwundete kostete. Die Belagerung schleppte sich noch weit über den folgenden Winter hinaus, der für das Belagerungsheer eine furchtbare Leidenszeit werden sollte, denn es fehlte an Schutz gegen die eisige Kälte, und der Nachschub an Lebensmitteln und Munition war mehrmals unterbrochen. Im Frühjahr begannen beide Seiten, ihre Friedensfühler auszustrecken, und als die Alliierten im September 1855 den letzten Angriff gegen Sewastopol starteten und den Verteidigungsring brechen konnten, hatten die Russen die Bevölkerung bereits zum Teil evakuiert. Der Friede, der den Krimkrieg beendete, wurde schließlich im März 1856 unterzeichnet.

KAPITEL 10

GETTYSBURG

1.–3. JULI 1863

Vorherige Seiten: Gipfelpunkt bei Gettysburg – Picketts vergeblicher Versuch, gegen das Zentrum der Unionsarmee vorzustoßen.

Beide Armeen suchten die Auseinandersetzung – doch sie begann, noch ehe sie wirklich darauf vorbereitet waren

Der Krieg

Gettysburg wird häufig als die entscheidende Schlacht des amerikanischen Bürgerkriegs von 1861–65 zitiert, was nicht ganz der Realität entspricht. Denn eines steht fest: Die Schlacht bedeutete nicht das Ende des Krieges; sie wurde im Sommer des Jahres 1863 ausgetragen, und die letzten Schüsse des Bürgerkrieges fielen im Mai 1865. In diesem Sinne war Gettysburg kein Waterloo, sondern eher wie die Schlachten von Blindheim, Alamein oder Stalingrad – ein klarer Sieg, gefolgt von mehreren Niederlagen des Siegers, welche aber letztlich am Kriegsausgang nichts änderten.

Als sich die Vereinigten Staaten von Amerika in den späten fünfziger Jahren des 18. Jahrhunderts ihrem siebzigsten Jahrestag näherten, wurden die Nordstaaten der Republik von der internationalen Bewegung zugunsten der Sklavenbefreiungsidee ergriffen. Die Gemäßigten forderten Restriktionen der Sklaverei innerhalb der USA, die Absolutisten wollten die Sklavenhaltung als Ganzes ausrotten. Die Südstaaten jedoch, deren wichtigste Einnahmequelle, die Tabak- und Baumwollproduktion, von der Sklavenarbeit abhing, mißbilligten die Kritik der Nordstaaten. Sie waren fest entschlossen, sich jedem Versuch der Bundesregierung zu widersetzen, in die »Institution« der amerikanischen Sklaverei einzugreifen.

Bei den Präsidentenwahlen von 1860 siegte der Republikaner Abraham Lincoln nach einer Wahlkampagne, deren Hauptthemen die Sklaverei und der Föderalismus waren. Doch bei allem Abscheu vor der Sklaverei hatte Lincoln niemals einen wahren Kreuzzug gegen die Sklavenhaltung und somit einen Bürgerkrieg ins Auge gefaßt. Er war der Ansicht, das Problem der Sklaverei würde sich mit der Zeit von selbst lösen und predigte eher *laissez faire* als radikale Maßnahmen. Die Südstaaten jedoch beschlossen, die Sache dadurch zu entscheiden, daß sie sie zu einer Kernfrage des Staatenrechts machten, um sich von der Union zu lösen und eine unabhängige Konföderation von sklavenhaltenden Staaten zu gründen.

Unten: Uniformen der Konföderations- und Unionsarmee im Jahre 1861, bei Ausbruch des amerikanischen Bürgerkriegs, dem »Krieg der Blauen gegen die Grauen«. Nur wenige von Lees Soldaten boten zur Zeit von Gettysburg ein so tadelloses Bild.

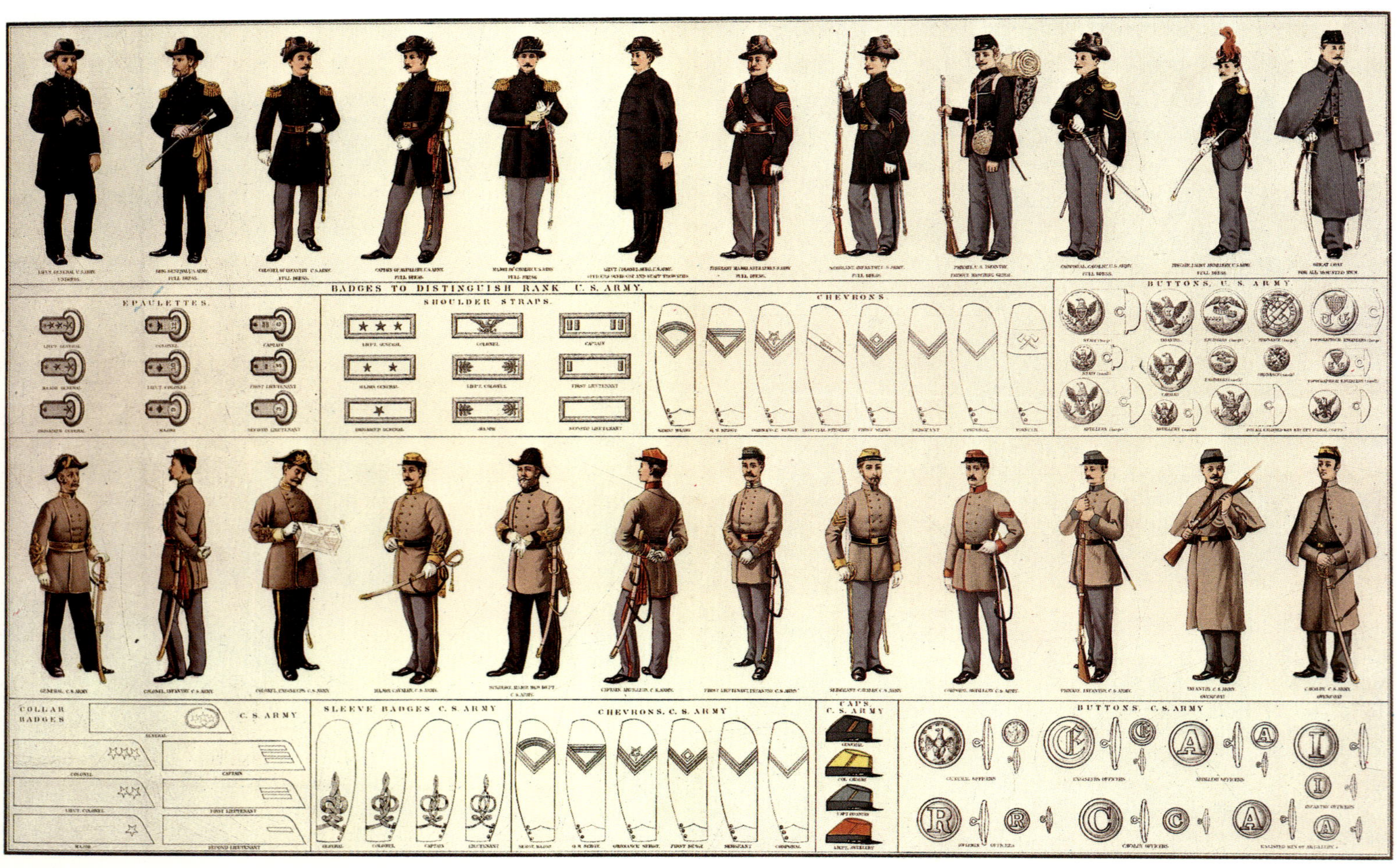

Jefferson Davis, ehemals Kriegsminister in Washington und später Vorsitzender des Senatsausschusses für militärische Angelegenheiten, wurde Präsident der konföderierten Staaten von Amerika und verbreitete auf der Stelle die Losung der neuen Nation: »Wir fordern nichts weiter als das Recht, unsere eigenen Wege zu gehen!« Doch diese Forderung sollte sich auf friedliche Weise nicht realisieren lassen. Lincoln war durch seinen Präsidenteneid verpflichtet, die Union aufrechtzuerhalten und bei jeder eventuellen Spaltung einzuschreiten. Unter der Drohung einer Invasion kam im Süden eine Stimmung auf, die mit der unter den Weißen in Rhodesien vergleichbar ist, als Ian Smith 1966 die UDI ausrief. Die Tatsache, daß 90 Prozent der Industrie im Norden lag und die Nordstaaten mit 22 Millionen Einwohnern dem Süden mit nur 9 Millionen (darunter wiederum ein Drittel Negersklaven) haushoch überlegen waren, konnte die Konföderierten nicht davon abbringen, eine eigene Armee und Marine aufzubauen und sich für den Krieg zu rüsten.

Davis war ein äußerst fähiger Mann, der nicht nur die Jagdclubs der Aristokratie hinter sich hatte. Die meisten Offiziere aus den Südstaaten nahmen ihren Abschied von den US-Streitkräften, um auf der Seite der Konföderierten Staaten von Amerika zu kämpfen. Der bekannteste und fähigste unter ihnen war Colonel Robert E. Lee aus Virginia, der schon sehr bald zum General befördert wurde. Im Unterschied zu Lincoln, der zwar ein guter Politiker, aber nie Offizier gewesen war, hatte Davis aktiv in der Armee gedient und kannte sich in Heeresdingen bestens aus. So standen die Generäle der Südarmee nicht ständig unter dem »Aktionszwang«, so wie es bei Lincolns Offizieren häufig der Fall war.

Lee und seine Armee

Der Krieg brach am 12. April 1861 aus, als Truppen der konföderierten Armee die Garnison von Fort Sumter bei Charleston in Südkarolina angriffen und zur Kapitulation zwangen. »Der Krieg zwischen den Staaten«, wie manche ihn nannten, wurde auf drei Hauptfronten ausgetragen: in Tennessee, entlang des Mississippi und im Osten, welcher der wichtigste Kriegsschauplatz war. Nachdem sich auch Virginia der Konföderation angeschlossen hatte, wurde Richmond, nur 100 Meilen von Washington entfernt, zur Hauptstadt der Südstaaten. Winston Churchill bemerkte dazu in seiner *History of the English-Speaking Peoples:* »So standen sich die beiden Hauptstädte während vier Jahren grimmigen Spiels wie zwei Damen im Schachspiel auf angrenzenden Feldern gegenüber, gedeckt von Offizieren und Bauern, aber stets unter Mattdrohung.«

Oben: Ein primitives Feldlazarett auf dem Schlachtfeld von Gettysburg – rechts im Bild ein operierender Chirurg in einer offenen Baracke. Die ärztliche Behandlung hatte seit der Zeit der napoleonischen Kriege kaum Fortschritte gemacht, obwohl Chloroform gelegentlich für Privilegierte verfügbar war.

Bis zum Frühjahr des Jahres 1863 hatte Lee General McClellan in der »Sieben-Tage-Schlacht« (Juni 1862), General Pope bei Manassas am Bull-Run-Fluß (August 1862), McClellan erneut bei Antietam, diesmal auf Bundesterritorium (September 1862), und Burnside bei Fredericksburg (Dezember 1862) geschlagen. Diese Siege durchliefen die gesamte Skala der Kriegskunst, angefangen beim hartnäckigen Defensivkampf auf selbstgewähltem Gelände über kühne Flankenmärsche und Angriffe im Rücken bis zur massierten Attacke gegen schwache feindliche Positionen. Nicht einmal standen Lee mehr als drei Viertel der gegnerischen Stärke zur Verfügung, und dennoch erschien es den Unionsgenerälen stets, als seien ihnen Lees Männer zahlenmäßig überlegen.

Im Mai 1863 nahm es Lee erneut mit 60000 Mann gegen 130000 auf. Bei Chancellorsville, unweit des Schlachtfeldes von Fredericksburg, teilte er seine kleine Streitkraft auf, fiel der Potomac-Armee unter dem Befehl von General Hooker in die Flanken und drängte sie zurück. Wieder einmal war Richmond gerettet. Doch es sollte ein Sieg mit großen Opfern werden, denn Stonewall Jackson, der Lee soviel bedeutete wie Prinz Eugen einst Marlborough, wurde bei der nächtlichen Aktion versehentlich von seinen eigenen Männern erschossen. Als nächsten Schritt beschloß Lee, seine Kampagne vom September 1862 zu wiederholen und ein zweites Mal in nördliches Territorium einzudringen.

Mit der Invasion Pennsylvanias, der Wiege der Nation, wo die ursprüngliche Unabhängigkeitserklärung im Juli 1776 abgegeben worden war, hoffte Lee, einen automatischen Propagandasieg zu erringen. Strategisch gesprochen würde er den Norden zwingen, sich nach der blutigen Niederlage bei Chancellorsville, durch die das Unionsheer an seinem Eroberungsmarsch gegen Richmond gehindert werden konnte, sich jetzt um die Verteidigung seiner eigenen Hauptstadt, Washington, zu kümmern.

Unten: General George Meade, der am 28. Juni die Potomac-Armee übernahm. Er war ein zäher Befehlshaber, der keine riskanten, allerdings auch keine allzu brillanten Operationen führte.

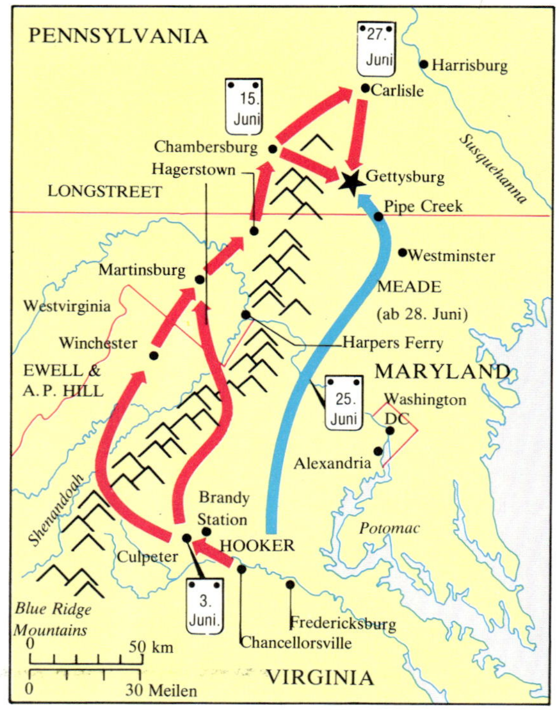

Rechts: Der Feldzug von Gettysburg. Bei seiner Invasion von Pennsylvania bekam Lee den Verlust seines alten und vertrauten Generals »Stonewall« Jackson stark zu spüren, der bei Chancellorsville im Mai den Tod gefunden hatte – ebenso wie das Ausbleiben von »Jeb« Stuart, seines jungen Kavalleriekommandeurs, in den er grenzenloses Vertrauen gesetzt hatte.

Unten: Artilleriefeuer der Unionsarmee am Cemetery Ridge. Am dritten Tag der Schlacht blieb Lee keine andere Wahl, als mit seiner Infanterie den stärksten Teil der Unionslinie anzugreifen.

Die Potomac-Armee müßte Lee in Richtung Norden folgen, und notfalls würde er sie erneut schlagen, diesmal auf nördlichem Boden.

Dieses Mal jedoch würde Lee ohne Stonewall Jackson auskommen müssen, und Lees Feldherrnkunst bedurfte 'ner rechten Hand, auf die er sich hundertprozentig verlassen konnte. Nicht daß die anderen Korpskommandeure der Armee von Nord-Virginia – A.P. Hill, Ewell und Longstreet – nicht kompetent gewesen wären, ganz gewiß nicht, doch durch Jacksons Tod war eine einzigartige Partnerschaft zerbrochen.

Zwei weitere Faktoren wirkten sich negativ aus. Einmal folgte ihm die Potomac-Armee viel schneller, als er erwartet hatte, und zum anderen verlor seine eigene Kavallerie die Tuchfühlung zur Unionsarmee. Das separate Korps der Armee von Nordvirginia überquerte den Potomac, marschierte durch Maryland und drang nach Pennsylvania ein – und Lee war der festen Überzeugung, die Potomac-Armee sei an Ort und Stelle geblieben. (»Jeb« Stuart, Lees brillanter Kavallerie-Kommandeur, hatte ihn nichts Gegenteiliges wissen lassen.)

»Fighting Joe« Hooker reichte am 28. Juni seinen Abschied ein, und Generalmajor George Meade, Kommandeur des V. Armeekorps, übernahm den Oberbefehl über die Potomac-Armee. Meade, ein sicherer und zäher Befehlshaber, der nicht an das Risiko glaubte, hielt sein Heer strikt zusammen. Und am 28. Juni mußte Lee plötzlich erkennen, daß die Potomac-Armee bereits in Maryland war, während seine eigenen Korps noch auf eine Länge von 45 Meilen verstreut waren. Es blieb ihm nur eines zu tun: seine Truppen so schnell wie möglich zu konzentrieren. Bis zum 30. Juni sammelten sich die Streitkräfte der Konföderierten bei dem nächstliegenden gemeinsamen Verkehrsknotenpunkt: der Stadt Gettysburg.

In der Erwartung, daß Lee von Norden her angreifen würde, machte sich Meade bereit, ihm am Pipe Creek, 15 Meilen südlich von Gettysburg, entgegenzutreten. Dort wollte er eine günstige Defensivposition einnehmen und Lees Angriff abwarten. Um den Vorstoß der Armee zum Pipe Creek zu decken, schickte er J.F. Reynolds' Erstes Korps hinauf nach Gettysburg, das bereits durch drei Kavallerie-Brigaden unter John Buford abgeschirmt war.

Gettysburg: Erster Tag

Am frühen Morgen des 1. Juli stieß A.P. Hills Korps (das erste von Lees Korps, das sich Gettysburg näherte) auf Bufords Kavallerie-Außenposten, westlich der Stadt. Buford hätte versuchen müssen, mit dem herannahenden Feind in Tuchfühlung zu bleiben, langsam zurückzuweichen und so Reynolds und Meade ins Spiel zu bringen; die Kavallerie konnte die Stadt nicht gegen den Angriff eines ganzen Korps verteidigen, selbst wenn Meade die Order erteilt hätte, Gettysburg sei zu halten. Statt dessen ließ Buford seine Männer absitzen und verwickelte sie völlig eigenmächtig in eine zeitraubende Aktion.

Einen Kavallerie-Vorposten zurückzudrängen, das war den Konföderierten schon mehr als einmal gelungen. Als Reynolds mit dem Ersten Korps eintraf, stellte er seine Einheiten sofort in Schlachtordnung auf, um Buford zu unterstützen. Daraufhin formierte Hill sein Korps zu einer massierten Attacke. So mußten Lee und Meade gegen Mittag zu ihrem größten Erstaunen erfahren, daß ihre Truppen bereits in Aktion waren – es war eine Schlacht, die keiner von beiden Oberbefehlshabern inszeniert hatte, und in die sie jetzt, da sie einmal im Gange war, nolens volens eingreifen mußten.

Als Lee kurz nach Mittag die Hauptkampfszene erreichte, hatte er allen Grund, die Sache in Gang zu halten. Ein weiteres Korps der Unionsarmee, welches unter dem Befehl von General Oliver Howard stand und bereits bei Chancellorsville eine blutige Niederlage hatte einstecken müssen, war Reynolds und Buford zu Hilfe geeilt, wurde aber von Ewell, der von Nordosten her anrückte, in der Flanke angegriffen und weit aufgespalten. Lee befahl auf der Stelle einen allgemeinen Truppenvorstoß. Gegen 4 Uhr nachmittags waren die beiden Korps der Unionsarmee siegreich geschlagen und mußten sich aus Gettysburg zurückziehen. Kurz darauf jedoch trafen frische Truppen unter Generalmajor W.S. Hancock aus südlicher Richtung ein. Hancock zählte, wie sein Oberbefehlshaber Meade, zu jenen Männern, die nicht leicht aus der Ruhe zu bringen waren. Er nahm auf der Stelle die Höhen südlich von Gettysburg ein und formierte eine hervorragende neue Kampflinie. Bei Einbruch der Nacht hatte Lee zwar die erste Runde gewonnen, doch er war sich völlig im klaren darüber, daß er am nächsten Tag von vorn anfangen mußte.

Gettysburg: Zweiter Tag

Im Laufe der erbitterten Kämpfe vom 2. Juli sollte es Lee nicht fertigbringen, das Bundesheer durch einen Flankenangriff aufzureiben. Dennoch hatte der Tag gut begonnen; Longstreet war es gelungen, Sickles' Korps über die Bezirke von »the Peach Orchard«, »the Wheatfield« und »Devil's Den« bis zur Anhöhe vom Little Round Top zurückzudrängen. Als die Konföderierten das Plateau erreichten, mußten sie nach massiertem Artilleriebeschuß weichen.

Bei Einbruch der Nacht des 2. Juli wurde sich Lee immer deutlicher über seinen Fehlschlag bewußt: Durch seine Angriffstaktik hatte er Meade lediglich in eine stärkere Position gedrängt. Die einzige Reserve, die der Konföderationsarmee geblieben war, war General George Picketts 5000 Mann starke Division, die am zweiten Kampftag gar nicht in die Schlacht eingegriffen hatte. Nachdem es ihm nicht gelungen war, die Flanken der Potomac-Armee zu erschüttern, plante Lee für den 3. Juli einen massierten Angriff auf das gegnerische Zentrum mit Picketts Division und zwei weiteren Divisionen aus A.P. Hills Korps.

Oben: Der große Meister der Offensive, Robert E. Lee, Kommandeur der Nordvirginia-Armee.

Unten: Eine weitere Darstellung des spannungsgeladenen Augenblicks, als die führenden Einheiten von Picketts Sturmtruppen in die Unionslinie stießen. Die kahlen Hänge von Cemetery Ridge erstrecken sich bis zu dem Waldstreifen, der die Straße nach Emmitsburg säumt, wo Lees Geschütze noch immer in Aktion sind.

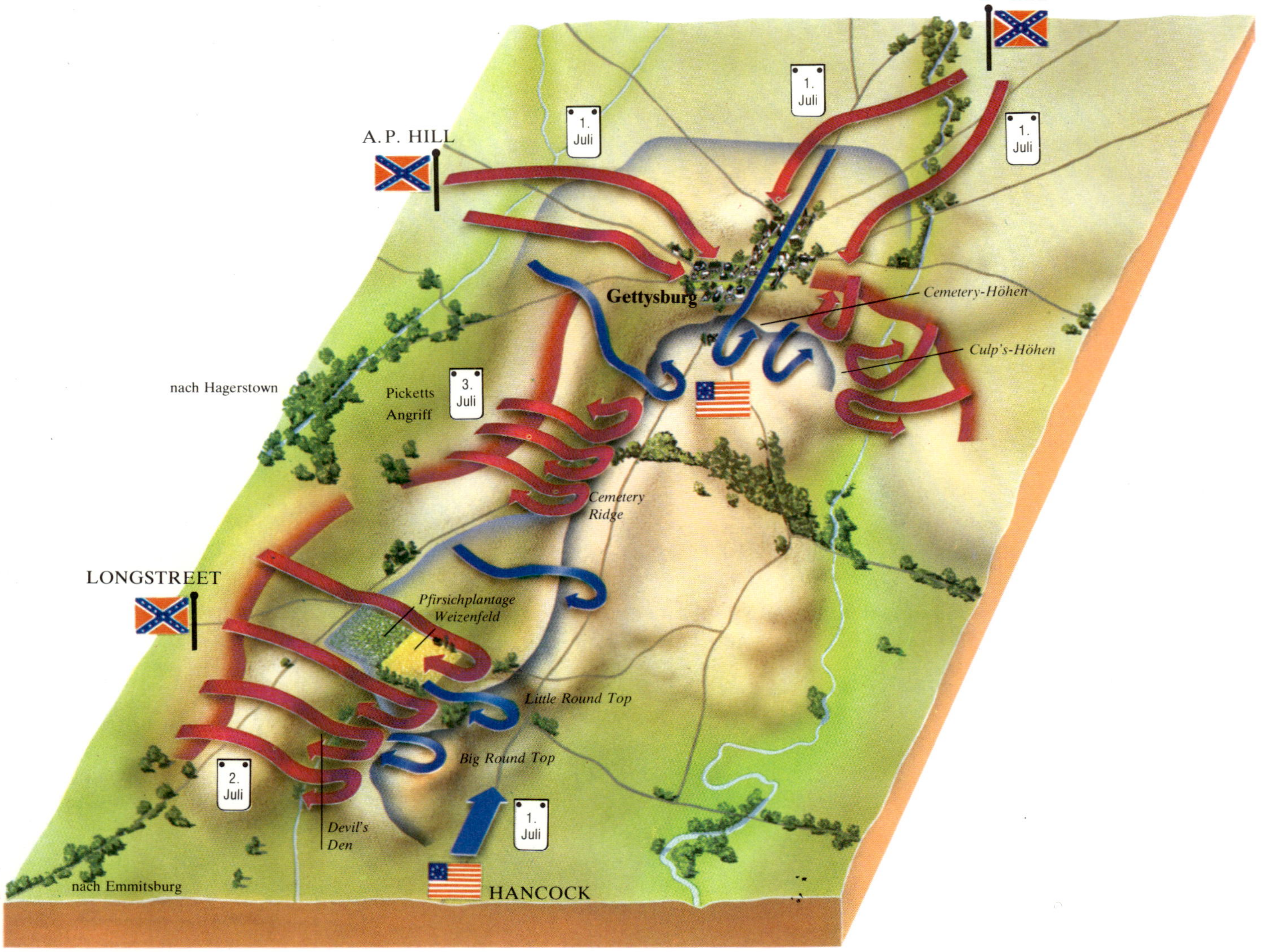

Oben: Keiner der beiden Generäle wollte bei Gettysburg die entscheidende Schlacht schlagen – doch beide wurden in die gewaltigste Auseinandersetzung des Bürgerkrieges hineingezogen. Durch ihren Vorstoß am ersten Schlachttag erreichten die Konföderierten genau das Gegenteil von dem, was sie beabsichtigt hatten: Meades Armee wurde in eine starke Position gedrängt, die Lees Untergang bedeutete.

Gettysburg: Dritter Tag

Als der dritte Kampftag anbrach, zog Lee über 130 Geschütze an der Straße nach Gettysburg zusammen. Mit dieser Feuerhilfe wollte er Meades Schlachtlinie schwächen, bevor seine Infanterie zum Sturm gegen das Unionszentrum antrat. Der Vormittag verstrich in bedrückendem Schweigen, und erst gegen 1 Uhr eröffneten die Konföderierten das Feuer.

Es sollte die schwerste Beschießung werden, die beide Seiten bisher erlebt hatten, doch sie richtete mehr Schaden am Trommelfell als an Hancocks Verbänden auf dem Plateau an. Der Lärm war ohrenbetäubend; es war nicht nur das Dröhnen von Artilleriekommandeur Alexanders Geschützen und das erwiderte Feuer von Cemetery Ridge, sondern obendrein das Echo der Geschosse, die von dem steinigen Untergrund der Höhen abprallten. Der Rauch der Geschütze machte Alexanders Kanonieren außerdem stark zu schaffen, und die meisten Geschosse landeten weit hinter Hancocks Kampflinie, statt Breschen in die gegnerischen Reihen zu schlagen. Die Tatsache, daß Hunt, Hancocks Artilleriekommandeur, den konföderierten Geschoßhagel erwiderte, trug wesentlich dazu bei, den Männern auf Cemetery Ridge den Rücken zu stärken. Er war jedoch umsichtig genug, dafür zu sorgen, daß seine Munition nicht knapp wurde, denn er ahnte den nächsten Schritt seines Gegners nur zu genau voraus. Kurz nach 2 Uhr verstummte die Artillerie der Bundesarmee völlig.

Gegen 3 Uhr brach das Bombardement der Konföderierten abrupt ab, und aus den Wäldern, welche die Straße nach Emmitsburg säumten, trat Lees Infanterie, um sich gegen das Zentrum der Unionstruppen zu werfen. In eindrucksvoller Schlachtordnung rückten die Reihen vor, um die kahlen, leicht ansteigenden Hänge zu erstürmen. Die Artillerie der Nordarmee blieb so lange stumm, bis die feindliche Front auf knapp 1000 Meter herangekommen war. Erst jetzt donnerten die Geschütze erneut los, wobei ihr Feuer vor allem auf die linke Flanken-Division von General J. Pettigrew konzentriert wurde. Picketts Division im Zentrum stürmte weiter vor, doch Hancock hatte eine Brigade vorgerückt. Unerschütterlich rückten Picketts Männer weiter vor, während die Artillerie der Bundesarmee immer tiefere Breschen in ihre Reihen hieb. Nur wenige hundert konnten tatsächlich in das Zentrum der Union einbrechen, doch nur um getötet, gefangengenommen oder unter erbarmungslosem Feuer in ihre Ausgangsposition zurückgeworfen zu werden. Als sich der Rauch der Geschütze aufzulösen begann, konnte Lee erkennen, daß das Bundesheer noch immer die Höhen hielt – nur die Hälfte der Männer kehrte zurück.

Lee hatte seine letzte Trumpfkarte verspielt. Er konnte die Schlacht bei Gettysburg ebensowenig in den Griff bekommen wie einst Napoleon die Schlacht bei Waterloo. Er steckte tief in feindlichem Territorium an der Spitze einer geschlagenen Armee, und es blieb ihm nichts weiter übrig, als sich über den Potomac nach Virginia zurückzuziehen. Meade, dessen Armee genauso hohe Verluste erlitten hatte wie die gegnerische, war froh, als Lee am Abend des 4. Juli seinen Rückzug antrat. Die letzte Offensive der Nordvirginia-Armee war in verheerender Weise abgeschlossen.

Auswirkungen und Verluste

Zieht man in Betracht, daß Lees Armee dem Nordheer um 20000 Mann unterlegen war und circa dieselbe Zahl in den drei Tagen von Gettysburg verlor, dann hielten sich die Verluste des Nordens mit 23000 Mann im Rahmen. Die Bedeutung dieser Schlacht war immens. Meade hatte nicht nur die größte Offensive des Südens gebrochen, sondern, und das war noch viel wesentlicher, auch den Mythos von Lees Unbesiegbarkeit.

Der 3. Juli von Gettysburg wurde ein fatales Datum für die Konföderation, denn noch am selben Tag wurde die Kapitulation von Vicksburg am Mississippi bekannt. »Der Vater der Ströme« war jetzt ausschließlich in der Hand der Bundesarmee, und der Süden war in zwei Hälften aufgespalten. Die doppelte Niederlage von Vicksburg und Gettysburg leitete die große Wende im Kriegsgeschehen ein, denn erst einen Monat zuvor hatten die Konföderierten durch ihren glänzenden Sieg bei Chancellorsville die Oberhand im Krieg gewonnen.

Wäre Lee ein General der Nordarmee gewesen, dann wäre er nach Gettysburg mit ziemlicher Sicherheit aus der Armee entlassen worden, doch Davis wollte auf seinen Befehlshaber nicht verzichten. Lee kommandierte nur noch einen kläglichen Rest der Nordvirginia-Armee – knappe 8000 Mann –, als er am 9. April 1865 bei Appomattox Court House seine Kapitulation einreichte. Sechs Tage zuvor war Richmond, die Hauptstadt der Südstaaten, gefallen.

Unten: Matthew Bradys ernüchterndes Foto von den Gefallenen auf dem Schlachtfeld von Gettysburg.

KAPITEL 11

SEDAN

5. JULI – 2. SEPTEMBER 1870

Vorherige Seiten: Der Vorsturm der deutschen Infanterie bei St. Privat, am 18. August 1870; es war die Schlacht, bei der Bazaines Armee nach Metz zurückgedrängt wurde und MacMahon plötzlich auf sich selbst gestellt war. Dies sind keine preußischen Truppen, sondern hessische – Mitglieder des Norddeutschen Bundes, welchen Bismarck ins Leben gerufen hatte und gegen den das Zweite Kaiserreich Napoleons III. zu Felde gezogen war.

Der teuer bezahlte Krieg einer unvorbereiteten Armee gegen einen bestens gerüsteten Feind

Der Krieg

Du, der Du schaust auf Dein
zerbrochnes Schwert,
Du fragst voll Gram:
Was war der Krieg nun wert?
Und schweift Dein Auge über Tal und Höhn,
Du kannst das Todestor, Sedan, nicht sehn.

Dieses poetische Klagelied von G.K. Chesterton auf *la débacle* faßt den grausamen Symbolismus der französischen Kapitulation bei Sedan vom 2. September 1870 zusammen, nach der die Preußen im Triumphzug gegen Paris marschierten. Doch der Begriff »Todestor« ist irreführend; man stellt sich vor, der Feind sei gleich zu Beginn der Kampagne durch eine undichte Stelle an der Grenze ins Land eingefallen. Chesterton hätte besser daran getan, Sedan als eine »Todesfalle« zu beschreiben, in welche die letzte französische Armee geriet, die Paris hätte vor den Preußen bewahren können.

Das Ergebnis des französisch-preußischen Krieges von 1870 war für die Franzosen kaum schmachvoller als die Umstände, die zu diesem Krieg geführt hatten. Der französische Chauvinismus und die Geringschätzung des Feindes waren die Ursache allen Übels gewesen. Der Krieg war vorsätzlich manipuliert worden, um das korrupte, wackelige und zu Recht unbeliebte Regime Napoleon III. mithilfe eines billigen und leicht zu erringenden Sieges zu zementieren. Nachdem die Bourbonen aus Spanien verjagt worden waren und der spanische Thron vakant wurde, suchte man unter den großen europäischen Familien nach einem geeigneten Kandidaten. Die Wahl fiel auf den preußischen Prinzen Leopold von Hohenzollern. Frankreich protestierte heftig und sprach von einer »Störung des bestehenden Gleichgewichts in Europa zum Schaden Frankreichs« (gemeint war die Einkreisung Frankreichs). Der Prinz lehnte daraufhin das Angebot ab. Hiermit wäre die Krise beendet gewesen, hätte Frankreich nicht Sicherheiten dafür verlangt, daß die Kandidatur unter keinen Umständen erneuert wurde. Nachdem die Preußen die französischen Forderungen zurückgewiesen hatten und sich weigerten, ihr Land auf diese Weise der Demütigung auszusetzen, erklärte ihnen Frankreich am 5. Juli 1870 den Krieg.

Wer sich, wie Frankreich damals, zum Krieg entschließt, sollte vorher sichergehen, daß alle militärischen Vorbereitungen getroffen sind, und sich über Strategie und Taktik genauestens im klaren sein. Beides war 1870 in Frankreich nicht der Fall. Die Mobilmachung wurde ein einziges Chaos. Soldaten aus dem Norden mußten sich an ihre Standorte im Süden oder Westen begeben, um schließlich in den Osten geschickt zu werden. Viele Offiziere konnten ihre Regimenter nicht finden. In den Kriegsarsenalen und -depots fehlten Munition und Vorräte an Lebensmitteln wie Salz, Zucker, Kaffee, Reis etc. Das Schlimmste jedoch war: Es gab überhaupt keine zusammenhängende Strategie für den »großen Kreuzzug gegen die Preußen«. »A Berlin!« sang der Mob in den Straßen; ein konkreteres Ziel schien es überhaupt nicht zu geben.

In einem verheerenden Drunter und Drüber sammelten sich in Elsaß-Lothringen zwei französische Armeen, die mehr oder weniger vage für einen Vorstoß östlich der belgischen Grenze vorgesehen waren, um die Preußen vom West-

Unten: Die französische Infanterie zur Zeit des französisch-preußischen Krieges. Die Leistungsfähigkeit der französischen Truppen war nicht zu unterschätzen, und ihre chassepot-Gewehre waren den preußischen Zündnadelgewehren von Dreyse weit überlegen. Doch die preußische Artillerie mit ihren hervorragenden Krupp-Geschützen war die kampfkräftigste der Welt, und die Preußen machten vollen Gebrauch davon.

Links: Moltke meldet seinem König bei Rezonville (18. August 1870) einen weiteren preußischen Sieg.

ufer des Rheins zu verdrängen. Sie standen unter dem Befehl von Marschall MacMahon (Straßburg) und Marschall Bazaine (Metz). Die Mobilisierung war noch lange nicht abgeschlossen, als Napoleon III. am 28. Juli losritt, um die Streitkräfte, die sich so optimistisch »Rheinarmee« nannten, bei Metz zu übernehmen. Zu diesem Zeitpunkt hatte der preußische Feldmarschall von Moltke bereits 400 000 Mann in drei Armeen an der anderen Rheinseite aufgestellt. Das Geheimnis für diese schnelle Truppenzusammenziehung war die Eisenbahn: Preußen und seine deutschen verbündeten Staaten hatten ein Eisenbahnnetz speziell für den schnellen Truppentransport zu den strategisch wichtigen Punkten an den Grenzen entwickelt. So konnten sie jederzeit ihre Streitkräfte mobilmachen, um sie in Windeseile gegen einen ihrer drei potentiellen Feinde, Frankreich, Österreich und Rußland, zu führen. Außerdem war die preußische Armee bestens ausgebildet und ausgerüstet, vor allem, was die Artillerie anging – ein Gebiet, auf dem die Franzosen einst führend waren. Die Preußen besaßen jetzt gußeiserne Hinterladerkanonen (von Krupp hergestellt), während die Franzosen noch immer mit den alten Vorderladerkanonen in den Krieg zogen.

Die Preußen hatten einen meisterhaften Operationsplan ausgearbeitet. Sobald sich die dürftigen französischen Heere bei Metz und Straßburg konzentriert hatten, war Moltkes Hauptsorge zerstreut. Er brauchte nicht mehr dafür zu sorgen, daß die französische Armee gespalten wurde: das hatten die Franzosen bereits für ihn getan (sie wurde nämlich durch die Vogesen getrennt). Der linke Flügel der Preußen am Oberrhein sollte MacMahon fesseln, während sich die beiden anderen Heere zwischen Bazaine und MacMahon schieben sollten. Auf diese Weise würden die französischen Pläne für einen Krieg auf deutschem Boden vereitelt; die Initiative würde von den Preußen ausgehen und der französische Operationsplan zerschlagen.

Rückzug aus Elsaß-Lothringen

Am 2. August führte Napoleon III. die »Rheinarmee« aus Metz zu ihrem einzigen Sieg des gesamten Feldzuges: der Eroberung Saarbrückens aus den Händen einer schwachen deutschen Vorhut. Während Frankreich bereits den großen Triumph feierte, rückten die Preußen vor. Am 4. August fiel der erste Schlag, als die Preußen bei Weißenburg im Elsaß auf MacMahons »Vogesenarmee« stießen. Am 6. August wurden MacMahons und Napoleons Armeen gleich durch zwei preußische Attacken bei Wörth bzw. Spichern erschüttert. Diese beiden französischen Niederlagen an sich waren nicht entscheidend, zumal die Preußen bei

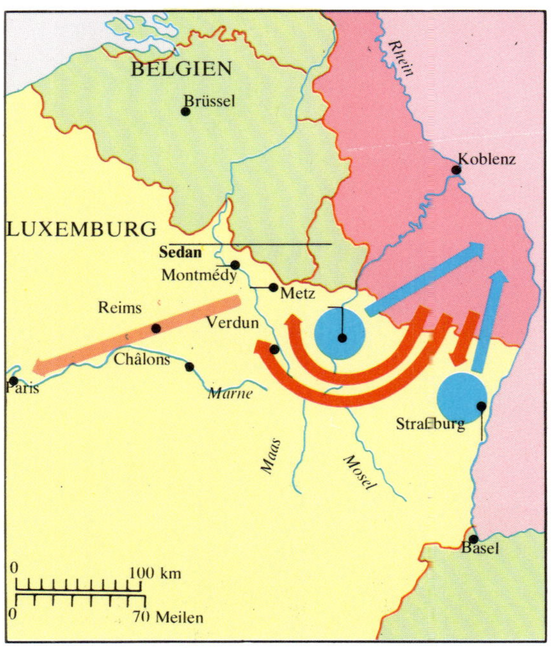

Links: Der Verlauf der Operation bei Sedan (1870). Selten hat eine Nation so unvorbereitet einen Krieg angezettelt. Als sich die französischen Armeen (blau) sammelten, wußten die Offiziere und Soldaten nur eines: Sie wollten den Rhein überqueren und Napoleons I. Triumphe wiederholen. Doch sie wurden bereits bei den ersten preußischen Attacken (rot) in eine lähmende – und andauernde – Defensive gedrängt.

Unten: Kronprinz Albert von Sachsen-Coburg beobachtet, wie seine Artillerie die französische Linie bei St. Privat in Beschuß nimmt. Sein Gegner, Marschall Bazaine, hatte bereits einen schwerwiegenden Fehler begangen, indem er die Preußen Metz passieren ließ, ohne eine Konterattacke zu starten. Durch den Versuch, westlich nach Verdun zurückzuweichen, setzte er seine Armee am 18. August einem weiteren feindlichen Angriff aus. Er zog sich schließlich nach Metz zurück und behauptete, sein Gegner habe nichts weiter erreicht, als seine Truppenverschiebung zu »beschleunigen«.

Spichern sogar höhere Verluste einstecken mußten als die Franzosen (bei Wörth verloren beide Seiten gleichviele Soldaten), doch die Kampfmoral der französischen Truppen war ernsthaft erschüttert und die Franzosen kamen nie wieder aus der Defensive heraus. Die Initiative lag ganz allein in den Händen der Preußen. Die Rheinarmee sah sich gezwungen, nach Metz zurückzuweichen, wo Napoleon III. das Oberkommando an Bazaine übergab.

Mehr als ein halbes Jahrhundert war vergangen, seitdem der Herzog von Wellington auf den größten Makel der französischen Kriegführung hingewiesen hatte. Die französischen Generäle, so erklärte er, planten ihre Kampagnen ähnlich wie eine feine Webarbeit, die blendend vorangeht, solange kein einziger Faden reißt. »Ich webte meine Arbeiten mit dickem Garn. Wenn ein Faden riß, machte ich einen Knoten und fuhr fort.« Nichts hatte sich bis 1870 geändert. Ein flexibler Befehlshaber hätte auf der Stelle seine ursprünglichen Offensivpläne fallenlassen und Bazaine und MacMahon befehlen müssen, mit allen Mitteln eine Vereinigung der beiden Armeen zu erzwingen. Doch die beiden französischen Flügel traten ihren Rückzug an, und mit jedem Zoll, den sie zurückwichen, wuchs der Zorn und die Verachtung ihrer eigenen Landsleute.

MacMahon und Bazaine

MacMahons Hauptproblem war, wohin er sich zurückziehen sollte. Die Preußen lagen zwischen ihm und Bazaine in Metz. Weder an der oberen Mosel, stromaufwärts von Metz, noch an der oberen Maas, weiter westlich, sah er eine Möglichkeit, seine zerstreuten Truppen zu sammeln. Schließlich zog er sich nach Châlons-sur Marne zurück und riß so die beiden Heere immer hoffnungsloser auseinander.

Durch diese Kluft stießen die Erste und Zweite preußische Armee und legten sich südlich und westlich um Bazaines Heer bei Metz. Bazaine verlor völlig den Boden unter den Füßen. Er hatte noch nie im Leben mehr als 25 000 Mann befehligt und war nun für knapp 200 000 verantwortlich. Nicht ein einziges Mal versuchte er einen Vorstoß in Richtung Süden, um die preußischen Fangarme, die sich um seinen Rücken wanden, abzuschneiden. Statt dessen befahl er einen weiteren Rückzug, diesmal in westliche Richtung, nach Verdun, – das Falscheste, was er tun konnte, denn statt daß die Preußen ihm *ihre* Flanken offenlegten, so wie sie es bei ihrem Abschwenken auf Metz gemacht hatten, wurde durch den Rückzug via Verdun *seine* Flanke den Preußen bloßgelegt.

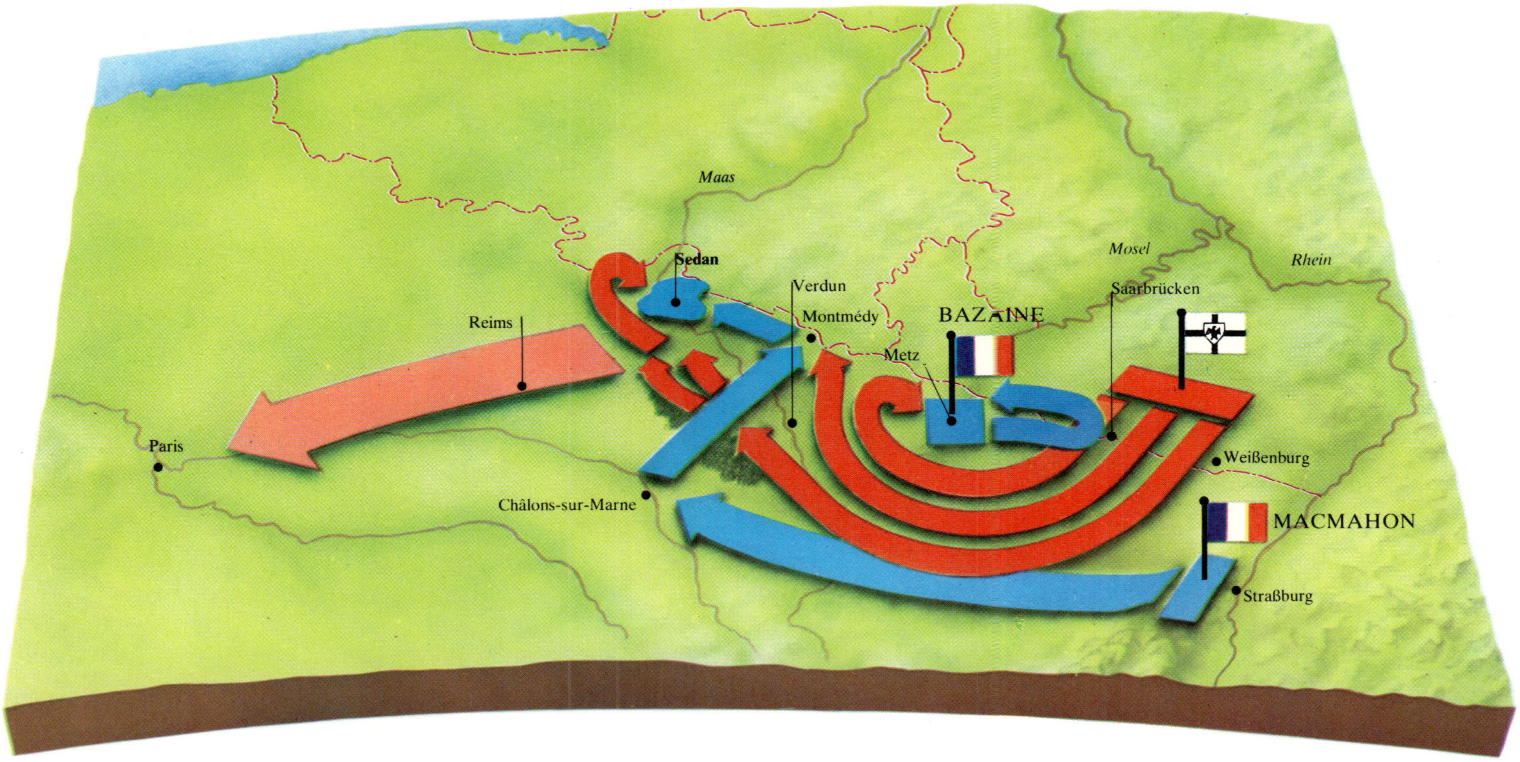

Oben: Nachdem Bazaine in Metz eingekesselt war, blieb MacMahons Armee das einzige Hindernis auf der Marschroute nach Paris. Doch MacMahons Vorstoß durch die Argonnen zur belgischen Grenze machte es den Preußen leicht, ihn zu binden und völlig auszuschalten.

Eine derartige Chance ließen sich die Preußen nicht entgehen. Sie drehten in nördlicher Richtung bei und hielten sich für einen Angriff auf Bazaines Vorhut bereit. Am 16. August kam es zur ersten Kollision, einem Zusammenprall der Außenposten, in den bald weitere Verbände eingriffen, und der, wie der erste Tag von Gettysburg, mit einem Patt endete. Das reichte jedoch aus, um Marschall Bazaine zu veranlassen, zurück nach Metz zu stürmen, wobei es dann zu einem Nachhutgefecht mit den Preußen kam.

Moltke bot jetzt die ganze Stärke seiner Ersten und Zweiten Armee auf, um Bazaine daran zu hindern, noch weiter in Richtung Westen zurückzuweichen. Am 17. August hielt Moltke circa 188 000 Soldaten bereit, um Bazaines 140 000 Mann anzugreifen und auf Metz zurückzutreiben. Am folgenden Tag lieferten sich die beiden feindlichen Heere die Doppelschlacht von Gravelotte-St. Privat, die größte Feldaktion des gesamten Krieges und die erste Begegnung der Hauptkräfte beider Seiten. Vor allem verschuldet durch General von Steinmetz' voreiliges Vorgehen mit seiner Ersten Armee bei St. Privat, wurde dies ein verlustreicher Tag für die Preußen. Sie verloren 20 000 Mann, die Franzosen nur 13 000. Für die zahlenmäßig und artilleristisch weit unterlegenen Franzosen war es ein heroischer Tag. Das französische Zentrum und der linke Flügel nahmen an der Mosel hinter Gravelotte eine starke Stellung ein, doch bei Einbruch der Dunkelheit wurde die französische Rechte bei St. Privat zurückgedrängt. Bazaine ordnete den Rückzug nach Metz an.

Französische Strategie: ein Meisterstück in Sachen Fehler

Jetzt, wo sich Bazaine nach Metz zurückgezogen hatte, konnte nur noch MacMahons Armee bei Châlons den preußischen Vorstoß nach Paris aufhalten. Es lag auf der Hand, daß MacMahon nun mit allen Mitteln versuchen mußte, die Marschroute auf die französische Hauptstadt weiter blockiert zu halten, doch Napoleon III., der inzwischen in Châlons eingetroffen war, schwankte. Unter politischem Druck aus Paris und durch unvollständige Nachrichten von den Kriegsschauplätzen gelähmt, stimmte der Kaiser nach weiterem verhängnisvollen Zögern einer Flankenoperation zu, durch die gleichzeitig die beiden Armeen Moltkes eingeschlossen und Bazaine gerettet werden sollte – ein Konzept, das auf der Landkarte meisterhaft ausschaute, jedoch die möglichen Taktiken der Preußen außer Betracht ließ. MacMahon sollte in nordwestlicher Richtung gegen die belgische Grenze bei Montmédy vorstoßen, wo eine Vereinigung mit Bazaine vorgesehen war. Anschließend sollten die beiden französischen Armeen gemeinsam wie ein Donnerkeil in die preußische Nachhut stoßen. Der ganze Plan war nichts weiter als Effekthascherei, mit der das französische Volk beeindruckt werden sollte. Überwältigt von einer derart geschickt eingefädelten Kriegslist würden die Franzosen ihren Kaiser und seine Marschälle bejubeln, wie einst in den besseren Zeiten. Nur, wie konnte der Kaiser annehmen, daß die Preußen so dumm sein würden, darauf hereinzufallen?

Oben: Kurz vor dem Ende (bei Noisseville am 31. August): Der preußische Geschoßhagel treibt MacMahons Männer zurück in ihre Falle bei Sedan. Die letzten Ausbruchsversuche aus Sedan von Gallifets Kavallerie waren ebenso erfolglos, wenn sie sich auch das Lob des preußischen Königs zuzogen: »Ah, was für wackere Burschen!«

Unten: Das Ende – Napoleon überreicht König Wilhelm bei Donchérie die Kapitulationsnote. Eine kleine künstlerische Freiheit: es war Bismarck, der die Kapitulation des geschlagenen Kaisers entgegennahm.

Der Marsch gegen die Maas

Am 20. August befand sich MacMahons Armee auf dem Weg durch die Argonnen, der Beobachtung von Moltke entzogen, der tagelang rätselte, was MacMahon wohl im Schilde führen konnte. Moltke hatte erwartet, daß es auf der direkten Marschroute nach Paris zu einer entscheidenden Schlacht kommen würde. Es war ihm unbegreiflich, daß die Franzosen eine derartige Torheit begehen konnten, ihre Hauptstadt ungeschützt zu lassen und sich an der Flanke der überlegenen preußischen Streitkräfte entlang zu bewegen. Doch am folgenden Tag gab es keinen weiteren Zweifel mehr daran. MacMahon setzte seinen Marsch gegen die belgische Grenze fort. Wenn er dort festgehalten und geschlagen werden konnte, dann würde Paris fallen wie ein reifer Apfel, und der Krieg wäre gewonnen.

Der letzte Akt

Moltke reagierte auf MacMahons Flankenmarsch mit einer großen Rechtsschwenkung der preußischen Dritten Armee, die MacMahon am 30. August bei Beaumont-sur-Meuse, 15 Meilen nordöstlich von der Grenzstadt Sedan und 60 Meilen nordwestlich von Metz, einholte. Bestürzt über die blitzschnelle preußische Reaktion mußte MacMahon (von dem von Schmerzen gefolterten Napoleon auf seinem Marsch begleitet) erkennen, daß keinerlei Aussicht mehr bestand, nach Metz durchzubrechen; und so zog er sich in die Festungsstadt Sedan zurück. Der Traum vom großen Flankenmarsch war ausgeträumt. MacMahons Armee saß in der Falle, den Rücken gegen die belgische Grenze und die drei anderen Seiten den beiden preußischen Armeen ausgesetzt, die rasch nachrückten. General Ducrot, einer von MacMahons energischsten Korpskommandeuren, faßte die Situation mit den äußerst groben, aber dafür um so treffenderen Worten zusammen: »Nous sommes dans un pot de chambre, et nous y serons emmerdés!«

Trotz der Hoffnungslosigkeit der Lage unternahm die französische Kavallerie unter dem Kommando von General de Gallifet (berühmt wegen seines eindrucksvollen Schnurrbarts) noch einige verzweifelte Angriffe, die zwar durch die preußischen Geschütze vereitelt werden konnten, jedoch das Lob des preußischen Königs (»Ach, was für wackere Burschen!«) hervorriefen, der die Schlacht in Begleitung von Bismarck, dem preußischen Kriegsminister Roon, Moltke und Philip Sheridan, dem General aus dem amerikanischen Bürgerkrieg, beobachtete. Kurz nach Morgengrauen des 1. Septembers wurde MacMahon am Stadtrand von Sedan verwundet und durch General de Wimpffen ersetzt, der über die letzten Stunden der Schlacht zu befinden hatte.

Doch die Situation innerhalb der Stadtmauern von Sedan war hoffnungslos, und das Chaos nahm immer verheerendere Ausmaße an. Kanonen, Versorgungstrain und der Bagagezug des Kaisers waren Rad an Rad eingehakt, während ein Geschoßhagel von vierhundert preußischen Kanonen auf die Stadt prasselte. Das erste Mal in der »modernen« Kriegführung wurde die Zivilbevölkerung bewußt ins Kampfgeschehen einbezogen. Sedan wurde überhaupt zu einer Wasserscheide in der Militärgeschichte: es war eine der letzten Schlachten, bei der die Generäle von einer erhöhten

Position aus die Kampfhandlungen beobachteten – und eine der ersten, bei denen Terrortaktiken gegen die Zivilbevölkerung angewendet wurden.

Man muß Napoleon zugutehalten, daß er den Todeskampf seiner Armee nicht zu einem totalen Massaker verlängert hat. Sein Gesicht rot geschminkt, um zu verbergen, wie krank er war, befahl er gegen 6.30 Uhr, die weiße Fahne zu hissen und sandte einen seiner Generäle mit der Kapitulationsnote zum preußischen König: *Da ich nicht in der Mitte meiner Truppen habe sterben dürfen, bleibt mir nichts anderes übrig, als meinen Degen in die Hände Eurer Majestät zu legen. Ich bin der Bruder Eurer Majestät.*

Die Kapitulation wurde erst am 2. September bei Donchéry, fünf Meilen von Sedan entfernt, unterzeichnet. 104 000 französische Soldaten kamen in ein provisorisches Gefangenenlager, während sich Kaiser Napoleon III. auf den langen Weg in die deutsche Gefangenschaft machte.

Auswirkungen und Verluste

Die Kapitulation von Sedan hatte nicht nur zur Folge, daß die Preußen freie Bahn nach Paris hatten; sie bewirkte auch, daß das Zweite Kaiserreich wie ein Kartenhaus zusammenfiel. Wie in Frankreichs erster Revolution übernahm jetzt Paris die Führung, rief die Republik aus und setzte den Widerstand vom 20. September 1870 bis zum 24. Juni 1871 fort – das waren mehr als vier Monate, wo doch die Eröffnungskampagne nur knappe sechs Wochen gedauert hatte.

Sedan ist einer der *moralischsten* Feldzüge der Militärgeschichte: das klassische Beispiel unerbittlicher Gerechtigkeit, die unausweichliche Bestrafung von Hybris durch Nemesis. Napoleon wollte die Preußen demütigen: Statt dessen wurde er von den Preußen nicht nur gedemütigt, sondern hinweggefegt.

Abgesehen von seinen unmittelbaren Auswirkungen – der Belagerung und Kapitulation von Paris, gefolgt vom Bürgerkrieg und einer zweiten Belagerung – ist Sedan vor allem auch ein warnendes Beispiel für die Folgen einer zu großen Demütigung eines geschlagenen Gegners. Denn die Franzosen sollten die Kränkung von Sedan nie vergessen, während sie sich an die Belagerung von Paris mit Stolz erinnern. Das wachsende Verlangen, auf dem Schlachtfeld reinen Tisch zu machen, sollte 1914 schreckliche Früchte tragen.

Als Bazaine am 29. Oktober 1870 mit 179000 Soldaten kapitulierte, stieg die Gesamtzahl der *capitulards* auf 281000 an. Die Verluste unter den Franzosen betrugen 150000, etwa dieselbe Anzahl wurde verletzt. Weitere 4000 kamen während der Belagerung von Paris um. Die Verluste innerhalb der Zivilbevölkerung betrugen insgesamt 6250. Die Preußen und ihre Verbündeten verloren 28 208 Tote, 88488 wurden verwundet. Betrachtet man den preußisch-französischen Krieg als den ersten »totalen« Krieg in Europa, in den die Zivilbevölkerung bewußt und nicht zufällig einbezogen wurde, dann kamen die Franzosen noch verhältnismäßig glimpflich davon. (In dem grausamen Winter von 1941/42 kamen über eine Million Leningrader – ein Drittel der Stadtbevölkerung – vor Kälte und Hunger um.)

Unten: Die letzte Demütigung. Der deutsche Gegner zieht nach der viermonatigen Belagerung, dem tapferen, aber sinnlosen Widerstand der Franzosen, durch die Straßen von Paris.

KAPITEL 12

ERSTE MARNE-SCHLACHT

5. – 8. SEPTEMBER 1914

Das »Wunder« an der Marne: ein Kapitel von Zwischenfällen, die Deutschlands Meisterplan zur Ausschaltung Frankreichs zum Scheitern brachten

Vorherige Seiten: Die britische Kavallerie bei ihrem langen Rückzug zur Marne im August 1914. Als die Strategie der Alliierten im Westen völlig zusammenbrach, konnten die Briten den einzigen eindeutigen Teilsieg davontragen; am 24. gelang es ihnen bei Mons, die ungeschickten Attacken von Klucks Erster Armee zu vereiteln. Doch als Lanrezacs Fünfte Armee den Rückzug antrat, blieb den Briten nichts weiter übrig, als ebenfalls zurückzuweichen.

Unten: General Joseph Jacques-Césaire Joffre, der Oberbefehlshaber der Alliierten während der Krise an der Marne. Der weder einfallsreiche noch sonderlich dynamische Heerführer bezog seine Stärke aus seiner inneren Gelassenheit – was man von seinem Gegner, dem jungen Moltke, nicht gerade behaupten konnte.

Der Weg in den Ersten Weltkrieg

Die französische Niederlage von 1870/71 war so vollständig und so erniedrigend gewesen, daß sie niemals zu einer Grundlage für einen dauerhaften Frieden werden konnte; die beste neuzeitliche Parallele ist der israelische Sieg über die Araber von 1967. Frankreich war nicht in der Lage, die Abtretung von Elsaß-Lothringen zu verschmerzen, und wollte nicht eher Ruhe geben, bis es beide Landesteile zurückerobert *und* den Stolz des Landes des großen Napoleons durch einen grandios geführten Offensivkrieg wiederhergestellt hatte. Was die Deutschen anbetraf, so hatte ihnen der große Moltke gezeigt, wie Feldzüge gewonnen werden können. Als sich Frankreich jedoch mit Großbritannien, Belgien und Rußland verbündete, sah sich Deutschland einem Zweifrontenkrieg gegenübergestellt. So entstanden zwei Kriegspläne: Frankreichs »Plan XVII« und Deutschlands »Schlieffenplan«.

Nach den Erniedrigungen von 1870/71 sannen die Franzosen auf *Revanche.* Um die schmächlichen Erinnerungen an jene Untätigkeit und hilflosen Kapitulationen von 1870 für immer aus dem Gedächtnis der Franzosen zu radieren, konzipierte Oberst de Grandmaison, der Direktor des Büros für militärische Operationen, eine selbstmörderische »Angriffstheorie«, die ein erfahrener Offizier eigentlich nie hätte vertreten dürfen. De Grandmaison predigte, daß moderne Waffen und militärische Technologien überflüssig, ja wertlos seien. Für ihn galt allein: der Angriff mit dem Bajonett. Die Absichten des Feindes waren für ihn ebenfalls irrelevant. Es zählte nur der feste Entschluß, mit allen verfügbaren Kräften in die Offensive zu gehen. Zu den größten »militärischen Sünden« zählte das Preisgeben von Terrain. Jeder Zoll, um den seine Männer zurückwichen, mußte zurückerobert werden – ganz gleich um welchen Preis. Luftwaffe, schwere Artillerie, Stacheldraht, Maschinengewehre, alles war bedeutungslos neben dem massierten Angriff mit dem Bajonett. Armes Frankreich – denn de Grandmaisons antiquierte Vorstellungen waren genau das, was die französische Armee hören wollte. Und was das Konzept für die *Revanche* anging, den sogenannten »Plan XVII«, so konnte es nichts Simpleres geben: Vier der fünf Armeen Frankreichs sollten *à la Grandmaison* vorstürmen, die Deutschen aus Elsaß-Lothringen vertreiben und die Überlebenden im Rhein ertränken. Die Strategie, welche die Deutschen ausgearbeitet hatten, wurde nicht im geringsten berücksichtigt.

Die Deutschen, die von Rußland im Osten und Frankreich im Westen bedroht wurden, hatten ein weitaus schwierigeres Problem zu bewältigen. Die Lösung des Grafen von Schlieffen, der von 1891 bis 1905 Chef des Generalstabes war, zeichnete sich durch kühne und offensive Ideen aus. Man könnte sie mit der brutalen Reaktion eines Experten der Selbstverteidigung vergleichen, der sich von zwei Angreifern bedroht fühlt: erst einen Gegner attakkieren, ihn kampfunfähig machen und sich dann auf den zweiten konzentrieren. Schlieffens Plan sah vor, daß die Franzosen zum Angriff gereizt und am linken Flügel, das heißt in Lothringen, gefesselt wurden. Währenddessen sollten die deutschen Hauptkräfte über Belgien vorstoßen und den französischen rechten Flügel nach einer Umfassungsbewegung in südöstlicher Richtung angreifen. Nach einem Sieg über die Franzosen, der nicht mehr als sechs Wochen in Anspruch nehmen durfte, wollte man sich mit vereinten Kräften gegen die Russen wenden.

Schlieffen ließ die Franzosen also gern nach Elsaß und Lothringen vordringen, denn je stärker sie bei ihrer ersten Offensive vorwärtsdrängten, desto vernichtender würde man sie im Rücken schlagen können. Doch Moltke, sein Nachfolger, änderte den deutschen Plan. Er fürchtete einen überstarken Vorstoß der Franzosen und verstärkte den linken Flügel durch acht Divisionen aus der rechten Flanke. Im Osten ging er ins andere Extrem: Er sorgte nicht für ausreichenden Schutz zur Grenzverteidigung gegen die Russen, und als die Krise an der Marne aufkam, wurden zwei ganze Armeekorps zur Ostfront geschickt, just in dem Augenblick, als man sie am dringendsten im Westen benötigt hätte.

Schlieffens Nachfolger war ein Neffe des großen Moltke. Der Kaiser hatte bei seiner Ernennung zum Generalstabschef gehofft, einen gleichwertigen Feldherrn in ihm gefunden zu haben. Doch die beiden Moltkes hätten kaum unterschiedlicher sein können. Schon äußerlich war nicht die geringste Ähnlichkeit festzustellen: Moltke der Ältere hatte scharfgeschnittene Gesichtszüge und glich einem Adler; sein Neffe dagegen, mit seinem Doppelkinn und seinen unsteten Augen, hatte eher etwas von einer

Oben: Keine deutsche Geheimwaffe, sondern eine Brückenkolonne mit Pontons und Spannen bei einer kurzen Unterbrechung während des Frankreichfeldzuges. Doch es sollte nur wenige solcher Unterbrechungen für die deutsche Infanterie geben.

Kropftaube. Er neigte zum Pessimismus, war willensschwach und unentschieden. Sein Gegner, Marschall Joffre, war zuverlässig, aber überaus phlegmatisch, und seine stattliche und gelassene Erscheinung flößte Vertrauen ein.

Der Mann, von dem das Kriegsunglück seinen Ausgang nehmen sollte, war der Erzherzog Prinz Ferdinand von Österreich, Thronfolger des Kaisers Franz Joseph. Er fiel am 28. Juni in Sarajewo einem Attentat zum Opfer. Österreich, das glaubte, die proserbische Stimmung in Bosnien habe zu diesem Zwischenfall geführt, stellte daraufhin (23. Juli) ein Ultimatum an Serbien. Fünf Tage später folgte die Kriegserklärung. Am 30. Juli machte Rußland mobil, das sich als Beschützer der slawischen Völker sah. Deutschland war mit Österreich verbündet, Großbritannien und Rußland mit Frankreich, und so standen sich Anfang August Deutschland und Österreich, die sogenannten »Mittelmächte«, auf der einen Seite, und Rußland, Großbritannien, Belgien und Frankreich, die Mächte der »Entente«, auf der anderen Seite, gegenüber.

Der Durchmarsch durch Belgien

Die Problematik des Schlieffenplans war zugleich militärischer und politischer Art; militärisch insofern, als absolut nicht sicher war, ob die Angriffskraft des rechten Flügels für ein derart gigantisches Unternehmen überhaupt ausreichen konnte; und politisch, weil die Neutralität Belgiens *und* Hollands durch die Durchführung des Plans verletzt wurde. Moltke schrak vor einer Invasion der Niederlande zurück: Er wollte ein neutrales Sicherheitsventil an Deutschlands Westgrenzen für den Fall, daß sein Plan nicht gelingen sollte. Das bedeutete, daß der deutsche Schwenkungsflügel, statt auf direktem Wege über Antwerpen vorzustoßen, bevor er südwestlich nach Gent abdrehte, den südlichen Zipfel von Holland umgehen mußte, bevor er sich weiter westwärts bewegte.

Der Schlieffenplan hatte einen weiteren Haken: Er ließ nicht genügend Spielraum für einen eventuellen Widerstand Belgiens. Und Belgien war bereit, zu kämpfen. König Alberts kleine Armee war jedoch nicht in der Lage, die beiden deutschen Armeen zum Stehen zu bringen, und durch den Einsatz der schweren deutschen Haubitzen konnte die Stadt Lüttich eingenommen werden. Doch jetzt drangen die Britische Expeditionsstreitmacht (BEF) und die französische 5. Armee ins südliche Belgien ein und zogen die beiden Armeen des Schwenkungsflügels (Klucks 1. und Bülows 2. Armee) wie Magneten in südliche Richtung. Das Marschpensum war bereits um 48 Stunden verzögert, als Klucks 1. Armee am 24. bei Mons durch den erbitterten britischen Widerstand um einen weiteren Tag aufgehalten wurde. Bülow konnte jedoch Lanrezacs 5. Armee zurückdrängen, und so blieb den Briten nichts weiter als der Rückzug – ein Rückzug, der sie bis hinter die Marne führte.

Die deutschen Streitkräfte befanden sich schon weit in belgischem Territorium, als Joffres Generäle vorrückten, um den »Plan XVII« in Elsaß und Lothringen auszuführen. Doch schon bald erwies sich die Strategie Grandmaisons als ein einziges Fiasko. Das Terrain war für den geplanten Angriff gar nicht geeignet. Reine Nachlässigkeit führten zu dem Desaster der französischen 1. und 2. Armee bei Saarburg und Morhange (20.–22. August). Während der folgenden 48 Stunden wurden die französische 3. und 4. Armee aus dem schwierigen Gebirgsgelände der Ardennen bis hinter die Maas zurückgeworfen. Zwischen dem 20. und 24. August verloren die Franzosen, hauptsächlich in deutschem Artillerie- und Maschinengewehrfeuer, insgesamt 140000 Mann. Der »Plan XVII« war zusammengebrochen.

Die deutsche Ostschwenkung

Die Verzögerung der Operationen des deutschen Schwenkungsflügels hemmte die ge-

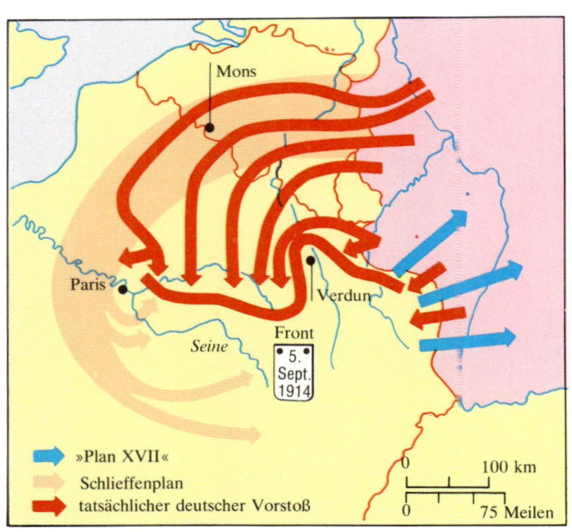

Links: Der ursprüngliche Plan Schlieffens für die Eroberung Frankreichs und der tatsächliche Verlauf des deutschen Vorstoßes im August 1914. Der Versuch der Briten und Franzosen, den Belgiern zu Hilfe zu eilen, hatte zur Folge, daß die deutschen Armeen, statt Paris weit ausholend vom Westen her zu umfassen, in südliche Richtung abschwenkten. Schon lange vor dem Rückzug zur Marne waren die »grandiosen« französischen Offensiven von Joffres »Plan XVII« im Elsaß und in Lothringen gescheitert.

plante Westwärtsbewegung. Der Vorstoß der Britischen Expeditionsstreitmacht und der französischen 5. Armee zog die deutsche 1. und 2. Armee in südliche Richtung. Als die Briten und Franzosen zurückwichen, folgte ihnen der deutsche rechte Flügel, statt, wie geplant, weiter nach Westen vorzurücken. Auf diese Weise blieb Joffre genügend Zeit, eine neue 6. Armee (unter Maunoury) zusammenzuflicken, die sich am 25. August bei Amiens zu formieren begann. Hätte Kluck, statt die Briten zu verfolgen, Maunourys Armee gleich zu Anbeginn zerschmettert, dann wäre er noch immer in der Lage gewesen, Paris vom Westen her zu umfassen. Doch am 29. August griff Lanrezac Bülow bei Guise an, Bülow rief Kluck zu Hilfe, Kluck drehte mit seiner 1. Armee in *östliche* Richtung ab – gegen Lanrezac, nicht gegen Maunoury – und der deutsche Schwenkungsflügel, der dem Gegner um jeden Preis an der Klinge bleiben wollte, bewegte sich östlich an der französischen Hauptstadt vorbei, in Richtung Marne.

Moltke setzt auf Sicherheit

Bis zum 30. August, dem Tag, als Joffre Maunoury den Befehl gab, mit seiner 6. Armee in südliche Richtung vorzurücken, um Paris zu decken, rechnete man im deutschen Hauptquartier bei Koblenz jeden Augenblick mit dem totalen Zusammenbruch des Gegners. Die Feldarmeen konnten einen klaren Sieg nach dem anderen davontragen, wenn auch nicht auf den von Schlieffen geplanten Linien. Als die Alliierten ihren Rückzug fortsetzten, bog sich ihre Front zwischen Verdun und Paris. Das ließ Moltke zu der Auffassung hinreißen, daß jetzt für die Deutschen keine Gefahr mehr bestehe, das Unmögliche zu wagen und Paris von Osten her zu umkreisen. Kluck und Bülow brauchten nur in südöstlicher Richtung vorzustoßen, der französischen 5. und 4. Armee in den Rücken zu fallen, und die gesamte alliierte Front konnte aufgerollt werden.

Galliéni sieht seine Chance

Glaubt man der Legende vom »Wunder bei der Marne«, so veranlaßte Joffre Klucks Vorbeimarsch an Paris zu einem entscheidenden Schritt; Galliéni, der Militärgouverneur von Paris, sollte mit der Pariser Garnison, die mit einer regelrechten Flotte von Taxen aus der Hauptstadt transportiert wurde, in Klucks ungeschützte Flanke fallen; die Britische Expeditionsstreitmacht und die französische 5. Armee sollten vorrücken, um sich zwischen Klucks und Bülows Armeen zu schieben und die Deutschen zurückzuwerfen. Sicherlich hat sich Joffre in späteren Jahren nicht sonderlich bemüht, diese Interpretation zu korrigieren. Denn nicht Joffre war der Mann, der in Klucks Abwendung von Paris die einzigartige Chance sah; es war Galliéni, der begeistert ausrief: *»Ils nous offrent leur flanc!«* (»Sie bieten uns ihre Flanke an!«) Und Galliéni mußte Joffre nahezu erpressen, um ihm die Einwilligung zu der Attacke abzuringen. Joffre war eine Karte in die Hände gefallen, auf der Klucks geplanter Vorstoß eingezeichnet war – doch Joffre war der Ansicht, die alliierten Armeen seien zu geschwächt für eine überstürzte Konterattacke und hatte einen weiteren Rückzug angeordnet.

Als am 4. September erneut eingesetzte Spähtrupps bestätigen konnten, daß Kluck seine Richtung nicht geändert hatte, erteilte Galliéni Maunoury den Befehl, die 6. Armee für eine Attacke auf Klucks rechte Flanke und Nachhut bereitzuhalten. An jenem Abend drängte Galliéni Joffre per Telefon zu dem Entschluß, die Order für einen allgemeinen Gegenangriff zu geben.

Gegenüber: Nicht Joffre, sondern Galliéni, der Militärgouverneur von Paris, sah in dem deutschen Vorbeimarsch an der französischen Hauptstadt die einzigartige Chance. Die große Kehrtwende der im Rückzug begriffenen alliierten Armeen benötigte eine Anlaufzeit von drei Tagen. Daß sich die Verbündeten schließlich in die Lücke zwischen der deutschen Ersten und Zweiten Armee schieben konnten, hing eher vom Zufall als von einem klug durchdachten Konzept ab.

Unten: »Wie eine Schar von Waldhühnern« lautet der Bildtext zu diesem Gemälde, das deutsche Truppen während ihres Rückzuges von der Marne darstellt. Die Ansicht, das Ausheben von Schützengräben sei unsportlich und lächerlich, sollte nicht mehr lange vorherrschen, denn schon bald erstarrte der Bewegungskrieg zu einem Stellungskrieg.

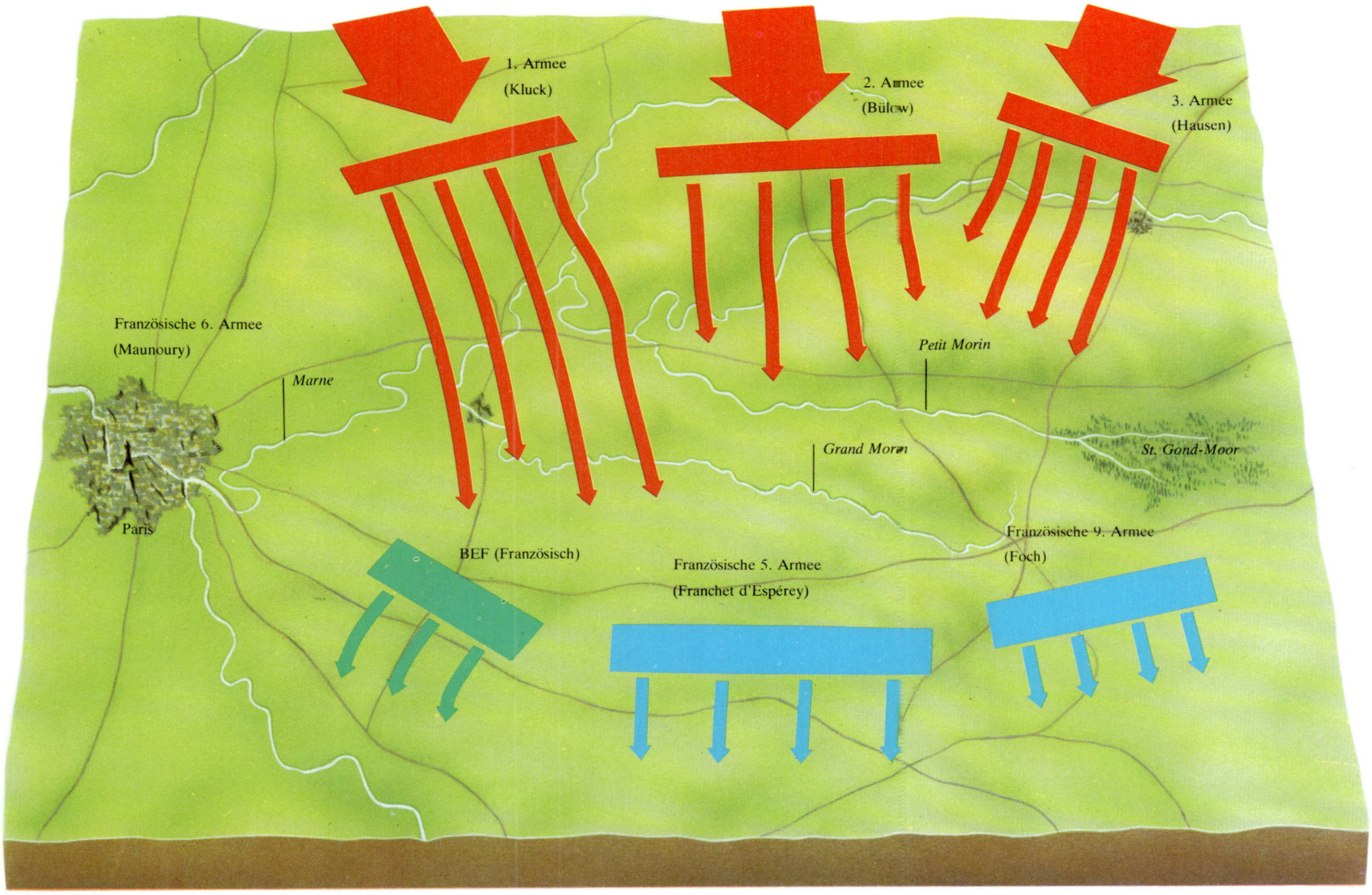
1. Armee
(Kluck)
2. Armee
(Bülow)
3. Armee
(Hausen)
Französische 6. Armee
(Maunoury)
Marne
Petit Morin
Grand Morin
St. Gond-Moor
Paris
BEF (Französisch)
Französische 5. Armee
(Franchet d'Espérey)
Französische 9. Armee
(Foch)

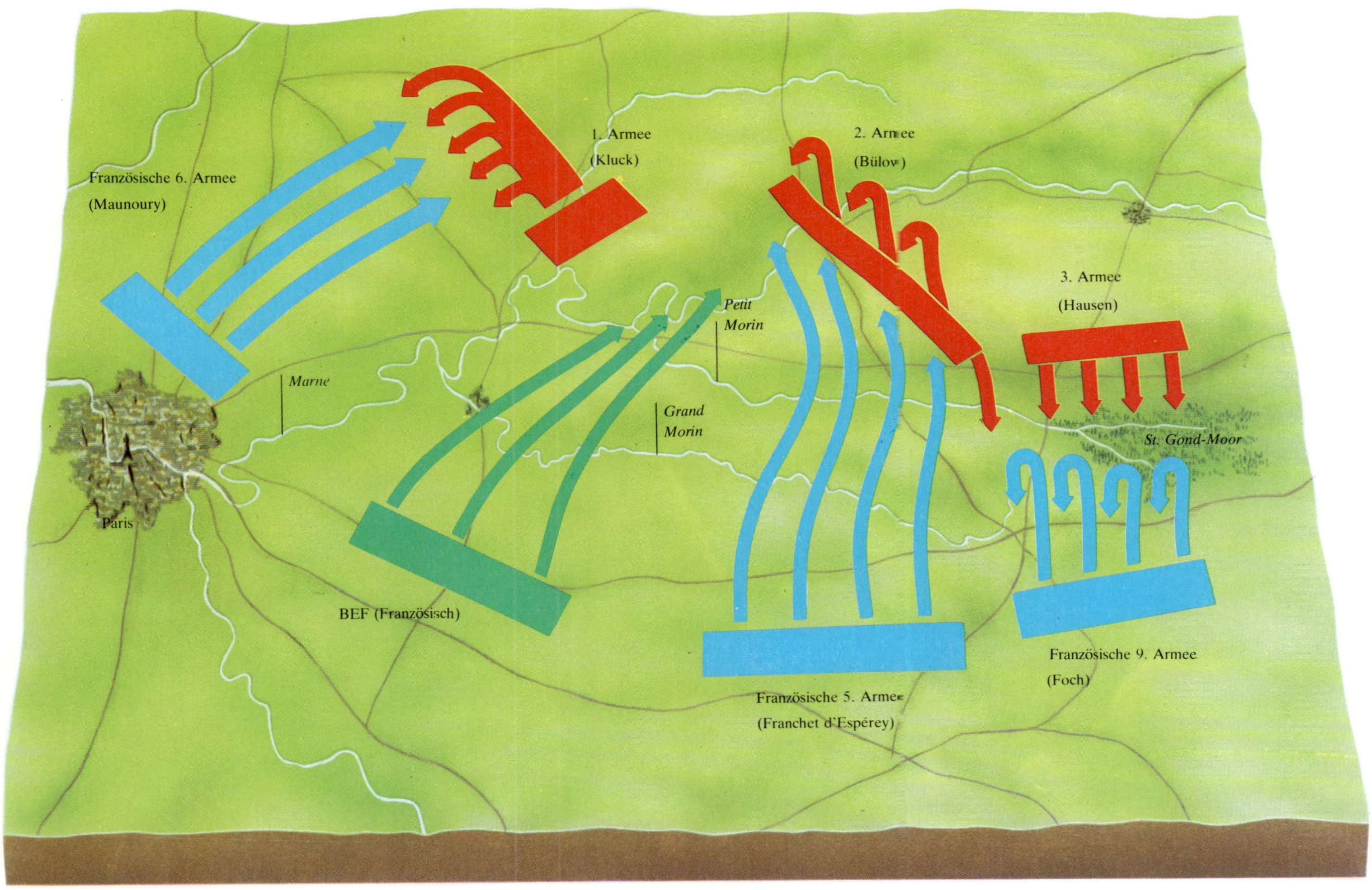
1. Armee
(Kluck)
2. Armee
(Bülow)
Französische 6. Armee
(Maunoury)
Petit
Morin
3. Armee
(Hausen)
Marne
Grand
Morin
St. Gond-Moor
Paris
BEF (Französisch)
Französische 9. Armee
(Foch)
Französische 5. Armee
(Franchet d'Espérey)

Oben: Ein Anblick, der das Herz eines jeden deutschen mit Maschinengewehr bewaffneten Soldaten erfreuen mußte: französische Infanteristen mit schußbereitem Bajonett im Sturmangriff. Solche Attacken konnten in der Anfangsphase der »Grenzschlacht« blutig zurückgeschlagen werden. Doch obwohl die Franzosen den Angriff mit dem Bajonett als die ideale Offensivtaktik priesen, fand er bei dem alliierten Vorstoß gegen die Marne kaum Anwendung. Als die Verbündeten in die Lücke zwischen der deutschen Ersten und Zweiten Armee stießen, herrschte allgemeine Verwirrung über diese offensichtliche Lücke der Deutschen.

Unten: Im französischen Sektor. Das Entsetzen und die Verwirrung auf dem Gesicht des curé spricht für sich. Was war aus den großen Plänen der Revanche geworden?

Joffres Beitrag

Als am 5. September Joffres Befehle für die Attacke ausgingen, war sein größter Beitrag bereits geleistet. Obwohl der »Plan XVII« völlig gescheitert war, hatte Joffre nicht den Kopf verloren. In der deprimierenden Zwangslage des Rückzugs beschloß er eine Säuberung der teilweise übermäßig pessimistischen oder hemmenden Generalität und ersetzte Lanrezac aus der 5. Armee und Ruffey aus der 3. Armee durch Franchet d'Espérey und Sarrail, Männer, deren Kampfgeist noch nicht gebrochen war. Vor allem gelang es Joffre, zwei neue Armeen aus den Wrackteilen des »Plan XVII« zu zimmern: Maunourys 6. Armee, die jetzt an der Spitze des alliierten Gegenstoßes stand, und Fochs 9. Armee, die sich am 4. September zwischen die 4. und 5. Armee schob.

»Der Rückzug wird unvermeidlich«

Und selbst wenn Joffre seinem ersten Instinkt gefolgt wäre und den weiteren Rückzug angeordnet hätte, so hätte er schon den Grundstein für den Sieg gelegt – in jedem Fall war Klucks Armee erheblich geschwächt.

Am 5. September, dem Tag als die Einheiten seiner Rückenflanke das erste Mal mit Maunourys vorstoßender 6. Armee in Berührung kamen, erhielt Kluck eine äußerst fragwürdige Nachricht. Oberst Hentsch kam vom deutschen Hauptquartier herbeigeeilt und ließ ihm mitteilen, britische Truppen »in unübersehbarer Zahl« seien bei ihrer Landung an der Kanalküste beobachtet worden; angeblich habe man auch russische Expeditionsstreitkräfte in derselben Gegend gesichtet. Es habe den Anschein, als planten die Alliierten einen entscheidenden Schlag an der langen deutschen Verbindungslinie, und in Hinblick auf diese Tatsache, schloß Hentsch, »sei ein Rückzug unvermeidlich«.

Tatsächlich war der Erste Lord der Admiralität, Winston Churchill, trotz heftiger Opposition seiner Kabinettskollegen, am 27. August mit einer Streitkraft von 3000 Marineinfanteristen bei Ostende gelandet (ließ sie jedoch am 31. August wieder einschiffen). Durch wilde Gerüchte in Moltkes Hauptquartier wurde dieses verfehlte Unternehmen gleich zu einer Invasion von 40000 Mann aufgebauscht; die angebliche Existenz russischer Truppen war ein reines Machwerk der Phantasie. Doch Moltke glaubte diesen Gerüchten; und das bedeutete, daß Kluck und Bülow die Schlacht mit unwahren Prämissen angingen.

Zögernde Schritte zum Sieg

Die Schlacht an der Marne endete, wie jeder weiß, mit einem Rückzug der Deutschen.

Am 6. September begegnete Kluck Maunourys Angriff auf die deutsche Flanke mit einer allgemeinen Schwenkung und konnte den Vorstoß der französischen 6. Armee erfolgreich aufhalten. Durch diese Schwenkung jedoch wurde die deutsche 1. und 2. Armee hoffnungslos auseinandergerissen, und diese Lücke konnten sich die Britische Expeditionsstreitmacht und die französische 5. Armee zunutze machen, um die deutsche Mitte zu durchstoßen. In der Nacht zum 7. erhielt Maunoury, nachdem er um Haaresbreite von Kluck geschlagen worden war, Verstärkung durch die 6000 Mann, die Galliéni direkt von Paris aus mit Taxen (fünf Mann pro Taxe) an die Front befördern ließ, und konnte sich auf diese Weise behaupten. In der Zwischenzeit war Franchet d'Espéreys Vorstoß gegen Bülow durch die sinnlosen und gar nicht vorgesehenen Angriffe von Fochs 9. Armee zerstreut worden. Foch sollte eigentlich die rechte Flanke der 5. Armee bei ihrem Angriff gegen Bülow decken, doch als fanatischer »Grandmaisonite« ließ er sich zu wiederholten Attacken im Sumpf von St. Gond hinreißen, die allesamt zurückgeschlagen wurden. Am 8. September gingen Bülows Männer mit dem Bajonett zur Konterattacke über und

konnten Foch so lange zurückdrängen, bis Franchet d'Espérey der 9. Armee Korps zur Verstärkung schickte.

Durch Fochs Unüberlegtheit war Bülow am 8. in der Lage, dem Druck des Gegners standzuhalten, doch die Lücke zwischen der deutschen 1. und 2. Armee konnte nicht mehr ausgefüllt werden, und die fünf Kolonnen der Britischen Expeditionsstreitkraft drangen in den Zwischenraum ein. Am 8. September konnten die Briten, als erste der alliierten Streitkräfte, ohne jeglichen Widerstand die Marne erneut überqueren.

Auswirkungen und Verluste

Die vier Tage der Marneschlacht waren der Höhepunkt eines außerordentlichen Feldzuges, einer Kampagne, wie man sie noch nie zuvor gesehen hatte und auch niemals wieder sehen würde. Als in späteren Zeiten eine ähnlich ehrgeizige Offensive versucht wurde, war der Infanterie durch moderne Transportmöglichkeiten und Luftsicherung eine schwere Last genommen. Bei diesem Frankreichfeldzug wurde alles zum ersten Mal ausprobiert. Generäle mußten lernen, Armeen über Telefon und Funk zu kommandieren (der Eiffelturm war dabei ein großer Störfaktor) statt mit Fernglas und Schlachtskizze, Späher lernten, aus dem Flugzeug feindliche Truppen am Boden ausfindig zu machen; Kavalleriekommandeure mußten die Erfahrung machen, daß ihre Truppen und Schwadronen im Zeitalter der Maschinengewehre kaum noch eine Chance hatten.

Als die Deutschen in nördliche Richtung zurückwichen, folgten ihnen die Alliierten und konnten verhindern, daß sich die Deutschen an der Aisne neu formierten. Daran schloß sich der Wettlauf zum Meer an, bei dem beide Seiten versuchten, einen Weg um die Flanke des anderen zu finden und der in der dritten Oktoberwoche an der Kanalküste endete. Er markierte das Ende eines Bewegungskrieges in offenem Gelände und den Beginn eines vierjährigen Blutbades in Schützengräben.

Die schwersten Verluste (größtenteils durch Grandmaison und seine Lehre verschuldet) wurden von den Franzosen getragen, die in dem Zeitraum vom 6. August bis 13. September 329000 Tote, Vermißte, Gefangene und Verwundete zu beklagen hatten. Aus dem deutschen Reichsarchiv sind für diesen Zeitraum nur allgemeine Schätzungen bekannt – 224390 Tote, Vermißte und Gefangene zwischen August und November, außerdem 453050 Verwundete (diese Zahlen beziehen sich auf die Verluste der Schlacht an der Marne, der Aisne und der ersten Schlacht bei Ypern von Oktober/November). Die Verluste der vergleichsweise kleinen Britischen Expeditionsstreitkraft betrugen bis zum September 15000 Mann.

Die Schlacht an der Marne war insofern eine der entscheidenden Schlachten der Weltgeschichte, als sie den Krieg nicht entschied, sondern den Ausschlag gab, daß er noch mehrere Jahre dauerte und zum Weltkrieg wurde.

Unten: Deutsche Gefallene auf einem französischen Feld liegend – einige wenige der vielen Opfer, die die blutige Schlacht an der Marne kostete.

KAPITEL 13

CAMBRAI

20. NOVEMBER – 8. DEZEMBER 1917

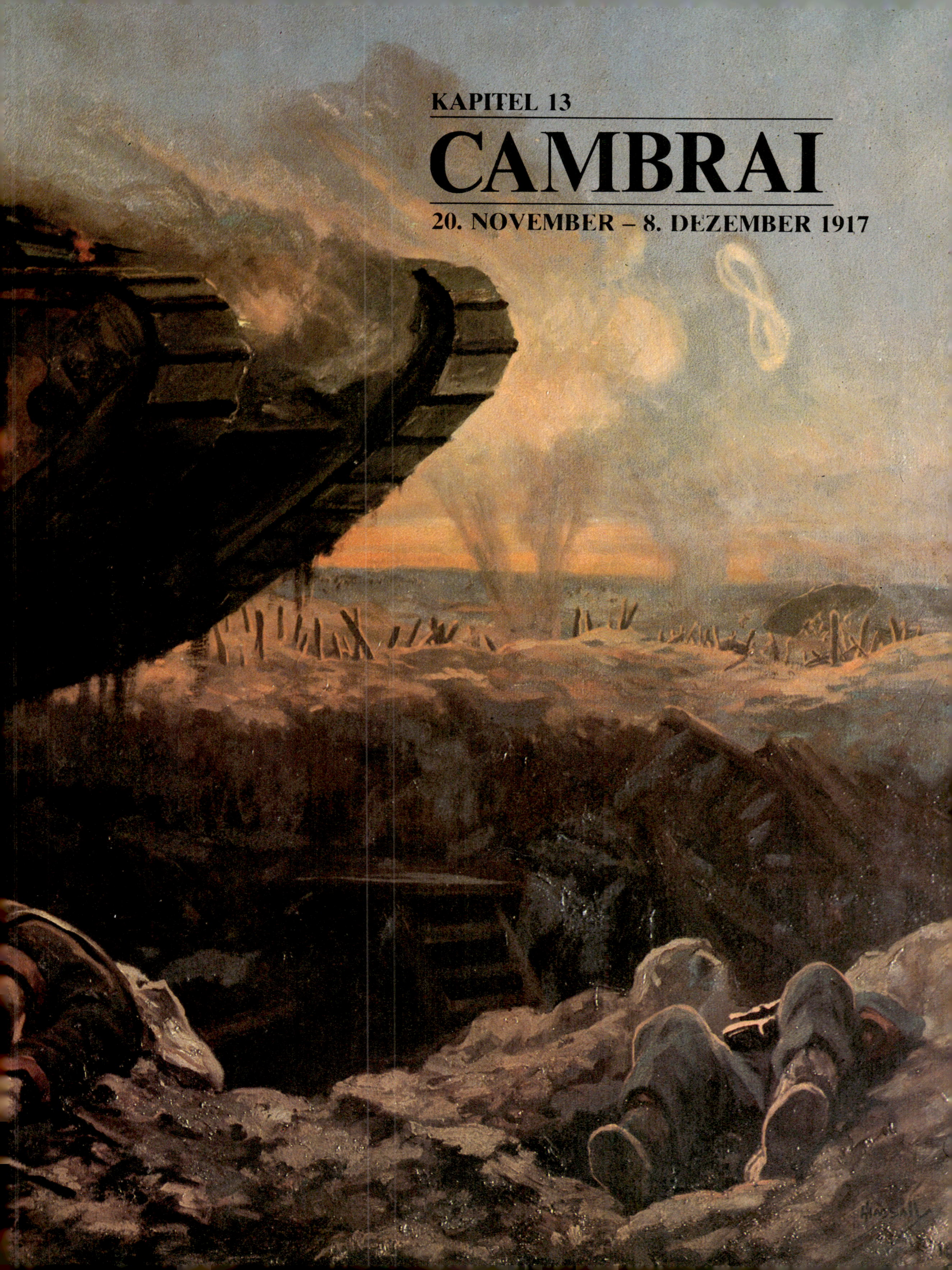

Oben: »Wir sind die Geschütze! Saht Ihr unser Werk an der Straße?« Bis zum Aufkommen der Tanks versuchten die alliierten Kommandeure, Soldaten gegen die Feuerwaffen zu schicken und so zu siegen. Obwohl es ketzerisch schien, waren die Tanks jedoch die einzige Chance für die angreifenden Soldaten.

Vorherige Seiten: Die neue Kriegführung. Britische Panzer beim Überqueren eines deutschen Schützengrabens – die endgültige Antwort auf das drei Jahre andauernde mörderische Patt an der Westfront.

Nach dem Blutbad an der Somme und bei Passchendaele – die erste Demonstration eines massierten Panzerangriffs

Die Westfront

Die Kampfhandlungen von 1914 auf der Westfront endeten in allgemeiner Erschöpfung, und beide Seiten mußten sich vorübergehend mit einer Pattsituation abfinden. Keine würde die gegnerische Front durchbrechen können und einen Bewegungskrieg wagen, bevor sie nicht erhebliche Verstärkungen erhalten und entsprechende Vorbereitungen getroffen hatte. Die gesamte Front erstarrte im Stellungskrieg, bei dem Stacheldraht und Schützengräben das Schlachtfeld beherrschten. Aufgrund seines Krieges mit Rußland blieb Deutschland keine andere Wahl, als den Alliierten die Initiative zu überlassen: es besaß einfach nicht ausreichendes Kriegsmaterial, um gleichzeitig im Westen *und* im Osten offensive Feldzüge durchzuführen. Genau dieses Problem hatte Schlieffen mit seinem Plan zu lösen gehofft.

Die deutschen Armeen im Westen verschanzten sich in ihren Schützengräben, um den feindlichen Boden, den sie im August und September 1914 erobert hatten, zu halten, das heißt praktisch das gesamte Territorium von Belgien und die wichtigsten Industriegebiete von Frankreich. Um diese Regionen zurückzuerobern, hätten die Alliierten die deutschen Grabenlinien durchbrechen müssen; und das versuchten sie drei Jahre lang, während die deutschen Armeen im Osten Rußland auszuschalten trachteten.

Theoretisch gesehen war das Problem ganz einfach. Man wußte, daß Truppen in einer günstigen Defensivposition und mit der entsprechenden Feuerkraft jeden Angriff auf offenem Terrain abwehren konnten, vor allem dann, wenn sich der Angreifer vorher durch Stacheldrahthindernisse kämpfen mußte. Die einzige Lösung schien im massierten Artilleriebombardement zu liegen, durch welches der Stacheldraht zerfetzt, die Deutschen in den vorderen Gräben getötet und Verstärkungen ihrer Frontlinie verhindert werden konnten. Es war mehr oder weniger zwecklos, einen Überraschungsangriff zu starten, da es den Deutschen natürlich nicht entgehen konnte, wenn die Alliierten vor der Attacke Truppenverstärkungen zu ihren vorderen Gräben schickten. Nur die Geschütze konnten der angreifenden Infanterie den Weg zum Sieg ebnen, während die Kavallerie im Hintergrund wartete, um in die Breschen der feindlichen Front einzufallen und die Verfolgung des Gegners aufzunehmen – was ja seit jeher ihre wichtigste Aufgabe war.

Doch sollte es nie dazu kommen. Bombardements, die oft ganze Dörfer ausradierten, vermochten nicht die Stacheldrahtgürtel zu zerstören, ja oft wurde durch das Aufwühlen des Erdbodens ein Angriff nur noch weiter erschwert. Auch konnte man durch Bombardierungen nicht alle Deutschen in ihren Gräben töten; die deutsche Infanterie verschanzte sich entweder in tiefen Unterständen oder zog sich ganz aus den vorderen Gräben zurück, bis das Feuer kurz vor dem gegnerischen Ansturm eingestellt wurde. Dann rannten sie in ihre ursprünglichen Positionen zurück und nahmen die feindlichen Angreifer unter Beschuß, die gar nicht darauf gefaßt waren, auf Widerstand zu stoßen.

Bei neunzig Prozent der versuchten Angriffe erreichten die alliierten Truppen zwar die vorderen Schützengräben, mußten jedoch feststellen, daß sich die Verteidiger über das verworrene Grabensystem zurückgezogen hatten, das bis in die hintersten Reihen der deutschen Linie führte. Die vereinzelten Angreifer, die sich trotzdem weiter wagten, gerieten auf der Stelle in feindliches Feuer, denn die Deutschen konnten die Breschen in ihren eigenen Reihen sofort schließen und jagten die Überlebenden über das Niemandsland zurück in die alliierten Gräben. Dennoch wurden diese hoffnungslosen Experimente ständig wiederholt. Die monatlichen britischen Verluste an der Westfront von 1915 betrugen im Durchschnitt 25000, lagen in keinem einzigen Monat unter 9000 und erzielten mit jedem weiteren »Vorstoß« eine neue blutige Krönung: im Mai, dem Monat von Festubert, waren es 65730; 59615 im September, dem Monat von Loos – einer Offensive, die am 25. des Monats begann.

Bei den Franzosen sah es noch schlimmer aus. Im Laufe dieser Schlachten im Artois und in der Champagne verloren sie allein im Februar und März 55000 Mann; 121000 von April bis Juni; und 115000 von September bis November (die 55000, die nach den drei Offensiven ihren Verletzungen erlagen, sind in diesen Ziffern nicht enthalten!). Diese Verlustzahlen sind derart immens, daß sie für uns kaum faßbar sind. Das Erschreckendste an diesen Truppenverlusten jedoch ist, daß sie noch vor August 1914 gar nicht vorstellbar waren, aber innerhalb weniger Monate von den Generälen und ihrem Planungsstab als etwas Natürliches und Unvermeidbares hingenommen wurden.

Oben: Bei einer Übung für die Cambrai-Offensive klettert ein »Mark-IV«-Tank im Gelände der Panzer-Exerzier-Schule bei Wailly einen Abhang hoch. Am hinteren Rückenteil ist ein Holzbalken befestigt; sollte der Panzer steckenbleiben, dann wurde der Balken unter die Ketten geschoben, um dem Kampfwagen einen besseren Halt zu verschaffen.

Im Sommer des Jahres 1915 gab es in Großbritannien eine kleine Gruppe von Enthusiasten – Offiziere und Zivilisten, alle nicht zum engen Kreis des Generalstabes gehörend –, die ganz neue Vorstellungen von modernen Gefechten hatten. Sie glaubten an das Konzept des gepanzerten Kampffahrzeuges, mit dem man den aufgewühlten Boden des Niemandslandes überqueren, den Stacheldraht zerstören und bis in die hintersten Linien der feindlichen Front dringen konnte, während die Panzerbesatzung aus dem Inneren des Fahrzeuges auf den Gegner schoß. Das britische wie auch das französische Oberkommando hielten diese Idee für reine Utopie. (H. G. Wells hatte bereits 1903 in seiner Kurzgeschichte, *The Land Ironclads,* den Gebrauch von gepanzerten Kampffahrzeugen ausgemalt.) Sie würden sie nicht ernstnehmen, bevor sie sich nicht mit eigenen Augen vergewissert hatten; bis dahin würden sie den Krieg auf herkömmliche Weise weiterführen.

Es wäre unfair, die Generäle als kurzsichtig und verblendet verurteilen zu wollen, nur weil sie es ablehnten, an die neusten Erfindungen zu glauben. Der technologische Umbruch des frühen zwanzigsten Jahrhunders war in vollem Gange, und niemand ahnte, wohin er führen würde. Das Auto steckte noch in den Kinderschuhen, und selbst die zuverlässigsten Modelle waren nur auf gut befestigten Straßen zu gebrauchen. Es war erst sechs Jahre her, daß das erste Flugzeug (nach wiederholten Fehlschlägen und einer Bruchlandung bei Dover) den Ärmelkanal überquert hatte. Selbst die begeistertsten Anhänger des technischen Fortschritts mußten einräumen, daß für jede Erfindung, die sich später als nützlich erwies, unzählige verrückte Ideen irgendwelcher versponnener Erfinder vorgelegt worden waren. Deshalb kann man von berechtigter Skepsis sprechen, als Lord Kitchener, Großbritanniens Kriegsminister, am 2. Juli 1916 nach Hatfield fuhr, um sich ein solches gepanzertes Kampffahrzeug aus der Nähe anzuschauen.

Oben: Bei Morgengrauen des 20. November stießen die britischen Panzer bei Cambrai ohne die übliche Artillerievorbereitung, und dicht gefolgt von der Infanterie zum Angriff gegen die »Hindenburglinie« vor.

Es glich einer gedrungenen Schachtel und bewegte sich auf Gliederketten. Diese Ketten bewirkten, daß das Fahrzeug nicht so leicht im Schlamm stecken blieb. Die kastenähnlichen seitlichen Geschützplattformen trugen je eine 57-mm-Kanone, die jeweils von einem Richtschützen und einem Lader bedient wurden. Die restlichen vier Mann Besatzung waren für den Antrieb, den Richtungs- und Gangwechsel verantwortlich. Es war das futuristischste, ungelenkeste und merkwürdigste Kriegswerkzeug, das jemals für das Schlachtfeld erfunden worden war – aber es funktionierte. Es kroch vorwärts, steuerte nach rechts und links und überquerte einen Graben, der zu Demonstrationszwecken von den Ausstellern angelegt worden war. Kitchener war beeindruckt, und wenn ein Mann wie Kitchener beeindruckt war, dann konnte man sichergehen, daß etwas geschehen würde: Innerhalb von zehn Tagen wurden hundert dieser Kampffahrzeuge in Auftrag gegeben. Sie sollten unter der Tarnbezeichnung »Tanks« erstmals in der Somme-Schlacht eingesetzt werden.

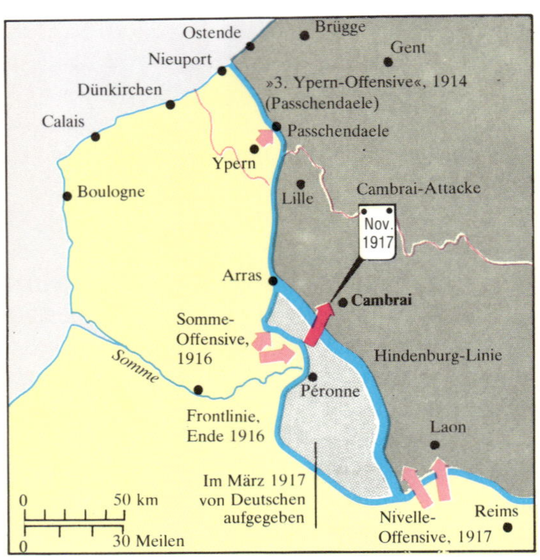

Rechts: Der Angriffspunkt. Nach all den vorherigen fehlgeschlagenen Attakken strebte Haig (rot) bei Cambrai nur einen lokalen Erfolg an. Und obwohl diese Attacke gar nicht als ein entscheidender Sieg geplant war, hätte sie sich um Haaresbreite zu einem solchen entwickelt.

Debüt des »Tank«

Der verfrühte Einsatz der Tanks in der Schlacht an der Somme, bei dem sich die neue Waffe bewähren sollte, noch bevor ihre technischen Anfangsmängel ausgebügelt waren, wurde scharf kritisiert – wieder zu Unrecht. Die Kampfbedingungen an der Westfront waren außergewöhnlich, und es war unmöglich, sie bei den praktischen Kampfübungen nachzuahmen. Fünfzig Tanks waren gegen Ende August 1916 in Frankreich eingetroffen; bis zu diesem Zeitpunkt hatte die Somme-Schlacht die Briten bereits 260000 Tote gekostet. Die Tanks kamen in der zweiten Phase der Offensive, am 15. September, zum Einsatz. 35 gelangten (ohne totalen technischen Zusammenbruch) bis an ihre Startlinien; 14 erreichten die deutschen Linien im Flers-Courcelette-Raum, operierten in Zweier-, höchstens Dreiergruppen und konnten eine sechs Kilometer breite Bresche in die deutsche Front schlagen. Da jedoch keine Reserven vorhanden waren, um in diese Lücke nachzustoßen, blieb dieser Erfolg ohne strategische Bedeutung, denn die Deutschen konnten die Einbrüche wieder ausfüllen. Dennoch bedeutete das Debüt der Tanks einen Markstein in der Geschichte der Kriegführung.

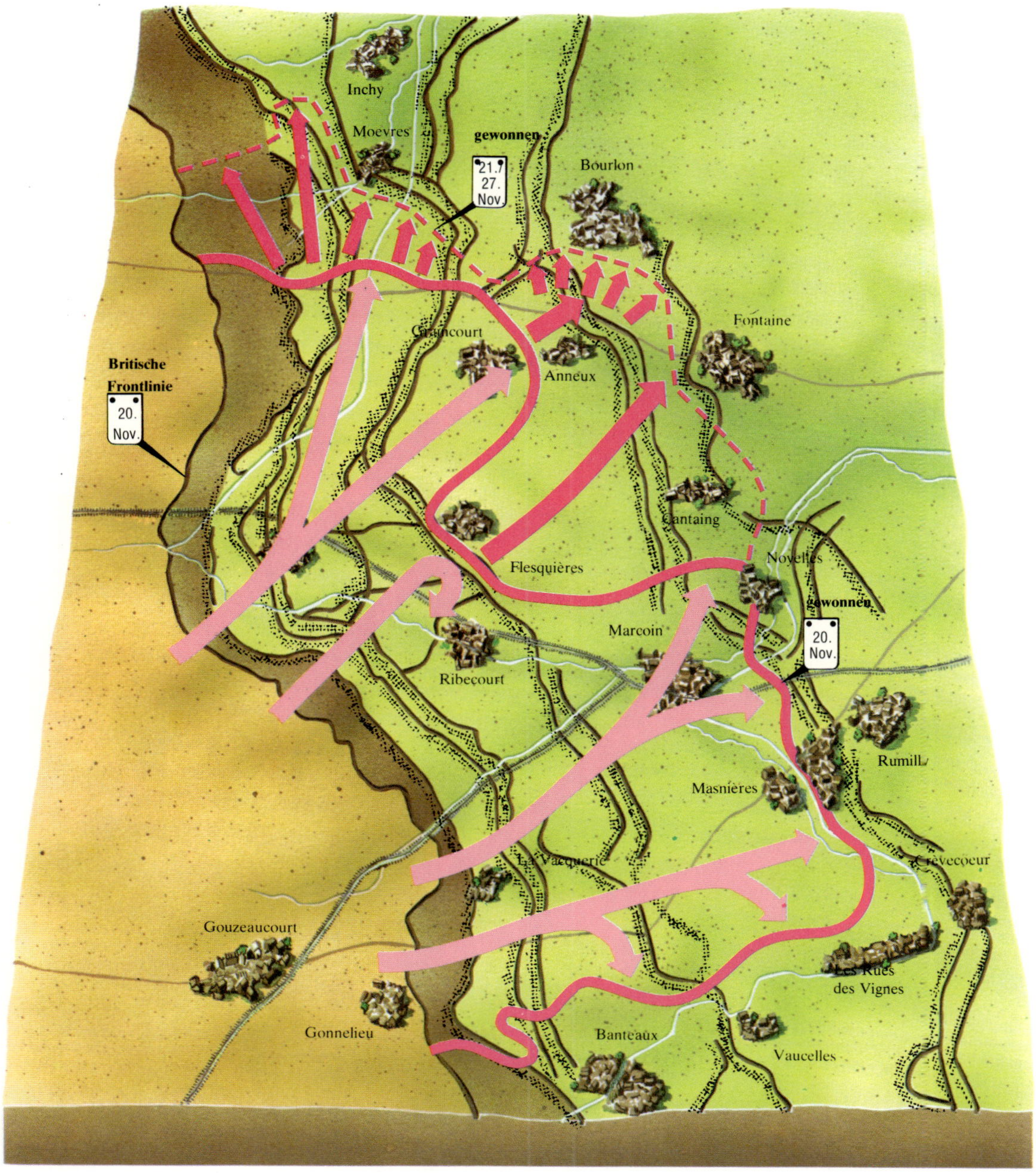

Links: Ein spektakulärer Erfolg – zehn Kilometer breite Stacheldrahtverteidigungen und Gräben, das beste jemals geschaffene Verteidigungssystem, wurde mit einem Schlag zunichte gemacht. Doch die stark überforderten Panzerbesatzungen waren am zweiten Tag bereits am Ende ihrer Kräfte angelangt, und die deutsche Konterattacke war blutig (siehe umseitig).

Natürlich waren weitere Verbesserungen notwendig; neue Mannschaften mußten ausgebildet und die Erfahrungen aus der Somme-Schlacht ausgewertet werden. Doch dazu war kaum ausreichend Zeit gewesen, als im Mai 1917 die Deutschen einen Überraschungsangriff gegen die Alliierten starteten. Sie evakuierten ihre vorderen Grabenlinien und zogen sich in das Labyrinth von Kampf- und Verbindungsgräben der »Hindenburglinie« zurück, wobei sie ihre Front um knapp vierzig Kilometer verkürzten. Die Alliierten stießen nach, ohne zu ahnen, was sie erwartete. Die verheerende Offensive General Nivelles im Juli auf dem Chemin des Dames konnte nach dem sechsmonatigen Gemetzel bei Verdun die französische Armee nur noch weiter schwächen. Die Briten starteten eine Entlastungsoffensive bei Ypern, ein weiteres Fiasko bei Passchendaele. Schließlich, im November dieses katastrophalen Jahres, wandte sich der britische Oberbefehlshaber, General Haig, an die Kommandeure des neuen Panzerkorps und bot ihnen eine Chance, ihre Fähigkeiten unter Beweis zu stellen.

Der Cambrai-Plan

Fuller hatte einen vielversprechenden Plan ausgearbeitet, um die Verteidigungsvorrichtungen der Hindenburglinie zu überwinden. Die vorderen Tanks, die Ankereisen hinter sich herzogen, um Löcher in die äußeren Stacheldrahtverteidigungen zu reißen, sollten links abdrehen und die vorderen Gräben mit Feuer bestreichen. Der folgende Tanks sollte ein großes Reisigbündel, eine sogenannte Faschine, in den Graben fallen lassen, den Graben überrollen und den nächsten Graben unter Beschuß nehmen, um so immer tiefere Breschen in das gesamte System zu schlagen. Stabile Balken wurden mitgeführt, um den Panzer leichter befreien zu können, sollte er einmal in einem Graben festsitzen.

Hier sollte nicht in Splittergruppen von zwei oder drei Panzern gekämpft werden, sondern in geschlossenem Verband von 216 Tanks, mit 96 Kampfwagen Verstärkung und 54 in Reserve. Und – ein geradezu revolutionäres Experiment – die Offensive sollte ohne Artillerievorbereitung gestartet werden, um den Überraschungseffekt nicht vereiteln.

Ironischerweise hatte Haig (das erste Mal während des gesamten Krieges) gar keinen entscheidenden Sieg geplant. Nach all den verheerenden Mißerfolgen von 1917 strebte er lediglich einen klaren lokalen Sieg an, um die vielen vergeblichen Bemühungen an der Westfront wettzumachen. Er richtete sein Augenmerk nicht weiter als bis nach Bourlon, zehn Kilometer hinter der deutschen Frontlinie. Sollte ihm innerhalb von 48 Stunden kein Durchbruch gelingen, so wollte er die gesamte Kampagne abbrechen. Für ehrgeizigere Pläne standen ihm keine ausreichenden Reserven zur Verfügung.

Trotz der in den drei Jahren gemachten Erfahrungen, daß eine numerisch schwache Defensivstreitmacht einer augenscheinlich überlegenen Zahl von Angreifern standhalten konnte, wagte Haig bei Cambrai eine Attacke mit nur fünf Divisionen gegen vier. Er verließ sich zu sehr auf seine Kavallerie – fünf Divisionen im ganzen –, um einen eventuellen Erfolg seiner Tanks auch ausnützen zu können. Die taktische Beweglichkeit der Kavallerie war jedoch angesichts der modernen Waffen längst nicht mehr wirksam. Nur mit der Infanterie war das Gelände zu halten – und Infanteriereserven standen ihm überhaupt nicht zur Verfügung.

Erster Tag

Am frühen Morgen (6.20 Uhr) des 20. November führte General Elles sein Panzerkorps gegen die Hindenburglinie (über seinem eigenen Kampffahrzeug flatterte die Flagge mit dem Namen »Hilda«). Die Erfolge waren spektakulär. Wie drohende Gespenster tauchten die Tanks aus den Morgennebeln auf und schreckten die Verteidiger der vorderen Gräben durch das ohrenbetäubende Krachen der Detonationen und das Aufblitzen des Mündungsfeuers aus ihren Unterständen und Schützenlöchern auf. Innerhalb von einer Stunde waren die Hauptziele des Operationsplanes bereits eingenommen. Mit einer Ausnahme: die Erste Hochländerdivision, die via Flesquières vorrücken sollte. Ihr Befehlshaber ließ Fullers Panzerübungen außer acht und handelte nach eigenem Gutdünken, wobei er die führenden Tanks im Abstand von 100 Metern vor der Infanterie herfahren ließ. So blieben die Panzerfahrzeuge isoliert und die Infanterie ungedeckt – und ausgerechnet Flesquières sollte sich als der schwierigste und zäheste Sektor erweisen. Es hielt am ersten Tag von Cambrai stand wie ein Wellenbrecher, während die britischen Kräfte zu beiden Seiten bereits sieben Kilometer in die Hindenburglinie eingebrochen waren. Am Ende des ersten Tages hatten die Briten bei nur 1500 eigenen Verlusten 10000 Deutsche gefangen und erbeuteten 200 Geschütze.

Zweiter Tag

Sobald sich die Deutschen von dem Schock erholt hatten, reagierten sie mit der ihnen üblichen Entschlußkraft. Sie besaßen einen unbezahlbaren Pluspunkt, in Form der 107. Division, die am 19. von der Ostfront eingetroffen war. Sie erwies sich als hilfreiche »Feuerwehr« und konnte die gefährlichsten Lücken in der sieben Kilometer breiten Bresche ausfüllen. Die Besatzungen der Panzerfahrzeuge litten schwer unter den extremen Bedingungen im Inneren der Tanks, den starken Vibrationen, der unerträglichen Hitze und dem ohrenbetäubenden Lärm. Und sie waren am Ende ihrer Kräfte angelangt, als Haigs 48-Stunden-Limit überschritten und Bourlon noch immer in deutscher Hand war.

Gipfelpunkt

Der letzte erfolgreiche Panzervorstoß der Briten fand am 23. November statt. Inzwischen aber konnten die Deutschen ihre Front aufstocken. Sie besaßen bereits 200 Geschütze zur Verteidigung von Bourlon; drei Tage später waren es 500, und ihre Stärke auf der Cambrai-Front war von vier auf sieben Divisionen angewachsen. Am 28. mußte Haig einsehen, daß sein Operationsplan fehlgeschlagen war. Nach den Anfangserfolgen der ersten beiden Tage hatte sich die Situation auf dem Schlachtfeld um 180 Grad gewendet und erinnerte immer mehr an das sinnlose Blutbad bei Loos, Passchendaele und der Somme. Doch noch Schlimmeres sollte folgen. Am 30. gingen die Deutschen bei Cambrai in die Offensive über und warfen die Briten fast bis zu ihrer Ausgangslinie vom 20.11. zurück, bevor sie am 8.12. ihre alte Position wieder einnahmen.

Auswirkungen und Verluste

Für die Alliierten war in unmittelbarer Zukunft an keinen zweiten Versuch zu denken – nur schrittweise Vorbereitungen für eine entscheidende Schlacht, während die Deutschen nach der russischen Revolution und Rußlands an-

Unten: Das neue Symbol offensiver Kriegführung – ein Tank von Sir William Orpen. Die Besatzung im Inneren dieser brüllenden Monstren war größten Strapazen ausgesetzt – in den Tanks fehlte jegliche Federung. Spezialhelme mit Kettenpanzervisieren dienten als Augenschutz gegen heiße Metallsplitter (beim Aufprall feindlicher Geschosse gegen die Panzerung).

Links: Die deutsche Konterattacke bei Cambrai, bei der die Briten fast bis auf ihre Ausgangslinie zurückgeworfen wurden. Unterstützt durch eine ganze Division von der Ostfront vermochten die Deutschen in kleinen, aber gezielten Angriffen die englische Offensive zum Scheitern zu bringen. Die Erfahrungen bei Cambrai sollten sich jedoch während der großen Offensive an der Westfront im März 1918 als wertlos erweisen, denn später fehlte das Überraschungsmoment.

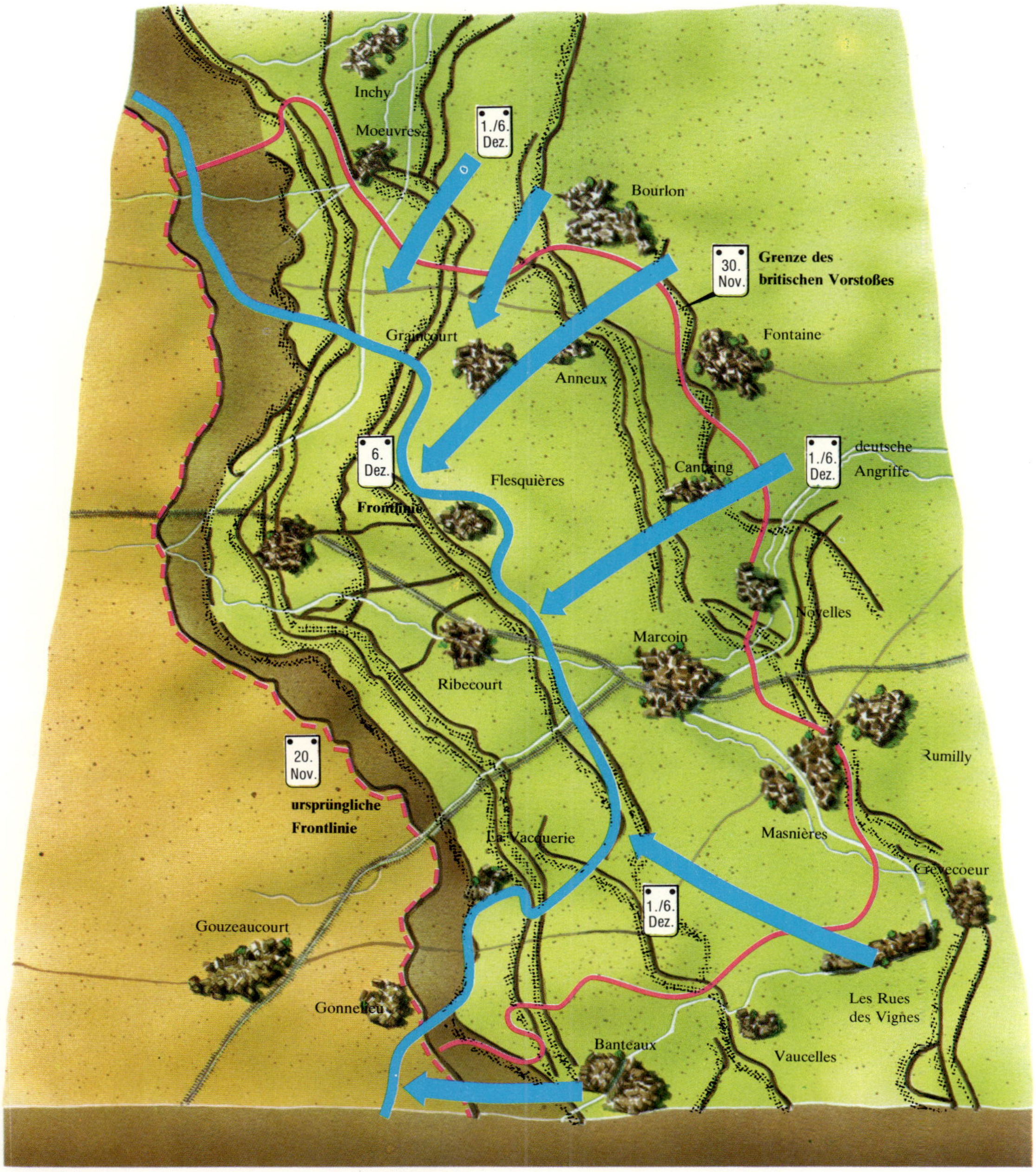

Unten: Die noch einsatzfähigen Tanks von Cambrai werden neu verladen und in andere Kampfgebiete transportiert.

schließendem Ausscheiden aus dem Krieg eine Division nach der anderen zur Verstärkung an die Westfront zogen.

Doch nachdem sich die deutsche Offensive von 1918 erschöpft hatte und die zweite Marne-Schlacht von den Alliierten gewonnen worden war, da gab es keine Rückkehr mehr zu den früheren Offensiv-Taktiken. Panzer führten die großen alliierten Vorstöße der letzten sechs Kriegsmonate an. Von Rechts wegen hätte es Haig und nicht Ludendorff sein müssen, der nach Cambrai schrieb: »Wir haben bei unserer Aktion wichtige Erfahrungen für eine Offensive im Westen sammeln können – sollten wir 1918 eine solche starten wollen.« Denn die Tanks bei Cambrai hatten weitaus mehr bewirkt, als den Alliierten den Weg zum Sieg zu weisen: Sie hatten eine der bedeutendsten Wenden in der Kriegführung eingeleitet.

KAPITEL 14

FRANKREICH 1940

10. MAI – 25. JUNI 1940

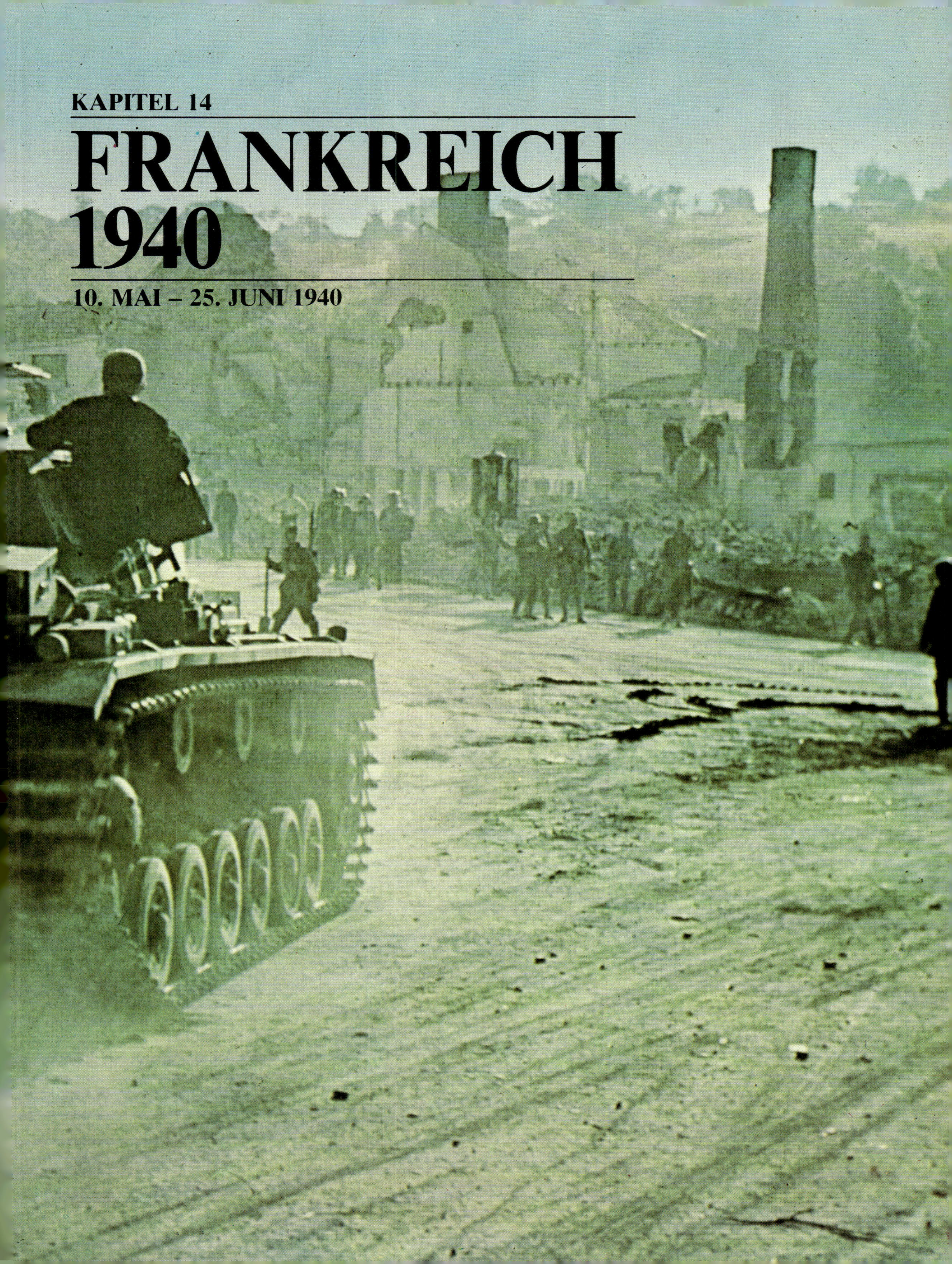

Oben: Französische Flugabwehrkanonen (Abkürzung Flak). »Einsatzbereit«, wie der prahlerische Titel zu diesem Foto lautet, »um den Nazi-Armeen einen heißen Empfang zu bereiten.« 1940 jedoch besaßen die Alliierten im Westen nicht annähernd genügend Geschütze, um die Luftüberlegenheit der Deutschen in irgendeiner Weise zu bedrohen. Die deutschen Luftstreitkräfte dagegen rückten unter dem sicheren Schutz mobiler Flugabwehr-Batterien vor.

Sechs Wochen, um Frankreich zu erobern – der größte und trügerischste Sieg aller Zeiten

Hintergrund des Feldzuges

Natürlich bin ich für den Einsatz von Flugzeugen und Panzern, doch diese sind nur das moderne Beiwerk für Mann und Pferd, und ich bin sicher, daß Sie mit der Zeit das Pferd – das edle Rassepferd – ebenso werden einsetzen können, wie das in der Vergangenheit der Fall war.«

Dieser berühmte Ausspruch stammt von Feldmarschall Sir Douglas Haig – acht Jahre nach dem spektakulären Debüt massierter Panzerangriffe bei Cambrai. Der Kommentar war nicht auf die offizielle britische Militärpolitik gemünzt, hätte es aber ohne weiteres sein können. 1919 besaß Großbritannien die größte und stärkste Luftstreitmacht der Welt. 1939, nach zwanzig Friedensjahren und der damit verbundenen Verminderung der Truppenstärken, war England, angesichts Deutschlands militärischer Übermacht und seinen Expansionsbestrebungen, gerade erst im Begriff, seine winzige Luftstreitkraft neu aufzurüsten. Die Aufrüstungs- und Modernisierungsbemühungen der Royal Air Force sollten sich als eben ausreichend erweisen, um das Land 1940 vor einer totalen Niederlage zu bewahren. Die völlig vernachlässigte und veraltete Panzerstreitkraft jedoch war in jenem Jahr alles andere als konkurrenzfähig.

In Frankreich sah die Situation noch verheerender aus; es glich 1940 einem einstmals mächtigen Riesen, nunmehr träge und entnervt. Nach den katastrophalen Verlusten des Ersten Weltkrieges ließ sich dieser psychische Zustand natürlich in jeder Hinsicht rechtfertigen. 1914 war Frankreich optimistisch in den Krieg gezogen, in dem festen Glauben, die Stunde der »Revanche« habe geschlagen; 1939 lautete die finstere Devise »*Il faut en finir*« (»Wir müssen diesem Zustand ein Ende bereiten«).

Frankreich und Großbritannien erklärten 1939 den Krieg, um dem Angriff deutscher Truppen auf Polen zu begegnen; sie waren jedoch nicht in der Lage, Polen zu retten. Sie planten daher einen Defensivkrieg, für den Fall, daß sich Hitler gegen den Westen wenden sollte. Sie erinnerten sich ihrer gemeinsamen Fehlschläge gegen die deutsche Verteidigungslinie im Ersten Weltkrieg und waren zuversichtlich, einen solchen Verteidigungskrieg zu gewinnen. Dabei hatten sie aber Cambrai vergessen und die strategische Macht von *en masse* eingesetzten Panzerfahrzeugen.

In Frankreich *und* in Großbritannien hatten Offiziere und Theoretiker in den zwanziger und dreißiger Jahren für den Aufbau starker Panzereinheiten plädiert, doch es fehlte der Stimulus der Westfront. Dem Panzer, der vorher als selbständige Offensivwaffe eingesetzt worden war, kam jetzt die Rolle der mobilen Feuerdekkung für die Infanterie zu und wurde (im Falle von leichteren Kampffahrzeugen) als Ersatz für die Kavallerie zu Aufklärungs- und Verfolgungszwecken verwendet. Die letztere Rolle war, und ist es noch heute, durchaus vertretbar, die erstere jedoch hatte verheerende Auswirkungen, denn so waren die Panzereinheiten über die gesamte Front verstreut – überall schwach, nirgends stark – und hatten nicht die geringste Chance, einen konzentrierten gegnerischen Panzervorstoß aufzuhalten.

Die Deutschen dagegen waren im Ersten Weltkrieg die Opfer der Panzerangriffe gewesen; sie hatten jenen verstreuten und massierten Panzerattacken trotzen müssen und hatten die Unterschiede der beiden Taktiken am eigenen Leibe zu spüren bekommen. Entgegen der volkstümlichen Meinung gab es zwischen den beiden Weltkriegen in der deutschen Armee ebensoviele Reaktionäre wie im französischen und britischen Heer. Sechs Jahre, nachdem Haig seine einfältige Prophezeiung über das »edle Rassepferd« abgegeben hatte, erklärte der deutsche Inspekteur motorisierter Truppen Heinz Guderian, Deutschlands großem Panzertheoretiker der Zwischenkriegsjahre: »Sie sind zu enthusiastisch. Glauben Sie mir, keiner von uns wird jemals einen Panzereinsatz erleben.« 1933 jedoch rief Adolf Hitler, Deutschlands neuer Reichskanzler, bei einer Demonstration von Guderians Panzerteams aus: »Genau das ist es, was ich brauche! Genau das will ich haben!« Und im Oktober 1935 wurden die drei ersten deutschen Panzerdivisionen aufgestellt. Im September hielt die deutsche Armee fünf Panzerdivisionen zum Einmarsch nach Polen bereit.

Die Panzerdivisionen waren nicht von Anfang an unschlagbar: Sie mußten erst Kampferfahrungen sammeln, und das geschah in Polen, auch wenn sie dort auf keinen ernsten Widerstand stießen (die Polen besaßen nur 600 veraltete Panzer gegen 3200 deutsche). Guderian gab in seinen Memoiren zu, daß eine seiner Einheiten beim ersten Zusammenstoß mit der polnischen Kavallerie am liebsten den Rückzug angetreten hätte – ein Tatbestand, dessen man sich sehr viel seltener erinnert als an das Bild der an den Panzern verblutenden polnischen

Vorherige Seiten: Über eine von Gleisketten bereits aufgebrochene Straße donnert ein deutscher Panzer durch eine französische Stadt.

Kavallerie. Vor allem in Polen lernten die Deutschen den koordinierten Einsatz von Panzer- und Infanterieeinheiten und ihrer Luftwaffe – Eisenbahnen wurden gesprengt, um die polnische Mobilmachung zu blockieren, Städte und Dörfer wurden aus der Luft angegriffen und feindliche Kolonnen, die sich dem deutschen Vorstoß in den Weg stellten, einfach ausradiert. Die Invasion Polens war ein perfektes Beispiel für den *Blitzkrieg* – ohne Kriegserklärung überrumpelten die Deutschen das Land und zwangen es in kürzester Zeit nieder.

Oben: Unter der »glorreichen Sonne« des Sommers 1940 und im Schweiße ihres Angesichtes ziehen deutsche Artilleristen eines ihrer Geschütze in eine neue Position.

Die Panzeraufstellung, 1940

Es ist ebenfalls ein Mythos, daß die Deutschen 1940 weit mehr Panzer besaßen als die Alliierten. In Wirklichkeit standen den Alliierten am 10. Mai circa 3310 (3000 französische und 310 englische) Panzer zur Verfügung – gegen 2696 deutsche. Die *Konzentrierung* der deutschen Panzer, nicht ihre Gesamtzahl, war ausschlaggebend. Die Massierung deutscher Panzer in geschlossenen Einheiten hatte zur Folge, daß sie tatsächlich an der entscheidenden Stelle, nämlich am Angriffspunkt, überlegen waren. Doch war der deutsche Panzer kein unbesiegbarer Moloch. Die besten französischen und britischen schweren Kampffahrzeuge waren weitaus besser gepanzert als die deutschen; dafür waren sie jedoch langsamer. Und alle französischen Panzer besaßen einen entscheidenden Mangel: den Einmanngeschützturm. Das bedeutete, daß ein Panzerführer zu viele Aufgaben gleichzeitig bewältigen mußte, d.h. laden, zielen, feuern, den Feind observieren und dem Fahrer Anweisungen geben.

Die beiden gegnerischen Operationspläne

Die Operationspläne, mit denen die Deutschen und die Alliierten vom 10. Mai 1940 an arbeiteten, waren völlig anders als die vom August 1914. Die Alliierten überließen jetzt den Deutschen die Initiative. 1914 hatten sie den Franzosen das Hauptgewicht der Offensive überlassen. 1940 sollte Frankreich die Haupt*verteidigungs*last tragen. Zu diesem Zweck war eine mächtige Verteidigungslinie errichtet worden, die sogenannte Maginotlinie, die aus Festungswerken, Panzerhindernissen und betonierten Unterständen bestand und an der Grenze nach Deutschland von der Schweiz bis Belgien verlief. Dort endete die Linie absurderweise. Die Deutschen hatten im August 1914 bewiesen, wie schnell man durch Belgien *marschieren* konnte; wieviel schneller war das Land also mit modernen Kampffahrzeugen zu nehmen? Doch dieses Mal würde alles anders sein – stellte man sich vor. Die Belgier hatten den Albertkanal, der Antwerpen mit der Maas verband, in den stärksten Antipanzer-Graben Westeuropas verwandelt. Belgien und Holland wollten so lange wie eben möglich neutral bleiben. Sollten die Deutschen jedoch erneut eine Invasion Belgiens planen, dann würden sie durch den Albertkanal so lange aufgehalten, bis die Briten und Franzosen nach Belgien einmarschiert waren und von der Maginotlinie an westwärts eine undurchbrechbare Front aufgestellt hätten.

Genau das kam den deutschen Strategen gelegen. Der erste 1939 aufgestellte Plan unterschied sich nur geringfügig von dem alten Schlieffenplan und sah einen Einmarsch über Belgien und Holland, unterstützt durch Panzer und Luftdeckung, vor. Nach dem überraschend schnellen Sieg in Polen hätte Hitler am liebsten sofort auf der Westfront angegriffen, doch die Oberste Heeresleitung widersetzte sich einer derart überstürzten Offensive. Als bei einer Notlandung eines deutschen Kurierflugzeuges auf belgischem Boden die Operationspläne der Deutschen in die Hände der Belgier fielen, mußte ein neuer Plan entworfen werden. General von Manstein legte dem Generalstab ein neues Konzept vor, den sogenannten »Sichel-

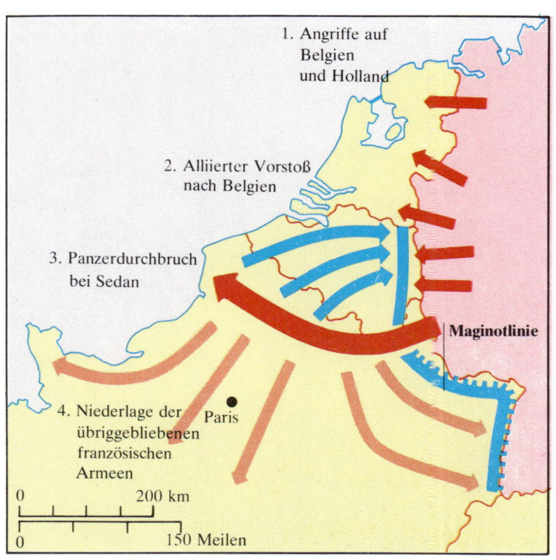

Links: Gegnerische Operationspläne im Jahre 1940. Gezwungen, die Neutralitätswünsche der Holländer und Belgier zu respektieren, blieb den Franzosen und Briten (blau) zur Blockierung des deutschen Vorstoßes (rot) nichts weiter übrig, als nach Belgien einzuschwenken. Mansteins Sichelplan jedoch zielte darauf, die vorrückenden Alliierten durch einen konzentrierten Schlag gegen das »Scharnier« ihrer Linie (durch die Ardennen über die Maas, im Raum von Sedan) abzuschneiden.

Oben: So überquerten die Deutschen die Maas oder andere »unpassierbare« Flüsse; auf den Gummi-Ponton-Flößen konnten jeweils nur kleine Gruppen und Ladungen transportiert werden.

schnittplan«. Dieser Plan sah eine Massierung von Panzerkräften im Zentrum der drei Heeresgruppen vor, die zwischen der Schweiz und Holland in einer starken Front gegen den Westen aufgestellt waren. An der holländischen und belgischen Grenze sollten die Angriffe besonders heftig ausfallen, um vorzutäuschen, daß der alte Operationsplan noch gültig war. Unterdessen sollte die stärkste Panzerarmee der Welt, die aus sieben Divisionen bestand, den Hauptangriff über die südbelgischen Ardennen und Luxemburg gegen das westliche Ende der Maginotlinie, im Raum von Sedan und Dinant an der Maas, starten. Sie würden die Überquerung der Maas erzwingen, durch die alliierte Front brechen und bis zur Kanalküste vordringen. Die nachrückende Infanterie würde den »Sichelschnitt« gegen die abgeschnittene französisch-britische Armee zu Ende führen.

Bei dieser Panzermassierung in der deutschen Heeresgruppe A verblieben der Heeresgruppe B, die mit der Eroberung von Holland und Belgien betraut war, nur drei Panzerdivisionen. Dafür war die Heeresgruppe B mit den besten Einheiten einer anderen deutschen »Geheimwaffe« ausgerüstet – den Luftlande- und Fallschirmjägertruppen, die in dieser Form weder in der französischen noch in der britischen Armee bekannt waren. Ihre Hauptaufgabe bestand darin, die Maas-Brücken in Holland und Belgien zu sichern. Eine weitere Gruppe sollte auf den Flugplätzen außerhalb von Den Haag landen, um sich der Regierungsverantwortlichen zu bemächtigen, während technisch besonders geschulte Mannschaften die stärkste Festung am Albert-Kanal, das erst 1935 erbaute Fort Eben Emael bei Lüttich, einnehmen sollten.

10. Mai – Holland und Belgien: der erste Schock

Die deutschen Luftlandeangriffe in Holland vom 10. Mai verliefen mehr oder weniger erfolgreich. Die Landemanöver bei Den Haag erwiesen sich als ein totales Fiasko. Dafür konnten die Luftlandeverbände die Maasbrükken bei Rotterdam und Moerdijk sichern. Am Nachmittag des 11. war die Festung von Eben Emael, die den Zugang zum Albertkanal schützte, eingenommen, und die gesamte Verteidigungslinie der Belgier brach zusammen. Die zurückgedrängte belgische Armee konnte sich jedoch mit den anrückenden französischen und englischen Divisionen vereinigen. Bis zum 13. gelang es den Alliierten, eine durchlaufende Front vom westlichen Ende der Maginotlinie, nördlich entlang der Maas, über die Dylelinie (oder Antwerpen-Namur-Linie) bis Antwerpen zu bilden. Die ersten deutschen Attakken gegen diese Linie unter General Reichenau konnten zurückgeschlagen werden – zwei Tage später jedoch brach im Sedan-Raum die Hölle los. Deutsche Panzerdivisionen stießen mit voller Wucht gegen die Maas vor und konnten den Übergang über den Fluß erzwingen.

Der Sedan-Durchbruch

Die durch die belgischen Ardennen über die Maas vorstoßenden deutschen Panzerdivisionen wurden von Generaloberst Ewald von Kleist befehligt. Kleist war nie ein »Panzerfanatiker« gewesen und besaß kein angeborenes Gespür für Blitzkrieg-Taktiken. Wiederholte Male versuchte er, den vorprellenden Panzer-Angriffskeil zu bremsen, damit die Infanterie-Einheiten in dichtem Abstand folgen und gegen eventuelle französische Flankenangriffe geschützt werden konnten.

Die Franzosen hatten darauf vertraut, daß die schwierige Ardennenstrecke unpassierbar sei. Das wäre sie auch sicherlich gewesen, hätten die französischen Truppen sie mit aller Macht verteidigt. Doch die Gegenangriffe der Franzosen waren nur schwach, und so drangen die sieben Panzerdivisionen unaufhaltsam vor und erreichten am Abend des 12. Mai die Maas. Als erste erzwang Generalleutnant Erwin Rommels 7. Panzerdivision den Übergang über die Maas. Die Hauptüberquerungen, die durch gezielte Luftangriffe der deutschen Fliegerkräfte auf das gegenüberliegende Flußufer gesichert wurden, fanden am 13. statt. Am 14. waren die drei Panzerdivisionen von Guderians Korps im Begriff, ihren Brückenkopf auszudehnen, als Kleist Guderian befahl, die Panzer sofort anzuhalten und die Infanterie nachrükken zu lassen. Guderian erwiderte jedoch, daß der Brückenkopf zu klein sei und ignorierte die Warnung. Am 16. befanden sich die vorrükkenden Einheiten bereits 30 Kilometer westlich der Maas und rückten immer noch vor.

Kleist war verärgert, als er erfuhr, wie weit die Panzer bereits vorgedrungen waren und befahl Guderian erneut, die Verbände zum Stillstand zu bringen. Guderian bot statt dessen sei-

Unten: Französische Soldaten besetzen einen Beobachtungsposten in einer Scheune. Die anfangs durch das Tempo des deutschen Vorstoßes völlig aus der Fassung gebrachten Franzosen legten später, unter Weygands Führung, äußerste Zähigkeit und Tapferkeit an den Tag.

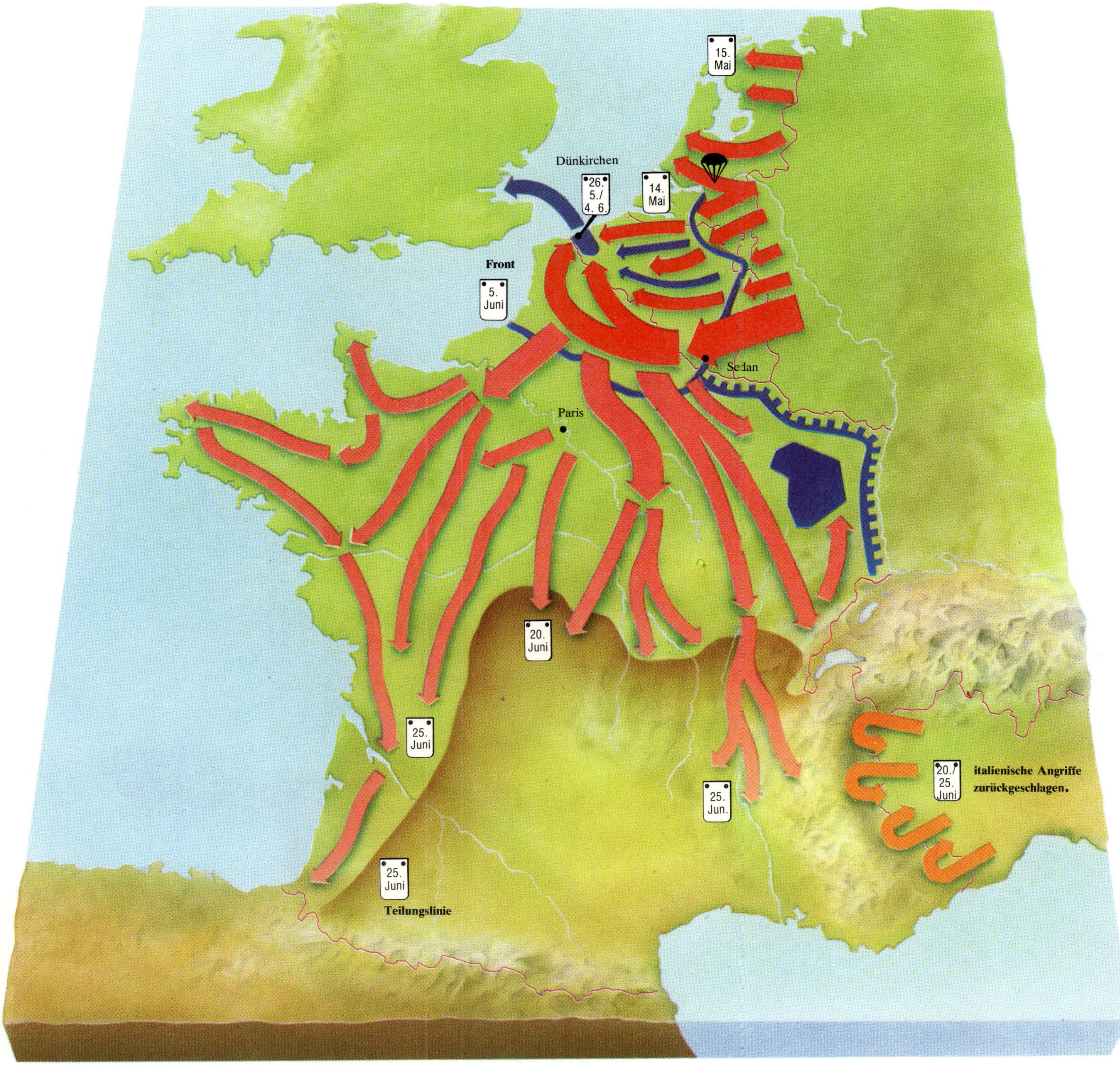

Oben: Die deutschen Eroberungszüge in Frankreich. Anfangs brachen die Deutschen durch die alliierte Front an der Maas und rückten bis zum Ärmelkanal vor. Anschließend fielen sie den geschwächten französischen Truppen südlich der Somme und Aisne und westlich der Maginotlinie in den Rücken.

nen Rücktritt an, und es folgte ein erhitztes Streitgespräch, das hohe Wellen schlug. Kleist ließ sich schon gar nicht durch Guderians Bemerkung beschwichtigen, daß jenes vorsichtige Vorgehen der Heeresspitze bereits 1914 den Fehlschlag an der Marne bewirkt habe. Schließlich schaltete sich General von Rundstedt, der Oberbefehlshaber der Armee ein, doch inzwischen hatten sich Hitler und die Obere Heeresleitung bereits gegen einen weiteren Vorstoß der Panzertruppen ausgesprochen. Guderians Aufgabenbereich wurde auf die »Aufklärung« limitiert – was er auf seine Weise interpretierte, indem er die Panzerkommandeure trotzdem zum weiteren Vorstoß veranlaßte.

Und all das geschah achtundvierzig Stunden, *nachdem* der französische Premierminister Reynaud Churchill am Telephon erklärt hatte: »Wir sind besiegt. Wir haben die Schlacht verloren!«; vierundzwanzig Stunden, *nachdem* Churchill nach Paris gereist war und vom Oberbefehlshaber der alliierten Armee, dem französischen General Gamelin, erfuhr, daß ihm keine mobilen Reserven blieben, um den deutschen Vorstoß aufzuhalten. Die Bestürzung der Alliierten über das Vorgehen der Panzer an der Maas war groß, aber auch die auf deutscher Seite war nicht geringer. Doch die deutschen Panzerkommandeure konnten einen Erfolg nach dem anderen verzeichnen, bis

Links: Ein deutsches 88-mm-Flakgeschütz, das zum Angriff gegen alliierte Panzer ausgerichtet wird. Der Gebrauch der gefürchteten »Achtundachtziger« gegen Panzerfahrzeuge war ein typisches Beispiel für die Improvisationsbereitschaft der Soldaten im Krieg. Später wurden die deutschen schweren Panzer, die »Tiger«, mit 8,8-cm-Geschützen ausgerüstet. Der Vernichtungsschlag der »Achtundachtziger« war jedoch nur eine Erwiderung auf den massierten Panzerangriff der britischen »Matilda«-Tanks. »Wir finden es äußerst unfair von euch Deutschen, daß ihr Flugabwehrkanonen gegen Panzer einsetzt«, bemerkte ein britischer Gefangener, der bei einem »Achtundachtziger«-Beschuß noch einmal glimpflich davongekommen war. »Und wir finden es unfair«, war die Antwort, »daß ihr Panzer einsetzt, die nur mit Flak-Geschützen zerstört werden können.«

selbst ihre widerwilligen Vorgesetzten die immensen Chancen erkennen mußten, die so greifbar nahe waren. Am 18. und 19. stießen Guderians Angriffsspitzen nach 48 atemlosen Stunden quer über das Somme-Schlachtfeld vom Ersten Weltkrieg vor; am 20. nahmen sie Amiens, Albert und Abbeville, rückten durch Noyelles und erreichten die Kanalküste. Das war eine erstaunliche Leistung; die ersten Deutschen, die am 20. den Ärmelkanal erblickten, hatten mehr als hundert Kilometer in vierundzwanzig Stunden zurückgelegt. Es war noch keine 25 Jahre her, als sich die 200 000 Mann starken Armeen glücklich schätzten, wenn sie pro Tag einige Kilometer vorrückten.

Die Falle

Nördlich des »Panzerkorridors« lagen jetzt circa fünfunddreißig französische und belgische Divisionen zwischen den Klemmbacken einer riesigen Zange. Holland hatte bereits am 15. Mai nach einem verheerenden Luftangriff auf Rotterdam kapituliert, und die deutsche Heeresgruppe B näherte sich von Nordosten. Es war jedem klar, was die Alliierten jetzt zu tun hatten: nördlich und südlich des Korridors angreifen, die Zange aufsplittern und in südlicher Richtung durchbrechen. Genau das versuchte Weygand, der nach der Absetzung Gamelins die Führung über die alliierten Armeen übernommen hatte. Doch auch er vermochte am Verlauf des deutschen Feldzuges nichts zu ändern, und nur wenige seiner Befehle hatten noch einen Sinn, wenn sie nach langen Verzögerungen endlich die Armeekommandeure innerhalb des Kessels erreichten. Die alliierten Truppen wurden auf immer engeren Raum gedrängt. Alle Straßen, die von den Deutschen wegführten, waren durch Flüchtlingskolonnen verstopft, die nach den Luftangriffen panikartig die Städte verlassen hatten.

Am 21. hatten die Briten bei Arras eine ungeschickte Konterattacke nach Süden gestartet, die nach gewissen Anfangserfolgen von Rommels 7. Panzerdivision durch den Einsatz von Flugabwehrgeschützen gegen die britischen Panzer gebrochen werden konnte. Guderians Panzer rollten weiter gen Norden, mit dem neuen Ziel, die Kanalhäfen einzunehmen. Am 24. waren Boulogne und Calais eingenommen, und Dünkirchen war schon zum Greifen nahe, doch an jenem Tag erhielten die Panzerkommandeure erneut den Befehl, anzuhalten, diesmal definitiv. Der Befehl, die Kräfte der Panzertruppen für die zweite Etappe des Frankreichfeldzuges aufzuheben, war einer der umstrittensten Beschlüsse des gesamten Krieges. Doch den Anstoß dazu hatte nicht Hitler gegeben; dies war eine der seltenen Gelegenheiten, wo er den Rat seiner Offiziere befolgte.

Dünkirchen: Der Feind entkommt

Die Evakuierung der alliierten Truppen (28. Mai bis 4. Juni) wäre ohne den verzweifelten Widerstand der französischen Ersten Armee bei Lille gar nicht möglich gewesen, die bis zum Einbruch der Nacht des 31. Mai kämpfte und sieben Divisionen aufhielt, die sonst ungehindert gegen Dünkirchen hätten vorstoßen können. Der Garnison von Lille unter General Molinié wurde erlaubt, die Stadt in militärischer Formation zu verlassen – salutiert von der deutschen Ehrengarde –, eine erstaunliche Rückkehr, inmitten des totalen Krieges, zu den Kriegszeremonien des 17./18. Jahrhunderts.

Etwa 225 200 britische und 113 000 französische Soldaten konnten bis zum 4. Juni nach England evakuiert werden, wobei jedoch ihr gesamtes Kriegsmaterial in die Hände der Deutschen fiel. Damit war die erste Phase des Feldzuges in erstaunlich kurzer Zeit beendet.

Unten: Bei all den Erfolgen der legendären Panzer waren dies die Männer, welche die Last des Feldzuges zu tragen hatten: Deutsche Infanteristen gehen in einem von Geschossen verwüsteten Wald in Deckung.

Weygands Verteidigungsplan

So überschattet durch die Dramen von Sedan und Dünkirchen, standen die letzten Kämpfe der Franzosen zwischen dem 5. und 25. Juni in krassem Gegensatz zu ihren anfänglich jämmerlichen Leistungen zwischen dem 10. und 28. Mai. Sie zeigen auch, wie völlig anders der gesamte Feldzug hätte ausgehen können. Weygand fürchtete die Panzerangriffe nicht; er wußte, wie er sich ihnen stellen mußte. Er durfte ihnen nicht mit einer geschlossenen Front entgegentreten; die Truppen mußten sich in Igelpositionen gruppieren. Wenn die Panzer diese Positionen passierten, mußten sie in ein vernichtendes Artilleriefeuer gelockt werden. Tragisch war nur, daß, als Weygand die Heeresführung übernahm, nicht genügend Zeit blieb, die Truppen für diese neuen Taktiken auszubilden und keine Reserven vorhanden waren, um den wiederholten Angriffen standhalten zu können. Es blieb ihm nichts weiter zu tun, als entlang der Somme- und Aisne-Linie eine zerbrechliche Front aufzubauen – 71 französische Divisionen gegen 143 deutsche.

Achtundvierzig Stunden lang konnten die Franzosen General von Bocks Heeresgruppe B abwehren und ihr beispiellose Verluste zufügen. (Zwischen dem 10. Mai und 3. Juni verloren die Deutschen täglich circa 2500 Tote, Verwundete und Vermißte; zwischen dem 4. und 25. Juni waren es knapp 4500 pro Tag.) Doch am Abend des 7. konnten die Panzer einen Übergang über die Somme erzwingen; 48 Stunden später stieß Rundstedts Heeresgruppe A zur Aisne vor, und nach einer zwei Tage andauernden blutigen Schlacht war auch Guderians Panzern der Durchbruch gelungen. Nichts konnte sie mehr aufhalten, und mit einem spektakulären Tempo, ähnlich wie bei ihrem Vorstoß gegen den Ärmelkanal, rückten seine Einheiten bis Pontarlier an der Schweizer Grenze vor, wobei sie über vierzig französische Einheiten auf und hinter der sinnlosen Maginotlinie fesseln konnten.

In der Nacht vom 16. zum 17. Juni reichte der französische Ministerpräsident Reymond seine Demission ein, und Marschall Pétain trat seinen Posten an. Pétain leitete auf der Stelle Waffenstillstandsverhandlungen ein. Am 22. wurde das Abkommen bei Rethondes unterzeichnet. Währenddessen waren die südlichsten deutschen Einheiten bereits fast bis Bordeaux gelangt, wohin die französische Regierung nach der widerstandslosen Kapitulation von Paris vom 14. ihren Sitz verlegt hatte – andere befanden sich auf der Höhe von Limoges, Valence und Grenoble.

Auswirkungen und Verluste

Der Westfeldzug vom Mai/Juni 1940 blieb der größte Triumph in der deutschen Militärgeschichte. Die Alliierten verloren 105850 Tote, 278590 Verwundete und allein 1450000 französische Gefangene. Die offiziellen deutschen Verluste beliefen sich auf 27074 Tote, 111034 Verwundete und 18384 Vermißte, wobei die letzteren höchstwahrscheinlich umkamen, da die Deutschen ihre Gefangenen natürlich zurückforderten. Verglichen mit dem Blutbad des Ersten Weltkrieges (die Briten verloren allein am ersten Tag der Sommeschlacht 60000 Mann) war dies ein erstaunlich niedriger Preis für die Eroberung von Holland, Belgien und Frankreich innerhalb von knapp über sechs Wochen.

Dennoch war es ein nutzloser Sieg. Das eigentliche Ziel des Feldzuges war die Zertrümmerung der Westallianz und die anschließende Befriedung eines eroberten Europas. Zu diesem Zweck hätte das deutsche Oberkommando seine Pläne für eine Eroberung Großbritanniens und des gesamten europäischen Festlandes bereits ausgearbeitet haben müssen – doch solche Pläne existierten noch gar nicht. Die völlig unvorhersehbare, anhaltende Résistance der Briten war weit mehr als ein ärgerlicher Makel an dem deutschen Sieg vom Juni 1940: Es war ein fataler Fehler.

Oben: Beginn des letzten Rückzuges. Französische Truppen weichen durch eine bereits von Deutschen bombardierte Stadt zurück. Der schwache »tankette« und der Raupenanhänger im Vordergrund zeigen, wie sehr die französische und englische Rüstung zwischen den beiden Weltkriegen vernachlässigt worden war. 1918 besaßen die Briten und Franzosen die stärkste Panzerstreitmacht der Welt.

Unten: Als die deutschen Panzertruppen Ende Mai 1940 die Kanalküste erreichten, glaubten sie, der Krieg sei hiermit beendet – doch, wie Churchill bei späterer Gelegenheit bemerkte, waren ihre Erfolge »nur das Ende vom Anfang«.

KAPITEL 15

ALAMEIN

1. JULI BIS 4. NOVEMBER 1942

Oben: Ein anschauliches Beispiel für die anglo-amerikanischen Panzer, mit Hilfe derer die 8. Armee Rommels zahlenmäßig unterlegene Panzerdivisionen bei Alamein schlagen konnte: in Amerika hergestellte Shermans, angeführt von einem britischen Crusader.

Vorherige Seiten: Nach dem langen, zermürbenden Kampf rollen die führenden Shermans der 8. Armee ungehindert über das letzte gegnerische Minenfeld. Montgomery hatte vorausgesagt, daß die ganze Schlacht »eine Angelegenheit von circa zwölf Tagen« werden würde, und er sollte recht behalten.

Bevor Rommels Armee geschlagen werden konnte, mußte sie zum Stillstand gebracht, in die Defensive gedrängt – und dann in einer erbarmungslosen Zermürbungsschlacht aufgerieben werden

Hintergrund

Alamein nimmt im Herzen der Engländer eine ganz besondere Stellung ein, und das berechtigterweise; es war der Schauplatz der Entscheidungsschlacht im Afrikafeldzug – ein großer, ermutigender Sieg, der die entscheidende Wende im Zweiten Weltkrieg einleitete. Winston Churchills Bemerkung: »Vor Alamein haben wir keinen einzigen Sieg errungen. Nach Alamein haben wir nicht eine Niederlage erlitten«, entspricht jedoch nicht ganz den Tatsachen. Die britischen Streitkräfte in Nordafrika hatten bereits vor Alamein mehrere Teilsiege errungen; und wenn Churchill nicht jeden General, der ihm mißfiel, gleich entlassen hätte, dann hätte er seinen Sieg bei Alamein sehr viel früher haben können, als es schließlich der Fall war.

Der wahre Sieger über Generalfeldmarschall Erwin Rommel bei Alamein war nicht Montgomery gewesen – ihm war lediglich die glückliche Aufgabe zuteil geworden, dem Gegner mit einer haushoch überlegenen Streitkraft und der Gewißheit, daß ein alliierter Vormarsch vom Westen her im Gange war, den Gnadenstoß zu versetzen. Nein, der wirkliche Sieger war Feldmarschall Sir Claude Auchinleck, der Mann, der dreieinhalb Monate zuvor die Überreste einer gebrochenen und demoralisierten Armee aufgelesen hatte, um sich Rommel bei Alamein in den Weg zu stellen und in die Defensive zu drängen. Mehr noch, Auchinlecks erster entscheidender Sieg über Rommel bei Alamein war bereits die zweite Niederlage, die er Rommel in zwölf aufreibenden Monaten als Oberbefehlshaber der britischen Streitkräfte im Mittleren Osten beigebracht hatte.

Nach den schweren Niederlagen der Italiener in Libyen forderte Mussolini die Entsendung deutscher Verstärkungen. Da ein Zusammenbruch Italiens den Verlust des gesamten Mittelmeerraums bedeutet hätte, sah sich Hitler gezwungen, deutsche Truppen nach Libyen zu entsenden. Mussolini war 1940, ausgehend von der italienischen Kolonie Libyen, nach Ägypten eingefallen. Im Dezember 1940 schlugen die Briten unter General Wavell zurück und konnten die Italiener nicht nur aus Ägypten, sondern außerdem aus Ostlibyen vertreiben. Ende Januar 1941 bestand die eminente Gefahr, daß sie weiter vorrücken und Tripolis einnehmen würden. Um so einen Rückschlag der italienisch-deutschen Kriegsbemühungen zu verhindern, schickte Hitler ein deutsches Expeditionskorps, bestehend aus zwei Divisionen, unter Generalleutnant Rommel nach Libyen, der sich bereits im Frankreich-Feldzug mit seiner 7. Panzerdivision ausgezeichnet hatte. Das war die Geburt des berühmten Afrikakorps, und das war seine Mission: Tripolis für Mussolini und für die Achsenmächte zu retten.

Als Rommel im Februar 1941 in Tripolis eintraf, spürte er sofort, daß die Stadt sicher war. Die Briten hatten ganz erheblich an Kampfkraft verloren. (Das war vor allem darauf zurückzuführen, daß sie den Schwerpunkt ihrer Operationen nach Griechenland verlagert hatten.) Gegen den Willen des Oberkommandos und unter Mißachtung des Befehls, zunächst die Versammlung sämtlicher Verstärkungen abzuwarten, startete Rommel am 31. März eine Offensive. Er drängte die Briten innerhalb von nur zwölf Tagen bis an die ägyptische Grenze zurück. Das war eine ausgezeichnete Propaganda, ergab aber aus militärischer Sicht wenig oder gar keinen Sinn, da es unmöglich war, Rommel für diese ungeplante Front ausreichende Truppenverstärkungen zu schicken. (Das deutsche Oberkommando legte gerade Hand an die letzten Vorbereitungen für die Invasion Rußlands.) Nur Tobruk, der einzige wichtige Hafen zwischen Alexandria und Benghasi, konnte von den Briten gehalten werden. Auf diese Weise waren die Briten in der Lage, den deutschen Nachschub auf empfindliche Weise zu stören.

Die Unfähigkeit, Tobruk einzunehmen, bedeutete Rommels erste Niederlage in Nordafrika. Statt den stark befestigten Hafen an der schwächsten Stelle anzugreifen, konzentrierte er seine Attacken auf die stärksten Punkte. Im Juni 1941 jedoch (die Belagerung dauerte schon mehr als einen Monat an) konnte er seinen zweiten Sieg in der afrikanischen Wüste verbuchen, indem er einen Entlastungsangriff (Operation »Battleaxe«) der Engländer abwehrte, auf den Churchill ganz besonderen Wert gelegt hatte. Dieser Fehlschlag veranlaßte Churchill, Wavell zu entlassen und durch Auchinleck zu ersetzen.

Eine zweite nordafrikanische Niederlage mußte Rommel im November–Dezember 1941 hinnehmen. In einer langen und blutigen Schlacht stieß Auchinleck mit seiner neu-formierten 8. Armee auf Rommels Truppen und konnte sie bis nach Tripolitanien zurückwerfen. Genau in diesem Augenblick jedoch mußte Auchinleck Verstärkungen zum Krieg an anderen Fronten abstellen, was seine 8. Armee erheblich schwächte. Rommel dagegen hatte rechtzeitig Nachschub an Panzern und Treibstoff erhalten. Er konnte im Januar–Februar zurückschlagen, wurde jedoch an der Gazala-Linie aufgehalten.

In jener Zeit mußte die 8. Armee die Kriegführung in der Wüste, speziell die Panzertaktiken, erlernen. Die Deutschen waren sehr viel besser ausgerüstet als die Engländer. Vor allem ihre Panzer waren stärker bestückt. Doch jetzt erhielten die Engländer Panzer, die den deutschen im Kampf gewachsen waren – Panzer, die nicht bei jeder Gelegenheit zusammenbrachen, ihre Ketten verloren, oder in Flammen aufgingen, wenn sie unter Beschuß gerieten. Diese neuen Panzer kamen aus Amerika: die leichten hießen »Stuarts«, die schweren »Grants«. Ein neues Modell, der »Sherman«, war bereits im Bau; es war besser als alles, was die Deutschen zu bieten hatten. Doch neue Panzer allein reichten nicht aus: Die Briten mußten noch lernen, ihre Panzerdivisionen zusammenzuhalten, statt sie in kleine Brigadegruppen aufzusplittern. Und genau das versäumte der Kommandeur der 8. Armee, General Ritchie (trotz Au-

Oben: Soldaten des Afrikakorps während eines Sandsturms, bei dem die Sichtweiten bisweilen bis auf null sinken konnten.

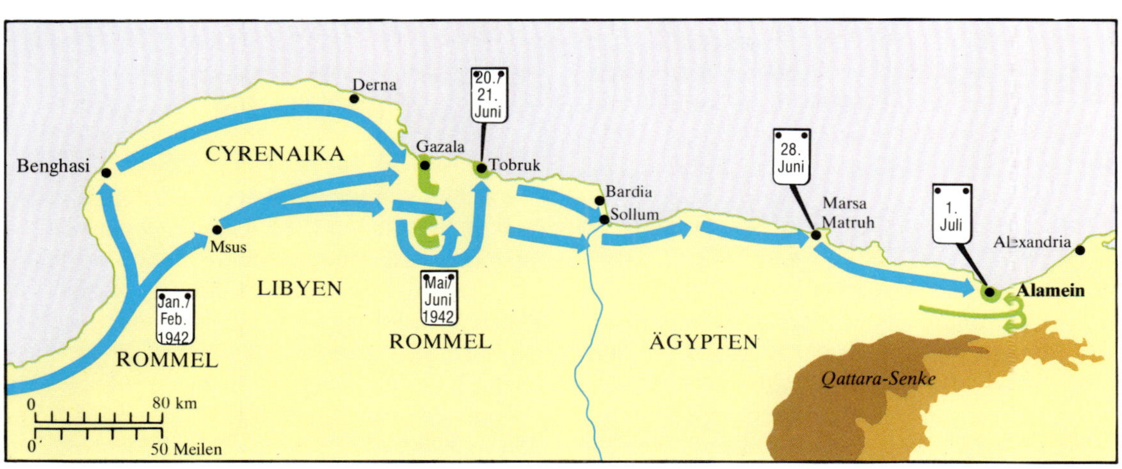

Gegenüber: Rommel und seine Männer. Seine Invasion Ägyptens (links, blauer Pfeil) nach dem Fall von Tobruk war ein riskantes Spiel, und Auchinleck (grün) konnte ihn im Juli bei Alamein aufhalten. Nach seinem letzten fehlgeschlagenen Durchbruchsversuch vom September konnte er nur noch hoffen, daß seine Minenfelder die unvermeidlich folgende Offensive der 8. Armee aufhalten würden.

Oben: Deutsche schwere Artillerie in Aktion während des harten Sommers 1942. Rommels Offensive bei Gazala begann am 25. Mai, und von da an waren seine Streitkräfte fast ununterbrochen bis Ende Juli in Aktion. Gegen Mitte des Monats hatte Auchinleck Rommel in die Defensive gedrängt, und die Sieger von Tobruk mußten um ihr Leben kämpfen.

chinlecks heftigen Drängens), als Rommel ihn am 25. Mai 1942 bei Gazala angriff. Am 14. Juni hatte Rommel die Panzerfront durchbrochen und wollte unvermittelt gegen Tobruk und dann gegen Ägypten vorstürmen.

Und wieder, ähnlich wie im Februar 1942, wollte Rommel seinen Erfolg durch einen sofortigen Vorstoß nach Ägypten ausnutzen. Dem Feind sollte keine Zeit bleiben, neue Kräfte zu sammeln. Das deutsche und italienische Oberkommando wollte jedoch zuerst Malta einnehmen, um den Nachschub sicherzustellen. Denn durch die Eroberung Maltas könnten genügend Transporte über das Mittelmeer nach Tripolis befördert werden, um Rommels kühnste Ziele, den Vorstoß gegen das Nildelta, Kairo, Alexandria und den Suez-Kanal zu verwirklichen. Doch als er am 25. Juni Tobruk eingenommen hatte, konnte er Hitler und Mussolini überreden, Malta vorerst liegenzulassen und ihn mit den augenblicklich zur Verfügung stehenden Truppen nach Ägypten einfallen zu lassen. Oberflächlich betrachtet war dies die einzige Wahl für einen derartigen Verfechter des Blitzkrieges. In der Praxis jedoch ließ der Beschluß das Versorgungsproblem außer acht, von dem ja der Erfolg eines Krieges weitgehend abhängt. Die geschlagene 8. Armee fiel immer weiter auf ihre Versorgungsbasen zurück, während sich Rommel bei seinem Vorstoß immer weiter von den seinen entfernte. Bald konnte er die Treibstoffknappheit nur noch mit den erbeuteten britischen Benzindepots überbrücken; jeder ernste Rückschlag mußte fatal werden.

Die Verteidigung Ägyptens

Beide Parteien im Afrikafeldzug waren vor das gleiche Problem gestellt: die Schwierigkeit, in der offenen Wüste eine solide Front zu formieren. Es war leicht, eine Flanke an der Küste operabel zu machen, die andere mußte jedoch unweigerlich in der offenen Wüste enden. Die Engländer hatten dieses Problem durch ihre sogenannten »Boxes« gelöst, ein schachbrettartiges System massierter Stellungen, ähnlich wie die Karreeformationen bei Waterloo, durch das die gegnerischen Attacken aufgefangen werden sollten. Schlängelten sich die deutschen Panzer durch diese Stellungen hindurch, so mußte sich die nachstoßende Infanterie in diesem netzartigen System verfangen. Bei Gazala gelang es Rommel, die Inlandflanke der britischen Armee südlich zu umgehen, doch er konnte nur gewinnen, wenn es ihm gelang, eine Bresche in die feindliche Front zu schlagen, durch die er seine Panzer auf der anderen Seite mit Nachschub versorgen konnte.

Nachdem die Briten hinter die ägyptische Grenze gedrängt worden waren, gab es für die 8. Armee nur noch zwei Stützpunkte westlich von Alexandria, an denen sie eventuell eine neue Front würden bilden können: Marsa Matruh und El Alamein. Auchinleck, der nach dem Fall von Tobruk den Befehl über die 8. Armee selbst übernahm, versuchte, Rommel vom 26. bis 28. Juni bei Matruh festzuhalten, doch Rommel wiederholte seine Lieblingstaktik, umging die Wüstenflanke und zwang die Briten, Marsa Matruh zu räumen. Ende Juli waren die Briten bis auf die Alameinstellung zurückgewichen. Die Lage von Alamein war einzigartig. Niedrige Bergketten verliefen 15 Kilometer von der Küste entfernt in östlicher und westlicher Richtung; ihre Täler dienten als natürliche Kanäle für einen Vorstoß vom Westen. Und 50 Kilometer landeinwärts fiel die Wüste an der Qattara-Senke steil ab. Zwischen der Küste und der Senke richteten die Briten ihre Front zur Verteidigung ein. Als das erschöpfte und völlig ausgeblutete Afrikakorps und die sie begleitenden italienischen Einheiten am 29.–30. Juni gegen Alamein vorrückten, fehlte ihnen von daher der nötige Spielraum für eine weitausholende Umgehung. Wie eine Wespe, die in die Öffnung einer Limonadenflasche fliegt, stieß Rommel in den Spalt zwischen der Alamein-»Box« und den Höhen von Miteirya und Ruweisat.

Erste Schlacht bei Alamein: Scheitern von Rommels Vorstoß

Die Schlacht bei Alamein, das wird häufig vergessen, begann am 1. Juli. Rommel plante, sich zu beiden Seiten der Miteirya-Höhen hinter die Alamein-Box zu schieben, dann nordwärts zur Küste abzudrehen und die Garnison von Alamein (die 3. Südafrika-Brigade) abzuschneiden. Gleichzeitig sollten die ihm verbleibenden Panzerverbände des Afrikakorps und das italienische 10. Korps nach Süden abschwenken, um die vorderen Brigaden des 8. Armeekorps zu fesseln, die nur dürftig die Alamein-Kluft ausfüllten.

Es war ein äußerst geschickter Plan, der angesichts der Erfolge bei Gazala und Matruh auch hätte gelingen müssen. Doch versäumte es Rommel, sich durch eine sorgfältig organisierte Aufklärung ein richtiges Bild von der Alamein-Front zu verschaffen. Der linke Greifarm wurde durch massiertes Artilleriefeuer der 1. und 2. Südafrika-Brigaden gestoppt und zurückgeworfen; der rechte Arm erlitt ein ähnliches Schicksal durch die 18. Indische Brigade, die einen hastig errichteten Stützpunkt bei Deir el Shein besetzt hielt, von dessen Existenz Rommel nichts gewußt hatte, und der erbitterten Widerstand leistete, bevor er unterging. Rommels Versuch, die Alamein-Verteidigungen handstreichartig zu stürmen, war somit fehlgeschlagen.

Am 2. Juli startete Rommel einen zweiten Versuch, indem er das Afrikakorps zur Nordflanke lenkte. Zur selben Zeit plante Auchinleck eine Konterattacke nördlich und westlich vom westlichen Ende der Ruweisat-Höhen. Beide Versuche scheiterten, und es war Auchinleck, der als erster die Sinnlosigkeit erkannte, seine geschwächten Kräfte zu überfordern. Er konzentrierte seine Artillerie und Panzerkraft und richtete vom 3. Juli an eine Reihe von begrenzten Attacken gegen die schwächsten Punkte von Rommels Armee: die italienischen Divisionen. Diese Attacken wechselten von Sektor zu Sektor und bewirkten, daß das Afrikakorps, das vorher stets in der Offensive gewesen war, jetzt wie ein Feuerwehrkommando von einem Krisenherd zum nächsten jagen mußte. Bis zum 9. hatte Rommel seine Streitkräfte auf einer Länge von 50 Kilometern zwischen der Küste und der Qattara-Senke verstreut. Jetzt holte Auchinleck zu seinem bislang erfolgreichsten Schlag aus: gegen die italienischen »Sabratha«- und »Brescia«-Divisionen im Küstensektor. Er konnte sie völlig aufsplittern und rückte in westlicher Richtung vor, um den Berg Tell el Eisa einzunehmen. Es folgte eine weitere Serie von Attacken weiter südlich, im Deir el Shein-Sektor.

Mit dieser Taktik hatte Auchinleck den Vorsturm gegen Kairo, der bis Ende Juni noch fast sicher schien, nicht nur aufhalten, sondern Rommel sogar in die Defensive drängen können. Die Kämpfe im Juli waren für beide Seiten zermürbend, und Auchinleck war froh, als gegen Ende des Monats die Gefechte eingestellt wurden. Es bestand keine eminente Gefahr von Rommels Seite, der bereits am 7. Juli seiner Frau geschrieben hatte: »Leider geht es hier nicht nach Wunsch. Der Widerstand ist zu groß, die eigene Kraft abgenützt. Hoffentlich gelingt es uns doch noch, einen Weg zu finden, um zum Sieg zu gelangen.«

Die neuen Oberbefehlshaber: Alexander und Montgomery

All diese hervorragenden Ergebnisse konnten Churchill nicht zufriedenstellen; er flog am 4. August nach Kairo, um zwei neue Befehlshaber für seine Armee zu finden, die Rommel endgültig aus der Wüste vertreiben sollten. Große Veränderungen waren seit dem Fall von Tobruk eingetreten: Die Amerikaner schickten der 8. Armee 300 Sherman-Panzer, die den deutschen gleichwertig waren. Außerdem hatten sie in das Unternehmen »Torch« eingewilligt, einer gemeinsamen anglo-amerikanischen Invasion Algeriens und Marokkos, die für den Oktober angesetzt war. Bis dahin mußte Rommel siegreich geschlagen sein – durch neue Kommandeure, in welche die »tapfere, aber geschwächte« 8. Armee, wie Churchill sie nannte, blind vertraute. Daher die unerwartete Demission von Auchinleck am 8. August und seine Ersetzung durch Alexander. Gott, der bei weitem erfahrenste Korpskommandeur, sollte den Befehl über die 8. Armee übernehmen. 48 Stunden jedoch, nachdem Gott seine Zustimmung gegeben hatte, verunglückte er tödlich bei einem Flugzeugabsturz. Montgomery, der ursprünglich für das Kommando über die britische 1. Armee bei der Operation »Torch« vorgesehen war, nahm Gotts Stelle ein.

Alam Halfa: Rommels letzter Angriff

Zuerst einmal hatte Montgomery seine persönliche »Schlacht« auszutragen. Der exzentri-

Unten: Ein 25-Pfünder-Geschütz in Aktion – eine äußerst vielseitig verwendbare Waffe. Sie konnte gegen nicht sichtbare Ziele oder horizontal ausgerichtet werden wie ein gewöhnliches Geschütz. Die abgefeuerten Geschosse waren so groß wie die gefürchteten deutschen »Achtundachtziger«. Die südafrikanischen 25-Pfünder wurden bei Rommels Versuch eingesetzt, Alamein am 1. Juli zu umgehen.

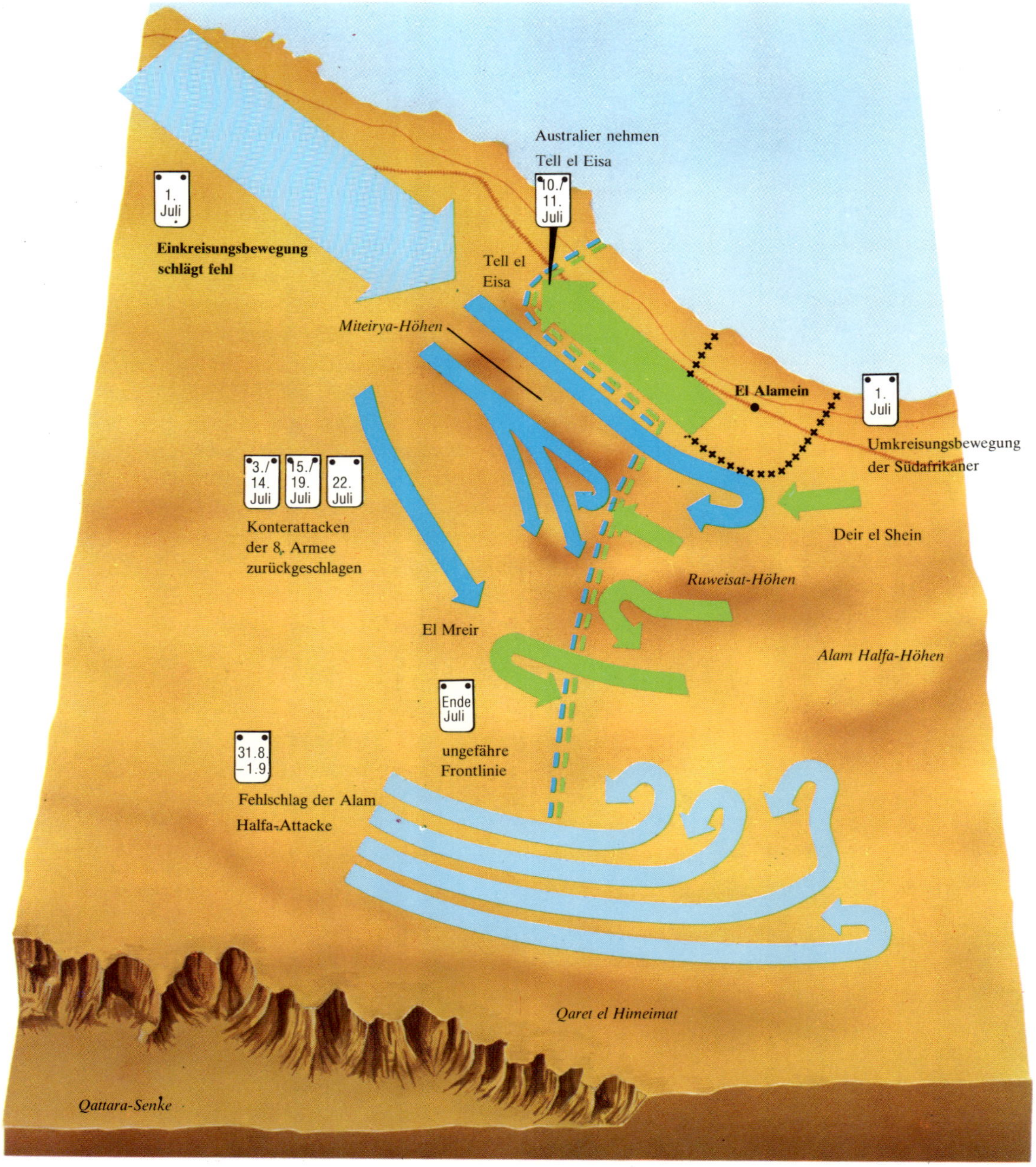

Oben: »Die erste Schlacht bei Alamein«, bei der Rommel (blau) nach dem Verlust von Tobruk und Marsa Matruh wider alle Erwartungen von Auchinleck (grün) aufgehalten werden konnte. Ende August, als Rommel seine letzte Attacke bei Alamein startete (unterer Teil der Karte), erwiesen sich die britischen Minenfelder und die ununterbrochenen Luftangriffe als ein unüberwindbares Hindernis.

sche, aber dynamische Kommandeur mußte das Vertrauen der 8. Armee gewinnen und ihr klarmachen, daß sie unter seiner Führung die Deutschen für immer aus Nordafrika vertreiben würde. Und das gelang ihm durch sein aggressives, aber mitreißendes Wesen. Weniger ansprechend sollte die Art und Weise sein, mit der er sich bis zum Ende seines Lebens als denjenigen hinstellte, der allein den Sieg bei Alamein, in der sogenannten Schlacht von Alam Halfa (13. August bis 2. September) herbeigeführt habe.

Rommel mußte so bald wie möglich angreifen, bevor die 8. Armee durch die ständig zugeführten Nachschubversorgungen zu stark geworden war. Es stand außer Zweifel, wie und wo Rommel angreifen würde: durch eine südliche Umgehungsbewegung, um hinter die starken Positionen der 8. Armee und die Minenfelder zu gelangen. Sobald er den Briten im Rükken lag, konnte er nur noch an einem Punkte aufgehalten werden: an der Schlüsselstellung Alam Halfa, die Auchinleck bereits als entscheidendes Terrain für eine solche Attacke bestimmt hatte. Montgomery hat diese Tatsache später stets geleugnet, indem er behauptete, Alam Halfa sei völlig übersehen worden, bis er ins Kampfgeschehen eingegriffen habe. Er behauptete darüber hinaus, als erster den strategischen Vorteil einer Defensivschlacht erkannt zu haben, indem er die deutschen Panzer herausforderte, seine eigenen Panzerabwehrgeschütze und verstärkten Panzerverbände anzugreifen. Auchinleck hatte das alles gesehen, nur fehlte ihm eben die entsprechende Ausrüstung, die Montgomery im Überfluß zur Verfügung

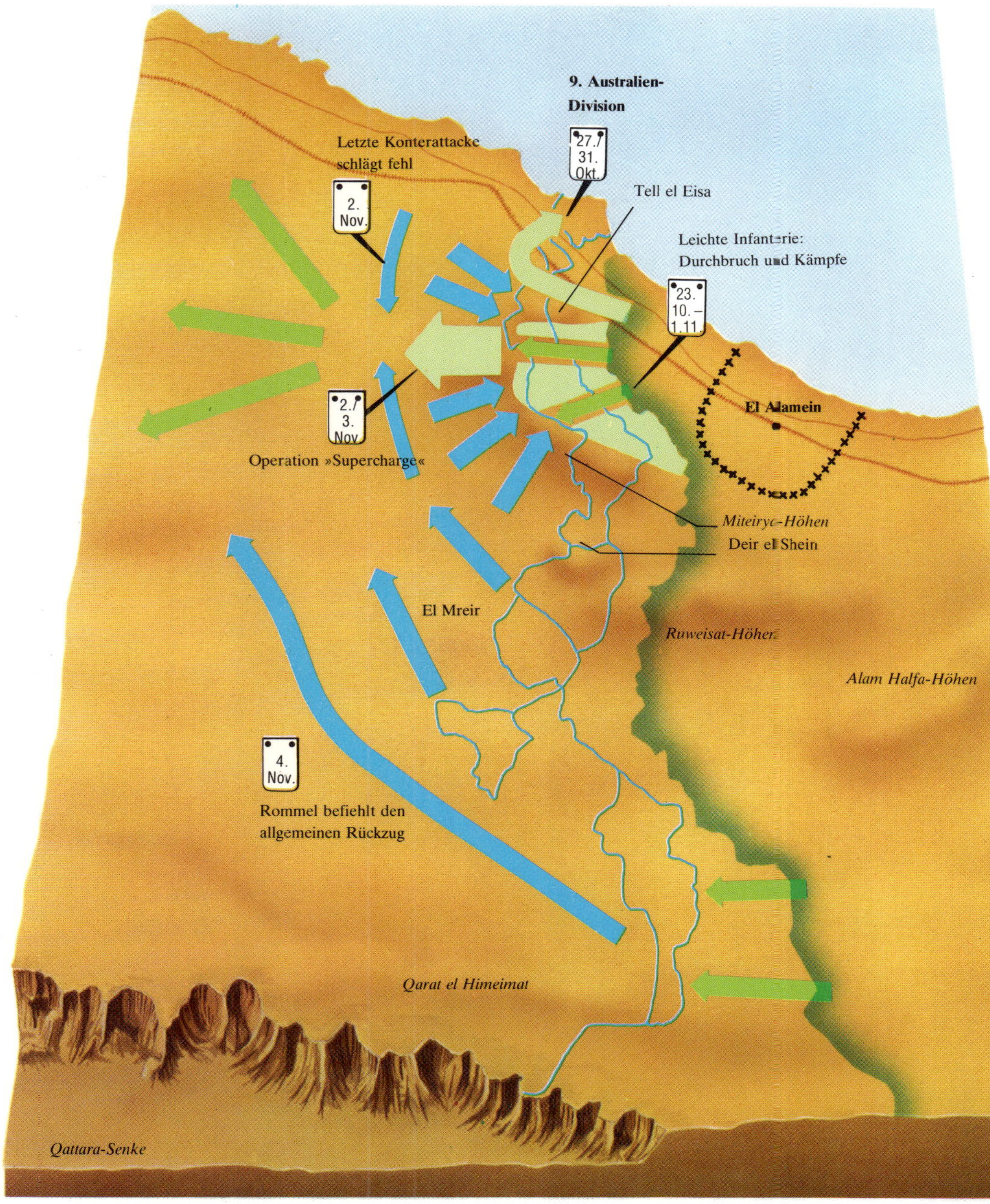

Oben: »Die zweite Schlacht bei Alamein«. Im Oktober 1942 glich die Front bei Alamein einem Schlachtfeld des Ersten Weltkrieges – die Armeen standen sich hinter einem dichten Gürtel von Minenfeldern gegenüber. Montgomery (grün) war seinem Gegner nicht nur in puncto Truppen-, Panzer- und Geschützstärke haushoch überlegen, sondern hielt noch eine weitere Trumpfkarte in der Hand: die englische Wüsten-Luftstreitmacht, die ganze »Bombenteppiche« abwarf, um Rommels Armee aufzureiben.

hatte. Am 31. August, als Rommel seinen letzten Angriff startete, besaß Montgomery 700 gegen nur 443 (italienische und deutsche) Panzer.

Nach achtundvierzig Stunden mühsamen Vorrückens durch dichte Minenfelder und unter ständigen Angriffen aus der Luft mußte Rommel das Gefecht abbrechen. Sein Hauptproblem lag vor allem im akuten Kraftstoffmangel, der die Gefahr in sich barg, daß seine Panzer unterwegs steckenblieben. Da Montgomery wußte, daß er den Wüstenkrieg nicht von einem weit entfernten Hauptquartier aus führen konnte, beschloß er, die Führung der 8. Armee direkt auf dem Schlachtfeld fest in die Hand zu nehmen, was für seine Soldaten eine starke moralische Stütze und psychische Stimulanz bedeutete.

Zweite Schlacht bei Alamein: Die Kräfteverteilung

Als Montgomery am 23. Oktober bei Alamein in die Offensive ging, war seine 8. Armee völlig neu organisiert und erheblich verstärkt worden. Sie war 195 000 Mann stark – gegen 104 000 Deutsche und Italiener. Außerdem besaß sie 1209 Panzer gegen nur 496 deutsche und italienische, doppelt soviele Feld- und mittelschwere Geschütze, ganz zu schweigen von der 1200 Maschinen starken Wüsten-Luftwaffe. Trotz dieser gewaltigen Überlegenheit mußte Montgomery seine gesamten Kräfte voll einsetzen, denn es sollte eine Schlacht werden, wie man sie noch niemals zuvor in der Wüste gese-

Oben: Leuchtspurgeschosse am nächtlichen Himmel über Alamein. Am 27. Oktober, bei einem verzweifelten deutschen Luftangriff auf britische Frontpositionen, konnten die Briten immer tiefer in das deutsch-italienische Verteidigungssystem stoßen.

hen hatte. Auf dem Alamein-Schlachtfeld lagen sich jetzt zwei dichte Systeme von Minenfeldern und Drahtverhauen gegenüber. Dies war kein Bewegungskrieg mehr, sondern eine unmittelbare Rückkehr zu dem schmerzvollen Stellungskrieg in Schützengräben des Ersten Weltkrieges. Montgomery sprach von einer »Angelegenheit von zehn Tagen« (korrigierte die Zahl kurz darauf jedoch auf »zwölf Tage«.)

Während der ersten Phase (23.–25. Oktober), dem sogenannten »Einbruch«, befand sich Rommel nicht auf dem Kriegsschauplatz in Afrika, sondern unterzog sich einer Kur in Deutschland. Sein Vertreter, General Stumme, starb am frühen Morgen des 24. an einem Schlaganfall. Rommel wurde auf der Stelle zurückgerufen, und er traf noch am 25. in Ägypten ein. Die Lage auf dem Schlachtfeld schien nicht völlig hoffnungslos, da Montgomerys Infanterie noch kein entscheidender Durchbruch gelungen war. Montgomery jedoch hielt verbissen an seinem Plan fest. Dies war eine Zermürbungsschlacht, der die deutsche Verteidigung einmal nicht gewachsen sein würde.

Am 26. Oktober mußte Rommel erfahren, daß zwei seiner Tanker mit kostbarem, ja lebensnotwendigem Treibstoff auf See versenkt worden waren; ein weiterer war vor Tobruk torpediert worden. Er beschloß, seine ursprüngliche Gliederung der Hauptkampflinie, bei der die italienischen Divisionen mit deutschen Panzertruppen durchsetzt waren, aufzugeben und den kläglichen Rest an Panzern auf einen Punkt zu konzentrieren. Durch den nördlichen Vorstoß der 21. Panzerdivision gegen die Ruweisathöhen konnte Montgomery jedoch seine 10. Panzer- und 2. Neuseelanddivision vorziehen. Und unter den massierten Angriffen der britischen Wüsten-Luftwaffe schmolz die deutsch-italienische Panzerstreitkraft dahin.

Bei den nächtlichen Attacken am 28./29. Oktober und 30./31. Oktober übernahm die 9. Australiendivision die Führung, indem sie im Nordwesten angriff und die deutsche 90. Leichte Division an der Küste fesseln konnte. Jetzt setzte Montgomery erneut die Neuseeländer ein, die dieses Mal in westlicher Richtung attackierten und Rommel erneut zwangen, seine letzten Reserven in die Schlacht zu werfen, um die Tel el Aqqaqir-Höhen zu dekken. Der Hauptschlag, das sogenannte Unternehmen »Supercharge«, begann am frühen Morgen des 2. November. Wie bei jeder Phase der Offensive, erlitten beide Seiten anfangs

schwere Verluste, doch die Neuseeländer spürten schon bald, daß die deutsche Front im Begriff war, auseinanderzubrechen. Rommel besaß in der Tat nur noch 35 Panzer, während Montgomerys Panzerkraft noch mehrere hundert Fahrzeuge stark war. Daraufhin sah Rommel, daß nichts mehr zu retten war, und er teilte der Heeresleitung mit, er plane den Rückzug. Hitler befahl Rommel jedoch über Funk, er habe bis zum äußersten durchzuhalten. Wörtlich hieß es: »Sie können Ihrer Truppe keinen anderen Weg zeigen als den zum Sieg oder zum Tode.«

In der Nacht zum 4. November wurde die deutsche Abwehrlinie völlig zerrissen, und die feindlichen Panzer konnten an mehreren Stellen durchbrechen. General von Thoma, der das Afrikakorps kommandierte, geriet in englische Gefangenschaft. Am 4. November befahl Erwin Rommel ohne Anfrage beim deutschen Hauptquartier den allgemeinen Rückzug. Nur so würde er die Reste seiner Armee vor einer allgemeinen Vernichtung bewahren können. Damit war die Schlacht entschieden, die den Wendepunkt des Afrikakrieges bedeutete. Jetzt begann der über 1500 Kilometer lange Rückzug entlang der Küste bis nach Tripolis.

Auswirkungen und Verluste

Die Deutschen hatten bei Alamein 9000 Tote und Verwundete zu verzeichnen, die Italiener 17000. Die Gesamtverluste der Alliierten beliefen sich auf 13560, plus 600 zerstörte Panzer gegen 320. Diese Zahlen spiegeln die Heftigkeit der Gefechte wider, die nur durch die numerische Überlegenheit der Alliierten zu deren Gunsten ausgehen konnten. Neben der Mischung von Hartnäckigkeit und Flexibilität, mit der Montgomery kämpfte, war das charakteristische Merkmal der Schlacht die ständige Verlegung ihrer Zielpunkte – die Taktik, die schon Auchinleck während der ersten Schlacht bei Alamein angewendet hatte. Montgomery hat diese Taktik ganz sicherlich nicht erfunden.

Es sollte Montgomery nicht gelingen, Rommel, der ihm an Elastizität noch immer überlegen war, zu fesseln und zu vernichten. Und trotz seiner kühnen Behauptungen, ein Meister des mobilen Wüstenkriegs zu sein, startete Montgomery nicht einmal während der langen Verfolgung einen Überraschungsschlag. Die fast sechs Monate andauernden Kämpfe waren das bittere Ergebnis.

Oben: Hochländertruppen marschieren durch ein geräumtes Minenfeld, um eine neue Position einzunehmen.

KAPITEL 16

STALINGRAD

28. JUNI 1942 – 3. FEBRUAR 1943

Oben: Gej ·chte in den Ruinen von Stalingrad bei – 40 C: ein russisches Sturmkommando in den Trümmern der Waffenfabrik »Rote Brigade«. Fast alle strategisch bedeutsamen Gebäude der Stadt wechselten im Laufe des Kampfgeschehens mehrmals die Besatzung.

Vorherige Seiten: Russische Einheiten im Angriff gegen die Deutschen in den Ruinen von Stalingrad. »Jeder deutsche Soldat«, erklärte General Tschuikow, »soll glauben, er lebe ständig unter der Mündung eines russischen Geschützes.«

Die sechsmonatige Zerreißprobe an der Wolga, der die zäheste Armee der deutschen Ostfront zum Opfer fiel

Hintergrund

Sollte jemand auf die Idee kommen, für unsere zukünftigen Kriegsherren ein Buch über die Richtlinien der Kriegführung zu schreiben, so wird die »Regel Nummer Eins« aller Wahrscheinlichkeit nach lauten: »Versuche niemals, nach Rußland einzufallen!«ıNicht, daß der russische Soldat unbesiegbar, der russische Winter fatal und das russische Territorium uneinnehmbar wären – doch da von allen drei Faktoren ein Teil zutrifft, ist keine Nation in der Lage, dieses Problem allein zu bewältigen. Das hätte Hitler wissen müssen, als er mit 153 seiner 208 Divisionen einen Einmarsch nach Rußland plante. Die 30 unvollkommen ausgebildeten und ausgerüsteten finnischen, rumänischen, ungarischen und slowakischen Divisionen, die mit der deutschen Armee nach Rußland einmarschierten, waren nicht mehr als ein magerer Ersatz für die 55 deutschen Divisionen, die Polen und den Westen besetzt hielten.

»Barbarossa«, der Angriffsplan für den Überfall auf die Sowjetunion, war Deutschlands gewaltigste Landoffensive im Zweiten Weltkrieg. Ziel des Operationsplans war (ähnlich wie das des Konzepts von 1914), den Krieg bis Weihnachten siegreich abgeschlossen zu haben. Die »Regel Nummer Zwei« im Handbuch unserer Kriegsherren aber müßte lauten, daß Feldzüge, durch die Kriege bis Weihnachten erfolgreich beendet werden sollen, fast nie zu diesem Ergebnis führen. Was die »große Strategie« angeht, ist der »Fall Barbarossa« ein perfektes Beispiel für die verworrene Denkweise Hitlers. Durch ständiges Erhöhen seines Einsatzes hoffte er, daß der größte all seiner Feldzüge (nach zwei vorangegangenen Fehlschlägen) »beim dritten Mal« glücklich ausgehen werde. Die Eroberung Polens (1939) hatte seine Feinde nicht veranlaßt, Frieden zu schließen. Ebensowenig seine mit Präzision verwirklichte Einnahme von Holland, Belgien und Frankreich. 1941 war die Sowjetunion die einzige kontinentale Macht, die sich mit Großbritannien hätte zusammenschließen können. Warum Hitler also glaubte, die Eroberung von Rußland würde die Briten veranlassen, aufzugeben, ist und bleibt ein Rätsel. Sicher ist lediglich, daß er fest überzeugt war, seine expansionistischen Ideen verwirklichen zu können.

Was die geplante Strategie angeht, so wollten die Deutschen die Rote Armee mit einer Serie von riesigen Einkreisungsoperationen innerhalb weniger Wochen einschließen und vernichten, wobei dies so nahe wie möglich an der Westgrenze der Sowjetunion durchgeführt werden sollte. Sobald die sowjetischen Hauptkräfte in mehreren großen Kesseln, ähnlich wie bei Dünkirchen (nur ohne die Evakuierungsmöglichkeit), zertrümmert wären, könnte die deutsche Armee tief in russisches Territorium einmarschieren. Bis wohin genau die Deutschen eindringen würden, das war ein Punkt, bei dem der am 18. Dezember 1940 unterzeichnete Plan »Barbarossa« verdächtig vage blieb. »Die deutsche Wehrmacht muß darauf vorbereitet sein, auch vor Beendigung des Krieges gegen England, Sowjetrußland in einem schnellen Feldzug niederzuzwingen.« Der Feind müsse energisch verfolgt werden, bis eine Linie erreicht sei, von der aus die russischen Luftstreitkräfte nicht länger deutsches Territorium angreifen könnten. »Das Endziel der Operation ist die Vernichtung der Masse des russischen Heeres und die Abschirmung gegen das asiatische Rußland aus der allgemeinen Linie Wolga–Archangelsk. So kann erforderlichenfalls das letzte Rußland verbleibende Industriegebiet am Ural durch die Luftwaffe ausgeschaltet werden.«

Das war, in bemerkenswert knapp gefaßten Worten, der Entwurf für den Fehlschlag des gesamten Planes. Er strotzte nur so von Widersprüchen und falschen Einschätzungen und ließ alle wichtigen Fragen offen. Wenn die russische Armee in Westrußland vernichtet würde, bevor sie in die Weiten des russischen Landes zurückweichen konnte, wozu sollte sie dann

Rechts: Kleists 1. Panzerarmee in Reichweite des Kaukasus. Panzergrenadiere überqueren ein Maisfeld unter russischem Feuer. Der Vorstoß zum Kaukasus sollte ursprünglich nach dem Fall von Stalingrad stattfinden, doch Hitler verwarf seine Pläne und ließ seine südlichen Heeresgruppen stetig auseinanderstreben, bis eine riesige Kluft zwischen ihnen entstand.

Oben links: Eine Ruinenmauer dient diesem russischen Kampfverband als Brustwehr. Mit Maschinengewehr und Granaten soll der Feind aus seinen Schlupfwinkeln vertrieben werden.

Oben rechts: Deutsche Soldaten in dramatischer Pose – Titelblatt der deutschen Militärzeitschrift Wehrmacht. Die Niederlage von Stalingrad wurde von Goebbels Propaganda-Maschine als heroisches Bravourstück dargestellt.

»energisch verfolgt« werden? Und was die »allgemeine Linie Wolga–Archangelsk« anging: Wo genau sollte sie verlaufen? Wenn sie wirklich dem Flußlauf der Wolga und Dwina folgen sollte, dann wäre sie eine riesige Zickzacklinie mit drei gewaltigen, nach Westen, in die deutsche Front vorspringenden Spitzen – eine alptraumhafte »Barriere« aus der Sicht des Verteidigers. Und die geplante Ausschaltung der Industriegebiete am Ural durch die deutsche Luftwaffe, 450 Kilometer östlich des entlegensten deutschen Militärflugplatzes innerhalb der »Barriere« – das war das größte Wunschdenken überhaupt. 1940 hatte die deutsche Luftwaffe die gewaltigste Schlappe hinnehmen müssen, als sie versuchte, die Evakuierung der Alliierten bei Dünkirchen zu verhindern und die numerisch unterlegene Royal Air Force auszulöschen, und sie besaß nicht die geringste Erfahrung, was die strategische Bombardierung feindlicher Industrien anging.

Der schwerwiegendste und fatalste Fehler jedoch war die Unterschätzung der Russen und die Annahme, man könne die Rote Armee bis zum Herbst vernichten. Als Guderian das erste Mal vom »Fall Barbarossa« hörte, hielt er das Ganze für einen gewaltigen Bluff, die Tarnung einer geplanten Landung in England. Um so mehr war er entsetzt, als er erfahren mußte, daß nicht nur Hitler, sondern der gesamte deutsche Generalstab den Plan absolut ernst nahmen. Die bisherigen Erfolge der Wehrmacht, vor allem die überraschende Schnelligkeit, mit der sie den Westen besiegte, war dem Generalstab derart zu Kopfe gestiegen, daß er das Wort »unmöglich« völlig aus seinem Vokabular gestrichen hatte. Alle hohen Offiziere waren von einem unerschütterlichen Optimismus beseelt und absolut unzugänglich für jegliche Art von Kritik oder Einwänden, gab Guderian später in seinen Memoiren zu.

Aus der Sicht der Panzergeneräle, die erneut den Weg für einen schnellen Sieg ebnen sollten, war alles eine Frage von Raum und Entfernung. Jedes Land, in dem die Deutschen bislang operiert hatten, besaß enge Grenzen – natürliche Grenzen, wie Gebirgsketten oder Küsten, oder politische Grenzen, verbündete oder neutrale Umländer. Rußland einzunehmen dagegen, das kam einem Vorstoß ins Weltall gleich. Wenn die deutschen Armeen weiter und weiter ostwärts vorrückten, so würden sie sich wie aus dem Hals eines riesigen Trichters bewegen und in immer ausgedehnteres Gelände verstreuen, wie die gespreizten Finger einer Hand, die nach dem Mond greift. Die Nachfrage an Menschen- und Rüstungspotential wäre unvorstellbar – bis sie schließlich das Mögliche überstiege.

Fehlschlag des Unternehmens »Barbarossa«

Bei all den fundamentalen Mängeln dieses Planes ist schwer vorstellbar, wie Hitlers Kampagne von 1941 erfolgreicher hätte ausgehen sollen. Die Heeresgruppe Nord stieß bis an die Vororte von Leningrad vor, die Heeresgruppe Mitte bis an die Außenbezirke von Moskau und die Heeresgruppe Süd bis Rostow. Bis Oktober hatten sie zwei Drittel der Friedensstärke der Roten Armee vernichtet, und bis zum Höhepunkt des Angriffes auf Moskau waren die Deutschen tatsächlich zahlenmäßig überlegen – das erste und einzige Mal. Doch die extrem niedrigen Temperaturen setzten den ungenügend ausgerüsteten deutschen Truppen furchtbar zu, und die Soldaten starben zu Tausenden an ihren Erfrierungen, während ihre Winterausrüstung in Eisenbahnwaggons bei Warschau lagerte. Hitler hatte die Beschaffung von Winterkleidung untersagt, weil ja der Feldzug

Oben: Deutscher Panzerkampfwagen IV mit der verbesserten langen 7,5cm-Kanone. Bei seinen Angriffen gegen Stalingrad setzte General Paulus seine Panzerkräfte falsch ein, indem er sie ungedeckt in russisches Artilleriefeuer vorstoßen ließ.

Rechts: Der vage Operationsplan der Deutschen für ihren Einmarsch nach Rußland. Das Hauptproblem lag darin, daß es keine natürliche Linie gab, an der sie sich als Vorstoßgrenze hätten orientieren können. 1941 konnten die Deutschen ihr Hauptziel verwirklichen – die Vernichtung der massierten Konzentrierungen der Roten Armee in Westrußland –, doch es gelang ihnen nicht, Moskau und Leningrad einzunehmen. Später, als die Russen mit ihren aus Sibirien herangezogenen Armeen eine Konteroffensive starteten, mußte die deutsche Armee um ihr Leben kämpfen. Die rechte Karte zeigt, wie entscheidend die Deutschen 1942 ihre Strategie veränderten. Jetzt standen sie im nördlichen und mittleren Abschnitt in der Defensive und verlagerten ihr Schwergewicht in den Süden, um das untere Wolga-Gebiet und die Ölfelder Südrußlands einzunehmen.

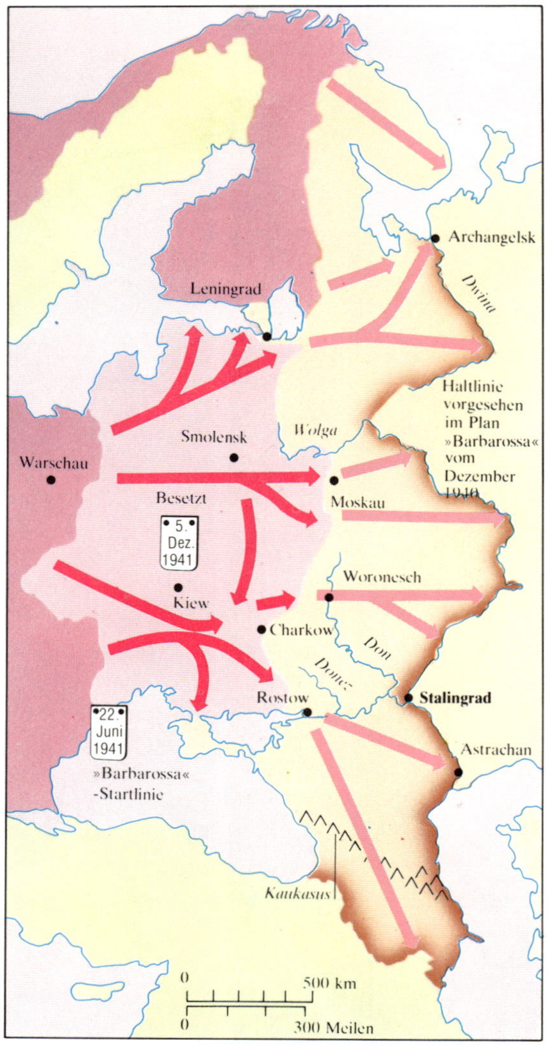

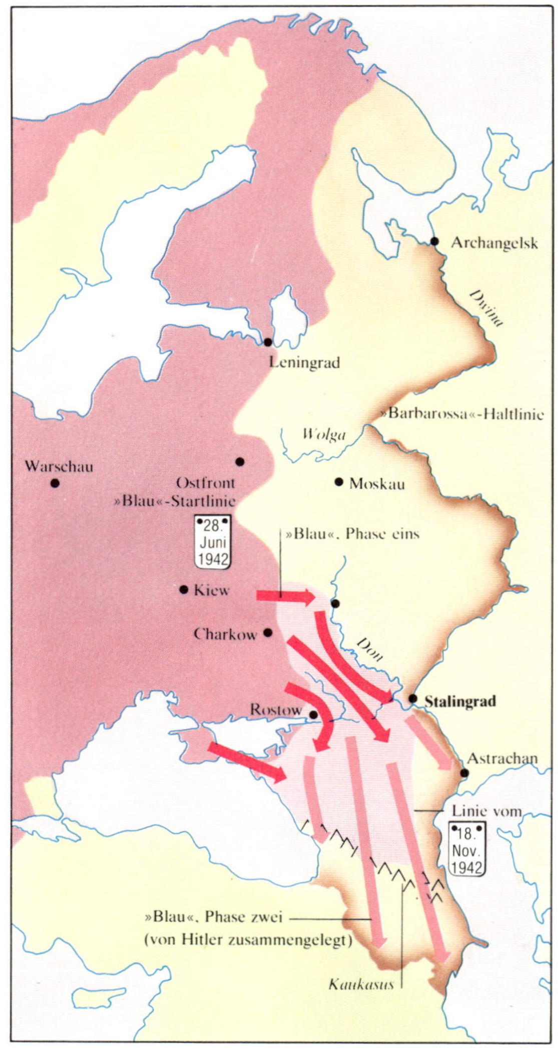

Unten: Eine 2,0-cm-Luftabwehrkanone auf offener Steppe, gegen eine russische Stellung gerichtet. Der Soldat ganz außen links schaut durch einen stereoskopischen Entfernungsmesser.

bis dahin hätte beendet sein sollen. Doch jetzt wurde ein Teil der bestens ausgerüsteten sibirischen Armee an die Front bei Moskau befördert, der sich mit aller Kraft gegen die Heeresgruppe Mitte warf.

»Unternehmen Blau« – Stalingrad – Kaukasus

Als die Winterkrise vorüber und die Armeen in Rußland für die 1942er Kampagne verstärkt wurden, waren zwei Punkte klar. Obwohl die festgesetzten Ziele für das »Barbarossa«-Unternehmen noch außer Reichweite waren, stand eine gemeinsame Wiederaufnahme der Offensive durch alle drei Heeresgruppen außer Frage. Durch Defensive im Norden und im Zentrum und den Vorstoß der verstärkten Heeresgruppe Süd könnten unbezahlbare Erfolge im südlichen Sektor erreicht werden. Zwischen dem Schwarzen und dem Kaspischen Meer lagen die wichtigsten russischen Ölfelder – im Zeitalter des mechanisierten Krieges strategisch äußerst wertvolle Punkte. Und wenn die Deutschen die Kaukasus-Linie einnehmen konnten, dann waren sie in der Lage, vom Norden her in den Mittleren Osten einzudringen.

Auf diese Weise kam der sogenannte »Plan Blau« zustande, eine Zwei-Phasen-Offensive, die ursprünglich gestaffelt lanciert werden sollte. Die nördliche Hälfte der Heeresgruppe Süd, die jetzt in Heeresgruppe B umbenannt wurde (6. Armee und 4. Panzerarmee) sollte in östlicher Richtung vorrücken, um Woronesch und die Don-Linie einzunehmen, den Fluß zu überschreiten, bis nach Stalingrad an der Wolga vorzudringen und die Stadt zu erobern. Jetzt sollte die so vom Norden her gedeckte Heeresgruppe A (17. Armee und 1. Panzerarmee) nach Südosten über den Don vorstoßen, die Ölfelder einnehmen und bis zum Kaukasus vorrücken.

Ein bezeichnendes Merkmal des Operationsplans »Blau« war das stillschweigende Eingeständnis, daß die Offensive nicht von deutschen Truppen allein durchgeführt werden konnte – mit anderen Worten, daß der Rußlandfeldzug bereits zu schwierig geworden war, um nur von Deutschland bewältigt werden zu können: »Es werden Einheiten all unserer Alliierten benötigt, um die Don-Front zu halten, die mit dem Fortschreiten der Angriffe immer länger wird. Die alliierten Truppen sollen so verteilt werden, daß die ungarischen am weitesten im Norden, die italienischen im Zentrum und die rumänischen am weitesten im Süden eingesetzt werden.« So hieß es im Operationsplan. Diese Flankierung der deutschen Angriffspunkte durch Einheiten fragwürdiger Kampfqualität sollte für das Unternehmen verheerende Folgen haben.

Die ersten vier Wochen

Die Angriffsspitze der Heeresgruppe B war die 4. Panzerarmee, die unter dem Befehl von Generaloberst Hoth stand. Er hatte ursprünglich für Generaloberst Paulus und seine 6. Armee, die stärkste deutsche Armee im Rußlandfeldzug, den Weg nach Stalingrad ebnen sollen. Die 6. Armee war auf die enorme Stärke von achtzehn Divisionen »hochgezüchtet« worden (einschließlich zweier Panzer- und einer motorisierten Division). Sobald Paulus vor Stalingrad stand, sollte Hoth nach Süden abdrehen, um Generaloberst von Kleists 1. Panzerarmee in der zweiten Phase der Offensive zu unterstützen: dem Vorstoß südöstlich vom Don.

Doch in dem Monat, der auf die Eröffnung der Kampagne »Blau« folgte, verwarf Hitler den ursprünglichen Plan. Am 23. Juli ließ er durch seine Weisung Nr. 45 das Unternehmen »Blau« durch das Unternehmen »Braunschweig« ersetzen, wonach der Vorstoß der Heeresgruppe A und B gleichzeitig gestartet werden sollten, *bevor* die Wolga bei Stalingrad gesichert war. Das bedeutete, daß die beiden Heeresgruppen, statt gestaffelt vorzugehen, stetig auseinanderstrebten und eine 300 Kilometer breite Kluft zwischen ihnen entstand. Nun aber hatten die Russen aus ihren vorangegangenen Desastern viel gelernt. Diesmal würden sie sich nicht zu Hunderttausenden vernichten lassen. Sie entzogen sich geschickt dem Klammergriff des Gegners, und die fehlenden Gefangenen- und Beuteziffern verleiteten Hitler zu der Annahme, die Russen hätten ihre letzten Reserven bereits verbraucht.

So wurde die 4. Panzerarmee, statt die schwache russische Front vor Stalingrad zu durchbrechen, zum Don geschickt. Bis die 6. Armee die Außenbezirke von Stalingrad erreicht hatte, konnten die Russen ihre 62. Armee beträchtlich verstärken. Und die Divisionen von Paulus wurden bei ihren Angriffen so energisch zurückgeschlagen, daß Paulus die Attacken einstellte, bis er Hilfe von der 4. Panzerarmee vom Don erwarten konnte.

Stalingrad

Am 19. August 1942 erteilte General Paulus seinen Truppen zwischen Don und Wolga den Befehl zum Angriff auf Stalingrad. Die 6. Armee sollte vom Norden her gegen die Stadt vorgehen, während die Panzer der 4. Armee vom Südwesten her angreifen sollten. Hoth jedoch gelang der Durchstoß im Süden nicht. Er vermochte lediglich die 64. Armee langsam in die Stadt zurückzudrängen.

Und aus der »blitzartigen« Eroberung Stalingrads, nach der die mobilen Einheiten der 6. Armee gleich zum rechten Ufer der Wolga geschickt werden sollten, entwickelte sich ein alptraumhafter Kampf mit erbitterten Straßen- und Häuserschlachten. In den folgenden beiden Monaten sollte sich Paulus als einer der verheerendsten Taktiker erweisen, die jemals mit einer Armee betraut waren.

Paulus war nicht in der Lage, den im Gewirr der Straßen verteilten russischen Brückenkopf am rechten Wolga-Ufer zu zersprengen und den nächtlichen Nachschubverkehr über den Fluß zu stoppen.

Schukows Falle

In der Zwischenzeit hatte Stalins Oberkommando erkannt, daß Stalingrad das Mittel war,

Oben: Russische Soldaten räumen mit Maschinengewehren eine Ruine in Stalingrad. Aufgrund des erbitterten Widerstands der Deutschen konnten sich die Russen nur Haus um Haus, Straßenzug um Straßenzug vorwärtskämpfen.

Unten: Die Erschöpfung steht diesen deutschen Infanteristen auf dem Gesicht geschrieben, die sich für einen erneuten Vorstoß in die Ruinenstadt bereithalten.

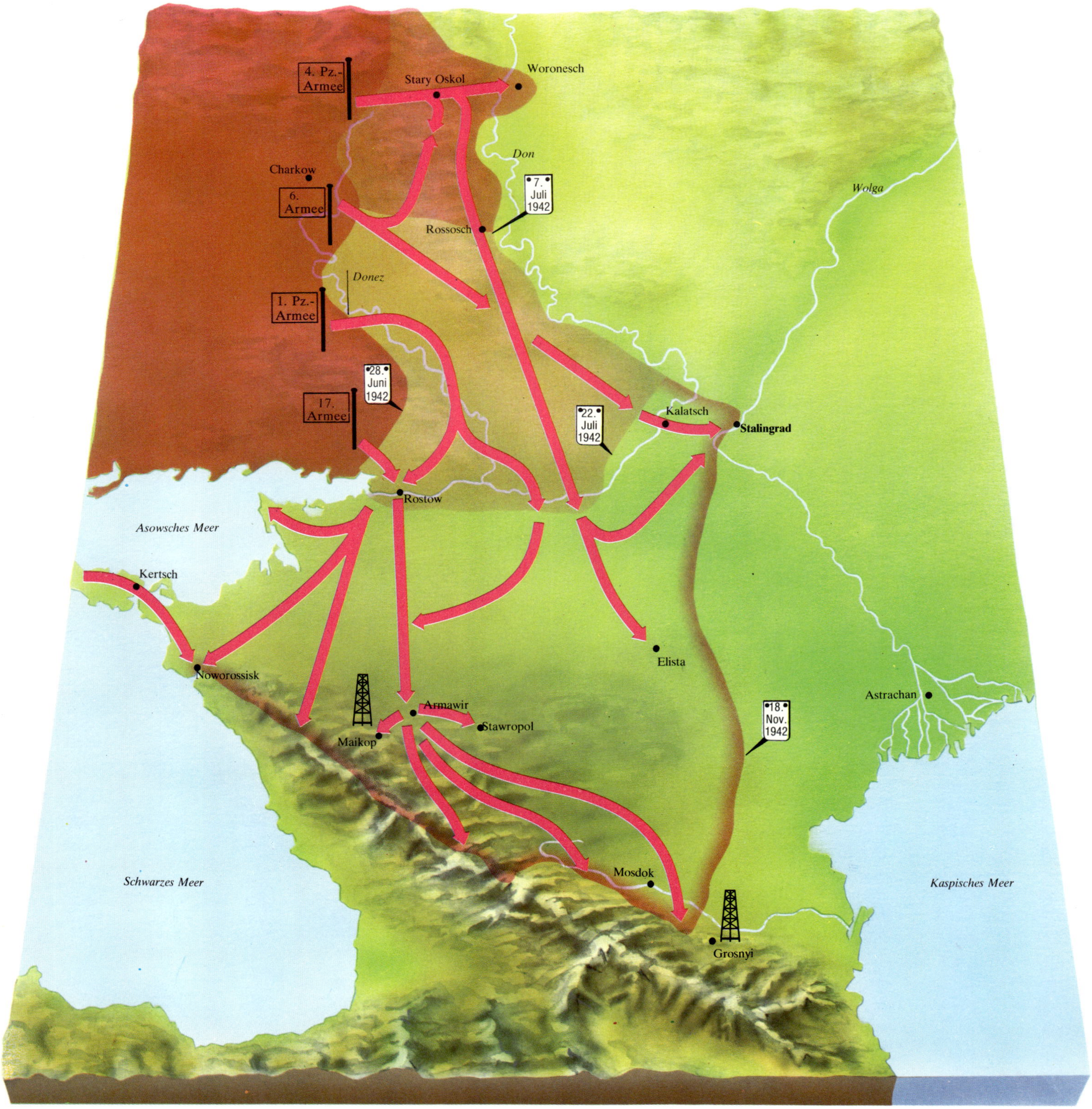

Oben: Die Stalingrad-Kaukasus-Offensive. Wäre die 4. Panzerarmee nicht nach Süden, gegen den Don, abgedreht, dann wäre Stalingrad bis Ende August in deutscher Hand gewesen.

mit dem die gesamte deutsche Offensive zum Stillstand gebracht werden konnte. So wurde am 25. August die sogenannte »Stalingrad-front« unter dem Kommando von General Georgi Schukow konzentriert, der die Winter-Gegenoffensive von Moskau geführt hatte, dem einzigen russischen General, der niemals eine Schlacht verloren hatte. Während er Stalingrad eben ausreichende Truppenverstärkungen zuführte, damit Tschuikow seinen Widerstand erfolgreich aufrechthalten konnte, richtete er sein Augenmerk vor allem auf die rumänischen Armeen, die zu beiden Flanken der 6. Armee, weit draußen in der Steppe aufgestellt waren. Von Anfang Oktober bis Mitte November konnte er unbemerkt unweit der unbeweglichen rumänischen Fronten zwei enorm starke Heere konzentrieren. Schließlich am 18. November, als die 6. Armee zur Endoffensive gegen die letzten noch Widerstand leistenden Stadtteile Stalingrads ansetzen wollte, holte Schukow zum entscheidenden Schlag aus.

Die Falle schnappt zu

Bei dem massierten russischen Angriff vom 18. November wurde die rumänische 3. und 4. Armee völlig niedergewalzt. (Die rumänischen Panzer hatten so lange brachgelegen, daß die Mäuse bei einer Reihe von Fahrzeugen die Gummiisolierung der elektrischen Leitungen anknabberten und beschädigten, und als die Panzerbesatzungen panikartig zu ihren Panzern stürzten und starten wollten, sprangen die Motoren nicht an.) Schukow, ein wahrer Meister des Blitzkrieges, richtete sich jetzt gegen Ziele, 70 Kilometer hinter den Stellungen der 6. Armee: Brücken am Donknie bei Kalatsch und Nishni-Tschirskaja. Am 23. November vereinigten sich die russischen Panzer der »Donfront« mit denen der »Stalingradfront« bei Sowetsky, circa 30 Kilometer südöstlich von Kalatsch. Schukow verlor keine Zeit, um weiter in südwestliche Richtung vorzustoßen, und

Oben: Schukows Konteroffensive. Er tat genau das, was Auchinleck in der 1. Schlacht bei Alamein getan hatte, und richtete seine kräftigsten Schläge gegen die völlig erschöpften Kontingente, die an den Flanken der deutschen 6. Armee operierten.

Oben: Eine russische Patrouille bewegt sich, das Maschinengewehr im Anschlag, vorsichtig durch die Trümmer. Aus der Sicht des Verteidigers waren die Ruinen ein strategisch unermeßlicher Vorteil, für die Angreifer waren sie ein Alptraum.

Unten: Nach dem Sieg der Amerikaner bei Midway und dem Durchbruch der britischen 8. Armee bei Alamein war Stalingrad der dritte alliierte Sieg im Zweiten Weltkrieg. »Wir werden dem schrecklichen Gegner den Weg abschneiden. Er wird sich nicht aus der Schlinge befreien können«, lauten die Worte auf diesem russischen Plakat.

schaufelte Erde auf die Gruft, in der die deutsche 6. Armee jetzt lebend begraben lag.

Hitlers Befehl: Kein Ausbruch

Anfangs sorgte sich die deutsche Heeresleitung nur wenig um das Schicksal der 6. Armee. Während der Winterkämpfe waren bereits mehrere Armeeteile abgeschnitten und anschließend erfolgreich aus der Luft versorgt worden, bis Entlastungstruppen ihnen den Durchbruch ermöglichten. Noch nie aber war ein Unternehmen diesen Ausmaßes unternommen werden: Die Luftwaffe besaß einfach nicht die Mittel, um eine ganze Armee von einer Viertelmillion Soldaten auf dem Luftwege zu versorgen. Die 6. Armee hatte genügend Waffen- und Menschenpotential, um einen Weg aus der Umzingelung zu erzwingen und die Lücke in der Front ausbessern zu helfen. Doch Hitler lehnte ab. Es waren kaum drei Wochen vergangen, seit er Rommel bei Alamein den Befehl erteilt hatte, bis zum letzten Mann zu kämpfen, und noch immer bestand er darauf, nicht einen Zoll eroberten Landes aufzugeben. Der Mann, der schließlich das Schicksal der 6. Armee besiegelte, war Göring, der in diesem Unternehmen eine Gelegenheit sah, das angeschlagene Prestige seiner Luftwaffe wieder herzustellen. Er erklärte, daß er in der Lage sei, eine Mindestleistung von 700 Tonnen Nachschub pro Tag gewährleisten zu können. Von allergrößter Wichtigkeit war die Winterausrüstung der 6. Armee, die bis zum Zeitpunkt von Schukows Angriff noch nicht ausgeteilt worden war und auf normalem Weg nicht mehr nach Stalingrad gelangen konnte.

Der Entlastungsmarsch schlägt fehl

Das war selbst Hitler klar, der Feldmarschall von Manstein mit dem Befehl über die neue Heeresgruppe Don betraute. Manstein traf am 26. November in seinem Hauptquartier ein und machte sich unverzüglich an die Vorbereitungen für einen Durchbruch zur Befreiung der 6. Armee. Die Panzerarmee von Hoth, die den Angriff durchführen sollte, trat am 12. zum Vormarsch an. Am 15. Dezember hatte sie sich bis auf etwa 50 Kilometer an den Einschließungsring von Stalingrad vorgekämpft. Hätte Paulus so gehandelt wie Rommel bei Alamein und Hitlers Durchhaltebefehl ignoriert, dann hätte er gewiß einen Großteil der 6. Armee retten können. Doch er schreckte vor dieser Entscheidung zurück und behauptete, seine Armee könne die Aktion aufgrund von Kraftstoffmangel nicht durchführen.

Am 16. 12. richtete Schukow einen Meisterstreich gegen die Heeresgruppe B, indem er die »Woronesch«- und »Südwest«-Armeegruppen gegen die italienische 8. Armee und die rumänische 3. Armee warf. Am 18. stießen fünf sowjetische Panzerkorps durch eine große Lücke in der italienischen Front. Manstein sah sich gezwungen, sein 48. Panzerkorps und seine 6. Panzerdivision zurückzuziehen – die letzten Einheiten, die der 6. Armee hätten noch zu Hilfe kommen können –, um den Rest der Front zu retten.

Paulus und die Trümmer seiner Armee hatten nur noch eine letzte Rolle zu spielen: auszuhalten und die russischen Truppen so lange wie möglich zu fesseln. Schukow konnte alle Flugplätze einnehmen, die die deutsche Luftwaffe für eine wirksame Luftversorgung brauchte.

Oben: Nach der Erniedrigung der Triumph: Die Rote Flagge weht wieder über dem Zentrum von Stalingrad.

Die letzten Wochen in Stalingrad

Die von Hunger und Kälte bedrohte 6. Armee, der jetzt auch die letzten Munitionsvorräte ausging, focht bis zum bitteren Ende. Am 9. Januar lehnte Paulus ein russisches Kapitulationsangebot ab. Daraufhin setzte am 10. ein russischer Großangriff ein, wobei konzentrische Panzerangriffe im Norden, Süden und Westen den Kessel mehr und mehr verengten. Der Feldflugplatz Pitomnik fiel am 14., und damit brachen die Versorgungs- und Evakuierungstransporte fast vollständig ab. Am 31. wurden die mageren Rationen nur noch an die Kampftruppen verteilt – nicht mehr an die Kranken und Verwundeten. Hitler, der eine Kapitulation noch immer strikt ablehnte, erhob Paulus zum Feldmarschall, eben weil ein deutscher Feldmarschall niemals kapitulierte. Diesem jedoch bleibt keine andere Wahl: Er reichte vierundzwanzig Stunden später, am 31. Januar, die Kapitulation ein. Am 3. Februar 1943 war der letzte Funke Widerstand erloschen.

Auswirkungen und Verluste

Stalingrad gehört zu den grausamsten Schlachten der Weltgeschichte. Nur 24000 Verwundete und 18000 unersetzliche Spezialisten konnten aus dem Sperriegel hinter die deutsche Frontlinie geflogen werden. Die Russen begruben 147200 Tote; 91000 Mann gingen in russische Gefangenschaft. Die russischen Verluste der Endschlacht beliefen sich auf 46700. Die Sowjets hatten sieben Armeen gebraucht, um den Kessel von Stalingrad zu bilden und die Falle aufzubauen, die die von den Alliierten lang ersehnte Wende brachte.

Manstein gelang es, mit einer Serie von Konterattacken die Südfront erneut zusammenzuflicken. Die Heeresgruppe A wurde vom Kaukasus zurückgezogen, um die Front am Don zu stabilisieren. Bis zum Frühjahr 1943 war die Ostfront wieder halbwegs intakt, doch nach dem Desaster von Stalingrad war die deutsche Armee nicht mehr, was sie 1941 gewesen war. Der Wendepunkte des Krieges war damit endgültig erreicht.

VIS A TERGO

KAPITEL 17

IWO JIMA

19. FEBRUAR – 26. MÄRZ 1945

Vorherige Seiten: Amerikanische Marineinfanteristen halten sich beim Dröhnen ihrer mobilen Raketen-Batterien, die auf der Insel Iwo Jima gegen japanische Positionen hämmern, die Ohren zu.

Vor der Haustür Japans: Fünf Wochen erbittertster Kämpfe um 20 Quadratkilometer Felsen und Staub

Hintergrund

Am 7. August 1942 landeten amerikanische Marineinfanterieeinheiten auf Guadalcanal, einer Insel der Salomonengruppe im Südwestpazifik, und damit begann eine der spektakulärsten Phasen des Zweiten Weltkrieges: das amerikanische »Inselspringen« über den Pazifik bis vor die Küsten von Japan. Der amerikanisch-japanische Pazifikkrieg zog sich über drei Jahre hin, bis Japan schließlich kapitulierte, um eine Invasion seines eigenen Territoriums zu verhindern.

Noch nie war eine Kampagne dieses Ausmaßes gewagt worden. Es war ein völlig neuartiger Krieg, bei dem enorme Strecken zurückgelegt und die gesamte Seekriegführung umgestaltet werden mußte. In gewissem Sinne war die Pazifik-Kampagne ein enormer Blitzkrieg, dessen Tempo naturgemäß erheblich langsamer ausfiel als das eines Landblitzkrieges, da er sich über eine riesige Fläche erstreckte. Trotz alledem läßt sich die amerikanische Rückeroberung des Pazifik mit einem Landblitzkrieg vergleichen. Die Amerikaner belagerten nicht jedes Fleckchen Land zwischen Pearl Harbour und Tokio, genausowenig wie eine vorstoßende Panzerdivision nicht gegen jedes Dörfchen oder jeden Weiler eine sorgfältig geplante Attacke startete.

Ebenso wie in einem Landblitzkrieg wurden weniger wichtige Widerstandsbastionen außer acht gelassen; die Hauptattacken dagegen wurden bis tief in die lebenswichtigen Zonen des gegnerischen Territoriums gerichtet. So ließen die Amerikaner weite Gebiete des japanischen Reiches vom Mai 1942 – Malaya, Niederländisch-Indien, die Karolinen, Formosa – völlig unberührt, um sie »am Rebstock reifen zu lassen«, bis das Ende des Krieges gekommen war. Andere Inseln und Inselgruppen dagegen – die Gilbert- und Marshall-Inseln, die Salomonen, die Marianen und die Philippinen – wurden Schauplätze erbittertster Kämpfe. Die Amerikaner benötigten die Inseln entweder als neue Stützpunkte, um ihren eigenen Vorstoß zu beschleunigen, oder sie eroberten sie, weil sie in den Händen der Japaner eine zu große Bedrohung bedeutet hätten. Letzteres war der Fall bei Iwo Jima, einer öden, baumlosen Vulkaninsel der Boningruppe, 1400 Kilometer südöstlich des japanischen Mutterlandes.

Die Amerikaner wußten, daß sie kein leichtes Spiel haben würden, denn die lange Route über den Pazifik war mit blutigen Meilensteinen durchsetzt, die den fanatischen japanischen Widerstand bezeugten. Auf der zur Gilbertgruppe gehörigen Insel Tarawa waren bei einer 4836 Mann starken japanischen Garnison nur 176 Gefangene gemacht worden, die meisten darunter koreanische Arbeiter. Auf Saipan, das zu den Marianen zählt, war die gesamte Garnison von 31629 Soldaten, zusammen mit Hunderten von japanischen Zivilisten ausgelöscht worden, die sich lieber die Klippen hinabstürz-

Unten: Die Amerikaner erstürmen die Küste von Iwo Jima. Der Kegel des Suribachi raucht wie ein Vulkan unter der amerikanischen Bombardierung, während die Marineinfanteristen ihre erste Bekanntschaft mit dem vegetationslosen Lavagestein der Insel machen.

ten, als zu kapitulieren. Auf dem benachbarten Tinian fiel eine ganze 9000 Mann starke Garnison im Kampf. Guam, das dritte amerikanische Ziel innerhalb der Marianen, erbrachte nur 1250 Gefangene aus einer Garnison von 19 500 Soldaten – ein Großteil der Japaner zog sich in den Dschungel zurück; einige darunter tauchten erst 20 Jahre nach Kriegsende wieder auf.

Was immer auf Iwo Jima geschehen sollte, die Angreifer machten sich keine Illusionen: eine mörderische Schlacht stand bevor, und die Amerikaner wußten es. Der britische Feldmarschall Slim war es gewesen, der die treffendsten Worte für die einzigartige Kampfweise der Japaner gefunden hatte: »Wir alle redeten ständig davon, bis zum letzten Mann und zum letzten Blutstropfen zu kämpfen. Der japanische Soldat dagegen setzte es in die Tat um.«

Iwo Jima aber war für die Amerikaner lebensnotwendig. Sie waren im Begriff, die Marianen als Hauptbasis für einen Bombenangriff auf das japanische Mutterland auszubauen, und da Iwo Jima auf der Flugroute der Bomber lag, sollte die Insel als Zwischenstation für die Bomber und als vorgerückter Flugplatz für die Jagdflugzeuge dienen, die nicht auf Flugzeugträgern landen und starten konnten. Außerdem bedeutete die Eroberung der Insel eine Sicherung der Marianen gegen eventuelle japanische Luftattacken.

Die Beschaffenheit der Insel versprach den Angreifern einen großen Vorteil. Fast alle von Japan gehaltenen Inseln, die vor Iwo Jima angegriffen worden waren, besaßen eher urwaldähnlichen Charakter und ermöglichten es dem Japaner, dem Meister der Tarnung, seine Bunker, Küstengeschütz-Batterien und Maschinengewehrnester bestens versteckt zu halten. Iwo Jima jedoch war vegetationslos, ein felsiges Gebilde, eingehüllt in schwarzen Lavastaub, auf dem nur dürftige Grasbüschel gediehen.

Die Form der Insel glich einem langgezogenen Wassertropfen; sie war zehn Kilometer lang, maß an der breitesten Stelle nur vier Kilometer und wurde an ihrem schmalen Ende von einem felsigen Berg, dem Suribachi, beherrscht, an dessen Hängen die Amerikaner den stärksten Widerstand erwarteten. Aus diesem Grund sollten die drei US-Marinedivisionen (»Leathernecks«) unter dem General Holland M. (»Howling Mad«) Smith Seite an Seite so dicht am Suribachi landen, wie es die unwegsame Küste zuließ, über den schmalen Inselhals zur Westküste vorstoßen, den Suribachi einnehmen und dann nach Norden und Süden abdrehen, um den Rest durchzukämmen.

Oben: »Der Atem des Teufels auf der Insel der Hölle« ist der düstere Titel zu diesem Foto des US-Marineinfanterie-Korps. Mit einem Flammenwerfer wird ein japanisches Schützenloch am Fuße des Suribachi ausgebrannt.

Die japanischen Verteidigungen

Nach der unerwarteten amerikanischen Eroberung der Marianen im Juni 1944 hatten die Japaner mit einer sofortigen Einnahme Iwo Jimas gerechnet. »Wir hatten das Gefühl, auf einem Pulverfaß zu sitzen«, erinnerte sich ein japanischer Stabsoffizier. »Hätten die amerikanischen Streitkräfte bereits zu jener Zeit angegriffen, dann hätten sie die Insel innerhalb von ein oder zwei Tagen einnehmen können.« Nach der Besetzung der Marianen jedoch verlagerte sich die amerikanische Pazifikoffensive auf die Philippinen, und die Japaner nutzten die Zeit aus, um Iwo Jima mit Waffen, Defensivpositionen und einer Garnison auszurüsten – und eine völlig neue Defensivstrategie einzuführen.

Der japanische Operationsplan war eine erstaunliche Rückkehr zu dem Stellungskrieg in Schützengräben des Ersten Weltkrieges (von der deutschen, der defensiven Seite her betrachtet). Da die Inseloberfläche den Japanern keinen Schutz gegen die amerikanische Feuer-

Links: Nicht tot, nur eingeschlafen – ein amerikanischer Kriegshundabrichter hält ein Nickerchen in einem Schützengraben. Kriegshunde wurden eingesetzt, um japanische Soldaten aufzuspüren, die sich in die amerikanischen Positionen einzuschleichen suchten.

Iwo Jima, 1945

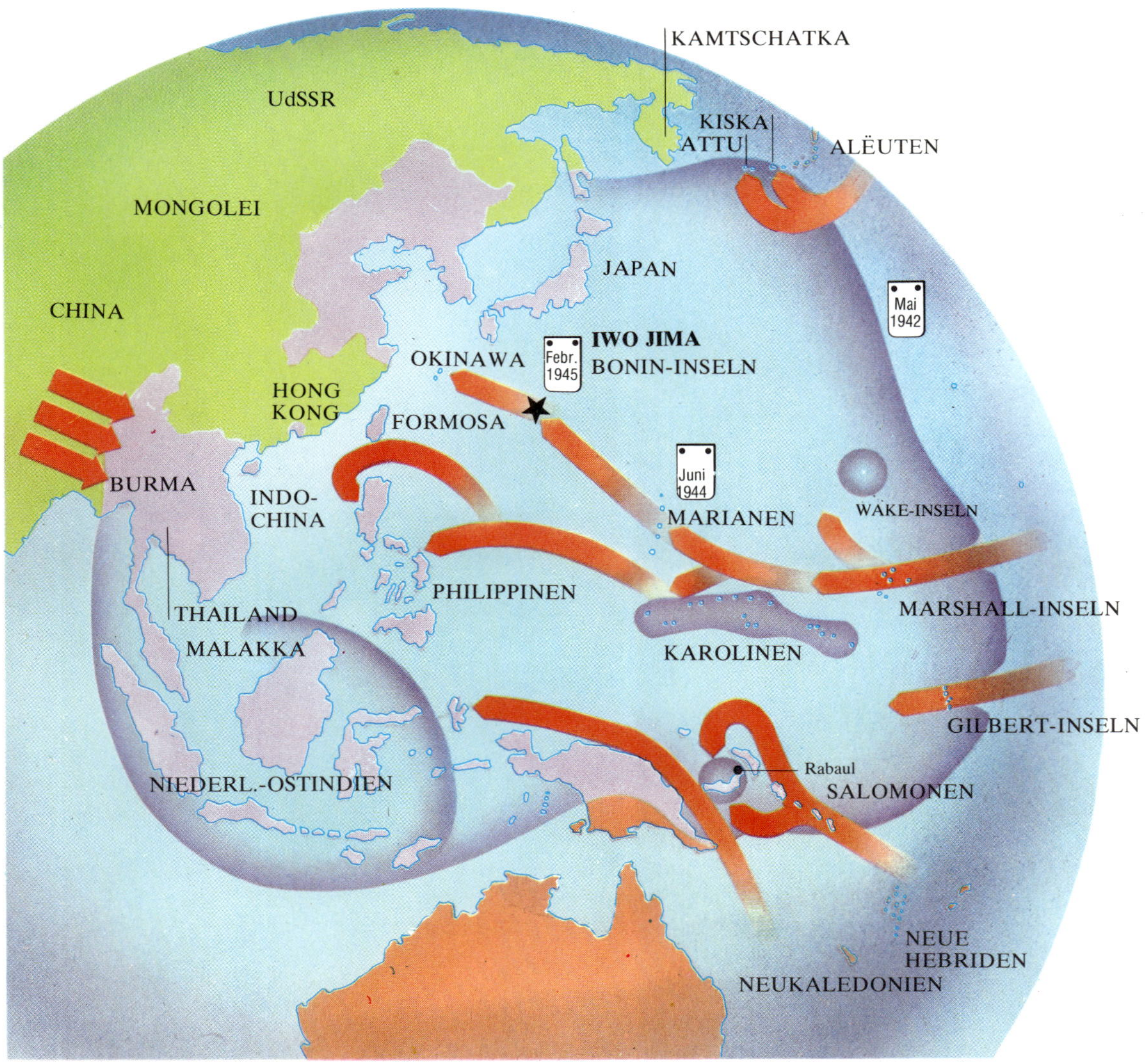

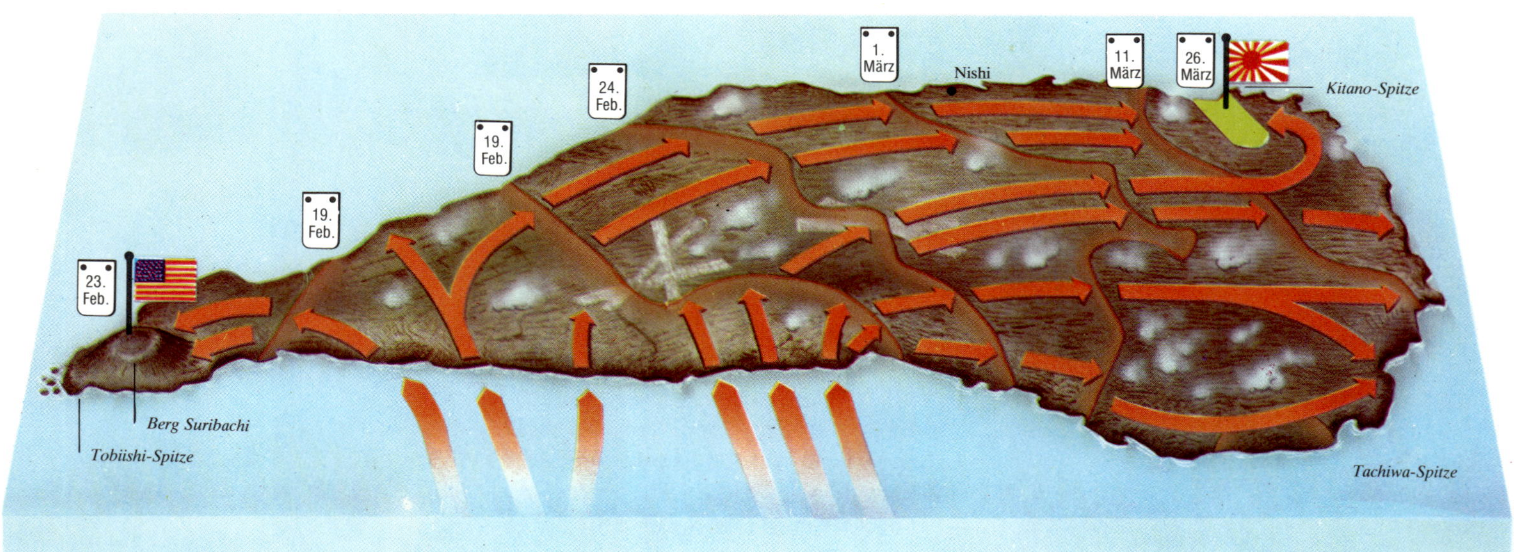

Ganz oben: Amerikanische Strategie im Pazifik und die Lage von Iwo Jima. Nach der Eroberung der Marianen entstand eine Kampfpause, die die Amerikaner dazu benutzten, um neue Flugfelder für die Bombardierung Japans anzulegen. Die Philippinen waren ihr nächstes großes Ziel; als sie Iwo Jima im Februar 1945 angriffen, hatten die Japaner ein erstaunliches Verteidigungssystem auf der Insel aufgebaut.

Oben: Die langsame, aber unaufhaltsame Eroberung von Iwo Jima – ein langer und blutiger Kampf um ein winziges Fleckchen Land.

kraft (Marine-, Luft- und Erdkampfwaffen) bot, mußten die Verteidiger unterirdisch operieren. Ein Labyrinth von schmalen Tunneln wurde ausgehoben, das Hunderte von kleinen Stützpunkten und Schützendeckungslöchern verband. Gesetzt den Fall, der Angreifer entdeckte einen Heckenschützen und verfolgte ihn, um ihn auszuschalten, dann konnte der Schütze in einem entsprechenden Tunnel untertauchen, an einem unbeobachteten Schützenloch wieder auftauchen und den Gegner unerwartet von rückwärts anfallen. Bis Ende Januar hatte dieses System fast vollständig ausgebaut werden können, und Generalmajor Kuribayashis Garnison war auf die stolze Zahl von 21000 Mann verstärkt worden: 15500 Land- und 5500 Marineinfanterietruppen. Am D-Tag, dem 19. Februar 1945, war sie sogar auf 23000 Mann angestiegen.

Der Angriff

Von November/Dezember an bombardierten die Amerikaner die Insel 72 Tage lang aus der Luft und vom Meer; die Fliegerverbände, Schlachtschiffe und schweren Kreuzer warfen 6800 t Bomben und verfeuerten 22000 Granaten, um den Gegner zu zermürben – es war das schwerste Bombardement der gesamten Pazifikkampagne, das in einem drei Tage andauernden Non-Stop-Bombenangriff durch die Kriegsschiffe der Pazifikflotte gipfelte. Am Morgen des 19. Februar stießen die Schlachtschiffe circa 1 Kilometer weit ins Meer zurück, eröffneten erneut das Feuer und legten einen Schutzgürtel, so wie das auch im Zweiten Weltkrieg praktiziert wurde, um die Landemannschaften bei ihrem Landemanöver zu decken. Über 120 7,5cm-Geschütze, 300 3,5cm-Flugabwehrgeschütze, 20000 Gewehre und Maschinengewehre (mit mehr als 22 Millionen Schuß Munition), 130 Haubitzen, 20 Mörsergeschütze, 70 Raketengeschütze und 70 Panzerabwehrgeschütze erwarteten sie, ohne daß auch nur ein einziger Schuß fiel.

Der Plan der Japaner bestand darin, mit dem Schießen so lange zu warten, bis die amerikanische Vorhut an Land gegangen war (das war gegen 9 Uhr morgens). Damit sollte verhindert werden, daß der Gegner sofort zum Gegenschlag gegen die japanischen Positionen ansetzte, denn jetzt konnte die 5. amerikanische Flotte nur wenig eingreifen, weil sie sonst ihre eigenen Marineinfanteristen gefährdete. Zum großen Nachteil für die Japaner hatte dieser Schachzug jedoch zur Folge, daß die Marineinfanterie ihre gesamte Ausrüstung an Land schaffen konnte, die sie benötigte, um umgehend gegen die am nächsten gelegenen japanischen Positionen vorgehen zu können. Eineinhalb Stunden nach Beginn der ersten Landungen hatten alle acht Angriffsbataillone ihre Stellungen gesichert, Artillerie und Panzer waren an Land geschafft, und der Vorstoß über den Hals der Insel begann. Bis zum Einbruch der Nacht des 19. Februar 1945 hatten sich 30000 Marineinfanteristen ihren Weg an die Küste und ins Inselinnere erkämpft, und die vorderste Linie war im Westen Iwo Jimas.

Oben: Evakuierung eines Verletzten – ein leicht Verwundeter wird in einem Landungsboot zum Lazarettschiff transportiert. Die total isolierte japanische Garnison besaß keine solche Einrichtung.

Der Berg Suribachi fällt…

Am 20. schwenkte die 5. Marineinfanteriedivision (linker Flügel) links ab und stieß gegen den Fuß des Suribachi vor, das erste amerikanische Ziel. Im Laufe der erbitterten Kämpfe der drei folgenden Tage rauchte der Berg wie ein Vulkan, während sich die Kampfszene immer mehr zur Bergspitze hin verlagerte. Am 23. Februar, gegen 10 Uhr 20, konnten einige amerikanische Marinesoldaten unter ständigem Beschuß den Vulkankegel des Suribachi erklimmen und die amerikanische Flagge hissen. (Kurz darauf mußte der Vorgang für die Kamera wiederholt werden, wobei eines der berühmtesten Photos des Krieges entstand.) Durch die Flaggenhissung sollte die Moral der Verteidiger gebrochen werden, doch sie hinterließ keine große Wirkung. Die Einnahme des Suribachi war nur ein Vorspiel zu der heftigsten und blutigsten

Links: Nachschubversorgung über den gesicherten amerikanischen Brükkenkopf. Bis zum Angriff auf Iwo Jima beherrschten die Amerikaner die Technik der Landemanöver und Truppenversorgung auf fast perfekte Weise – doch keine der vorangegangenen Inselschlachten war so langwierig und blutig wie die auf Iwo Jima.

Phase der Schlacht: der schrittweisen Räumung des termiten-ähnlichen Verteidigungssystems der Insel.

... und die wirkliche Schlacht beginnt

Der blutige Vorstoß gen Norden wurde von einem Nachrichtenoffizier der 4. Marineinfanteriedivision, die auf der rechten Flanke vorrückte, in knappen Worten beschrieben:

»Der Feind bleibt während unserer gesamten Artillerievorbereitung in seinem Labyrinth von unterirdischen Tunneln. Sobald das Feuer eingestellt ist, schickt er Beobachtungsposten aus den Eingängen, die nicht durch unser Feuer beschädigt wurden. Dann sucht er einen geeigneten Ausgang und zieht so viele Männer und Waffen wie eben möglich an die Oberfläche, oft nur 75 Meter von unserer Front entfernt. Während sich unsere Truppen auf diesen Punkt zubewegen, richtet er seine gesamte zur Verfügung stehende Feuerkraft von Gewehren, Maschinengewehren und Mörsergeschützen gegen uns. Wenn er uns genügend Verluste zugefügt hat, um unseren Vorstoß zum Stehen zu bringen, zieht er den Großteil seiner Kräfte über die unterirdischen Tunnels zurück und läßt gelegentlich einige wenige Soldaten mit Maschinengewehren und Mörsern in den Stellungen zurück... Wenn wir die Stellung erreichen, finden wir nichts weiter als eine Handvoll von toten Japanern und wenige, manchmal gar keine feindlichen Waffen vor. Unterdessen wiederholt der Gegner diesen Vorgang, und unser Vorstoß wird in einem anderen Sektor durch ein erbittertes Feuergefecht aufgehalten. Und so geht das Spiel weiter...«

Auf der japanischen Seite

Bei jeder anderen, nicht-japanischen Besatzung hätte der langsame, aber unaufhaltsame amerikanische Vorstoß, der unweigerlich den Widerstand des Verteidigers brechen mußte, zu wachsender Unruhe und Resignation geführt. General Kuribayashi, der mit einer ständig wachsenden Anzahl seiner Einheiten keine direkte Verbindung mehr besaß, brauchte sich um diesen Punkt keine Sorgen zu machen: Seine Männer kämpften kühl und überlegt und mit vollem Einsatz ihrer Kräfte weiter. Er sammelte die Funknachrichten mit den Mitteilungen an den Stab von Chichi Jima, indem er den blutigen Verlauf der Schlacht, so gut er konnte, festhielt:

»Truppen bei Tamanayama und in den nördlichen Bezirken halten noch ihre Positionen«, berichtete er am 8. März. »Kampfgeist, Glaube an den Sieg scheint ungebrochen.« Zwei Stunden später: »Konnte nicht verhindern, daß der Feind Teil des japanischen Territoriums einnimmt; tröste mich aber damit, daß ihm so viel Schaden wie möglich zugefügt wird.« Zehn Tage später erteilte Kuribayashi den Tagesbefehl »an alle überlebenden Offiziere und Soldaten«: »Kämpfe nähern sich dem Ende. Alle überlebenden Offiziere und Soldaten bis zum letzten Mann kämpfen und den Feind attackieren. Ihr habt Euch dem Kaiser verschrieben. Vergeßt Euer eigenes Schicksal. Ich gehe Euch immer voran.« Schließlich, am dreiundzwanzigsten, der letzte Funkspruch des Kommandanten von Iwo Jima. »An alle Offiziere und Soldaten von Chichi Jima. Lebt wohl...«

Die letzten Tage

Die amerikanischen Marineinfanteristen brachen am 9. März zur Nordostküste der Insel durch – achtzehn Tage nach ihren ersten Landemanövern –, doch der Widerstand war noch so bedeutend, daß die Insel erst am 16. März offiziell für sicher erklärt wurde. Kuribayashis letzte Meldungen kamen aus einem ständig schrumpfenden Widerstandsnest (circa ein Quadratkilometer Fläche) an der nördlichen Spitze der Insel. Vier Tage nach seinen Abschiedsworten über Funk nach Chichi Jima stürmten 300 Kamikaze-Soldaten aus ihren Verstecken und nahmen eines der bereits fertigen Flugfelder unter Beschuß. Mit diesem Überfall endeten die Kämpfe auf Iwo Jima.

Auswirkungen und Verluste

Von den 23000 Japanern auf Iwo Jima überlebten nur 1083; sie waren zu schwer verwundet, um Selbstmord verüben zu können. Die Verluste auf seiten der Amerikaner beliefen sich auf 6821 Tote – dagegen waren die Zahlen der »Blutigen Schlacht von Tarawa« auf den Gilbert-Inseln fast unbedeutend.

Die Tatsache, daß die Einnahme von zwanzig Quadratkilometern das Leben so vieler bestens ausgebildeter Soldaten kostete, sollte furchtbare Folgen haben. Die auf Iwo Jima erlittenen Verluste, der blutigsten Schlacht auf dem pazifischen Kriegsschauplatz, vermittelten den alliierten Strategen einen Eindruck von dem, was ihren Soldaten bei einer eventuellen Landung auf dem japanischen Mutterland bevorstünde. Jede Alternative, den Krieg zu einem schnellen Ende zu bringen, schien dieser Art von Kämpfen vorzuziehen zu sein. Und diese Alternative war für die amerikanischen Militärs die Atombombe. So war der Fall von Iwo Jima ein unsichtbarer Fingerzeig auf Hiroshima und Nagasaki.

Unten: »Old Glory«, das Sternenbanner, wird auf dem Suribachi gehißt – eines der berühmtesten Fotos des Jahrhunderts (es wurde jedoch aufgenommen, nachdem die Flagge bereits einmal gehißt worden war). Die Einnahme des Suribachi sollte aber nur ein Vorspiel zu der heftigsten und blutigsten Phase der Schlacht sein.

KAPITEL 18

DIEN BIEN PHU

20. NOVEMBER 1953 – 7. MAI 1954

Vorherige Seiten: Das gefährliche Spiel beginnt. Die ersten bei Dien Bien Phu gelandeten Truppen beobachten den »Fallschirmregen« der Hauptstreitkraft.

Französische Fallschirmjäger als lebendige Köder – doch das Gefühl der eigenen Artillerieüberlegenheit war reines Wunschdenken

Hintergrund des Krieges

Die französische Kapitulation bei Dien Bien Phu vom 7. Mai 1954 gilt als die entscheidende Niederlage der Franzosen im Vietnamkrieg, die den Zerfall des französischen Kolonialreiches einleitete. Sie zählt zu den berüchtigsten Fehlschlägen neuzeitlicher regulärer Truppen im Krieg gegen Guerilla-Einheiten. Gleichzeitig aber ist sie eine der mißverstandensten Schlachten der Nachkriegszeit.

Wie bei Saratoga im Amerikanischen Unabhängigkeitskrieg, so war die Strategie, die hinter Dien Bien Phu steckte, der Versuch, patriotische Aufständische festzunageln und auszuschalten – doch statt durch das Territorium der Aufständischen zu marschieren, wollte man seine Streitkräfte durch Luftlandemanöver so weit vom eigenen Territorium entfernt absetzen, daß die Aufständischen mit größter Sicherheit in eine Falle gelockt werden konnten. Dieser Operationsplan schlug nicht deshalb fehl, weil der Gegner ihn mit einem brillanten und überraschenden Konterschlag erwiderte; er scheiterte daran, daß der Feind genau das tat, was man von ihm erwartete – nur mit überwältigender Stärke.

Als Frankreich 1946 versuchte, Indochina zurückzuerobern, das seit 1880 französischer Besitz gewesen war, hatten sich die vietnamesischen Nationalisten bereits, dank ihrer Guerillaerfahrungen im Kampf gegen die Japaner im Zweiten Weltkrieg, unter ihrem Führer Ho Chi Minh zu einer organisierten Streitkraft formiert. Ho widersetzte sich dem französisch-vietnamesischen Abkommen, das der »Demokratischen Republik Vietnam« den Status eines »freien Staates« innerhalb der Französischen Union garantierte. Er forderte die totale Unabhängigkeit Vietnams und darüber hinaus die Ausweitung des vietnamesischen Machtbereiches auf die restlichen französischen Kolonien in Indochina (Laos und Kambodscha). Seine politisierte Armee, der Vietminh, stand unter dem Befehl von General Vo Nguyen Giap, den man später als den Moltke des Guerillakrieges bezeichnete, und war 1946 circa 50000 Mann stark. Um den Vietminh zu vernichten, schickten die Franzosen ein 40000 Mann starkes Expeditionskorps (alles fronterfahrene Veteranen des Zweiten Weltkrieges) nach Vietnam.

Das Dilemma der Franzosen bestand darin, daß sie beim Aufbau ihrer eigenen Streitkräfte nicht mit dem Tempo Schritt halten konnten, mit dem Giap, aufgrund von militärischer Hilfe aus der Sowjetunion, den Ostblockstaaten und der Volksrepublik China, seine Truppenzahlen erhöhte. Die Strategie, mit der gegen die Vietminh-Einheiten vorgegangen wurde, erforderte jedoch enormes Menschenpotential. Die Gesamtstrategie der Franzosen war äußerst simpel: Es mußte verhindert werden, daß die Vietminh nach Gutdünken in Indochina operierten. Die beiden Hauptbasen waren Hanoi im Norden und Saigon im Süden. Von diesen beiden Basen aus hätten die Franzosen Tausende von Quadratkilometern Gebirgs- und Dschungellandschaft durchkämmen müssen, um den Vietminh erfolgreich ausschalten zu können – doch es fehlte ihnen dabei einfach an den erforderlichen Truppenverstärkungen.

Das fehlende Menschenpotential versuchten die Franzosen durch Mobilität und Feuerkraft auszugleichen – Mobilität durch die Beherrschung des Luftraums und Feuerkraft durch Waffen, die denen der Vietminh überlegen waren. (Das waren sie allerdings nur bis zu dem Zeitpunkt, da Giap Waffenhilfe aus China und Rußland erhielt.) Als der Vietminh neben seiner Überlegenheit an Truppenzahlen die Franzosen auch noch in puncto Feuerkraft übertraf, da sah die Situation für die Franzosen immer hoffnungsloser aus – doch sie waren sich dessen nicht bewußt.

Durch Luftlandeoperationen gegen begrenzte Ziele – Vietminh-Konzentrierungspunkte und Versorgungsdepots – konnten die Franzosen bis 1953 eine ganze Reihe von äu-

Unten: Der Führer und der General – Ho Chi Minh und Vo Nguyen Giap, der große Meister der Guerillakriegführung.

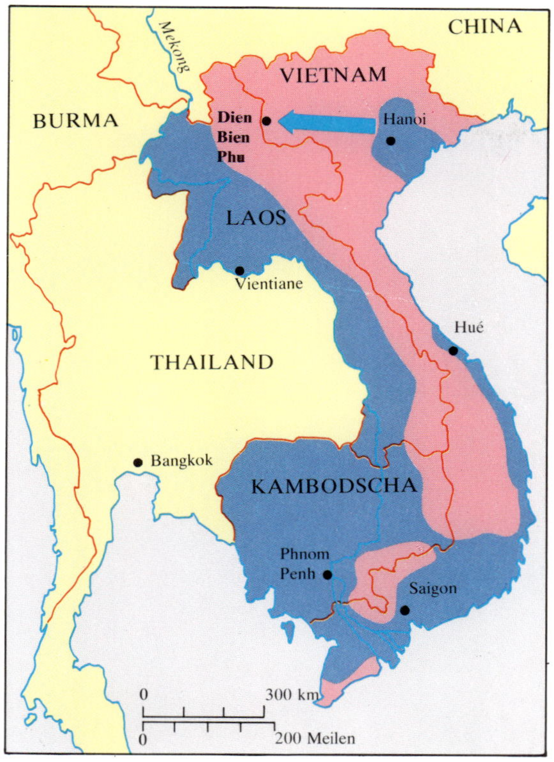

Links: Die Strategie hinter Dien Bien Phu verfolgte das Ziel, die Vietminh daran zu hindern, ihre Operationen nach Laos auszudehnen. Die Franzosen (blau) wollten den Vietminh in eine Falle locken und mit Hilfe ihrer Luftüberlegenheit vernichten – doch sie hatten ihren Gegner auf fatale Weise unterschätzt.

ßerst erfolgversprechenden Aktionen durchführen. Dabei muß vor allem das Unternehmen »Lorraine« vom November 1952 erwähnt werden, bei dem 2354 französische Fallschirmjäger über Phu Doan absprangen und sämtliche Versorgungsdepots räumen konnten, die Giap für eine geplante Großoffensive in Laos bereithielt. Die Operation »Hirondelle«, im Juli 1953, verlief noch erfolgreicher; die französischen Fallschirmjäger zerstörten nördlich von Lang Son und Loc Binh riesige Versorgungs- und Munitionslager.

Der erfolgreiche Verlauf ähnlicher Kampagnen wie die Unternehmen »Lorraine« und »Hirondelle« wirkte sich jedoch äußerst nachteilig auf das strategische Denken der Franzosen aus. Er vermittelte ihnen den Eindruck, der Vietminh könne allein durch den Einsatz von Luftlandetruppen ausgeschaltet werden. Diese völlige Überschätzung der eigenen Kampfkraft und Giaps strikte Weigerung, sich nach den vorangegangenen lokalen Niederlagen in weiträumige Operationen einzulassen, führte zu jenem verheerenden Experiment von Dien Bien Phu.

Der »Castor«-Plan

»Castor« war das gemeinsame Geistesprodukt von General René Cogny, dem Oberbefehlshaber der Provinz Tongking, und General Henry Navarre, dem Oberkommandierenden von Indochina. Sie stimmten darin überein, daß ihr Hauptziel für 1953–54 darin bestehen müsse, Giap daran zu hindern, die Vietminh-Operationen nach Laos auszudehnen. Die Operationen »Lorraine« und »Hirondelle« hatten nur vorübergehende Erleichterungen gebracht. Jetzt wollten die Franzosen einen Fallschirmjäger-Verband tief in Giaps Versorgungslinie einsickern lassen, wodurch Giaps Operationspläne ganz empfindlich gestört werden sollten. Mit dieser Taktik hoffte man, die lang ersehnte direkte Konfrontation herbeizuführen, um die Vietminh mit der angeblichen Artillerieüberlegenheit für immer ausschalten zu können.

Der vorgesehene Standort für diesen »Land-Luft-Stützpunkt« war Dien Bien Phu, ein kleines Dorf am Fluß Nam Youm, nur 170 Kilometer von der chinesischen Grenze entfernt gelegen. Das Dorf lag in einem Talbekken, dessen Süd-Nord-Längsachse 17 Kilometer und Breite circa 5 Kilometer betrug. Das Talbecken war von kleinen Anhöhen durchsetzt, die für die Einrichtung von Stützpunkten bestens geeignet schienen. Nördlich von Dien Bien Phu selbst befanden sich Start- und Landestreifen eines ehemaligen Behelfsflugplatzes aus dem Zweiten Weltkrieg. Sie brauchten nur wieder hergerichtet zu werden und das Versorgungsproblem war gelöst. Die gesamte Länge des Tals wurde von einer 400 bis 700 Meter hohen Bergkette gesäumt.

Der »Castor«-Plan basierte auf mehreren ganz entscheidenden Fehlspekulationen. Er ließ völlig außer acht, daß alle bisherigen Erfolge mit der Vorwärtstaktik, nicht aber mit der Verteidigungstaktik erzielt worden waren. Außerdem ließ er keinen Spielraum für die klimatischen Bedingungen, die Regen- und Nebelperioden des Nam-Youm-Tals, die den regelmäßigen Nachschub an Kriegsmaterial und Truppenverstärkungen zeitweise erheblich gefährdeten. Vor allem aber ging er von der ganz und gar falschen Voraussetzung aus, daß der Vietminh keine Flugabwehrkanonen besaß, mit denen er die Luftversorgung stören konnte, und

Unten: Vietnamesische Kolonialtruppen gehen vor einem Mörsergeschütz der Vietminh nördlich von Dien Bien Phu in Deckung.

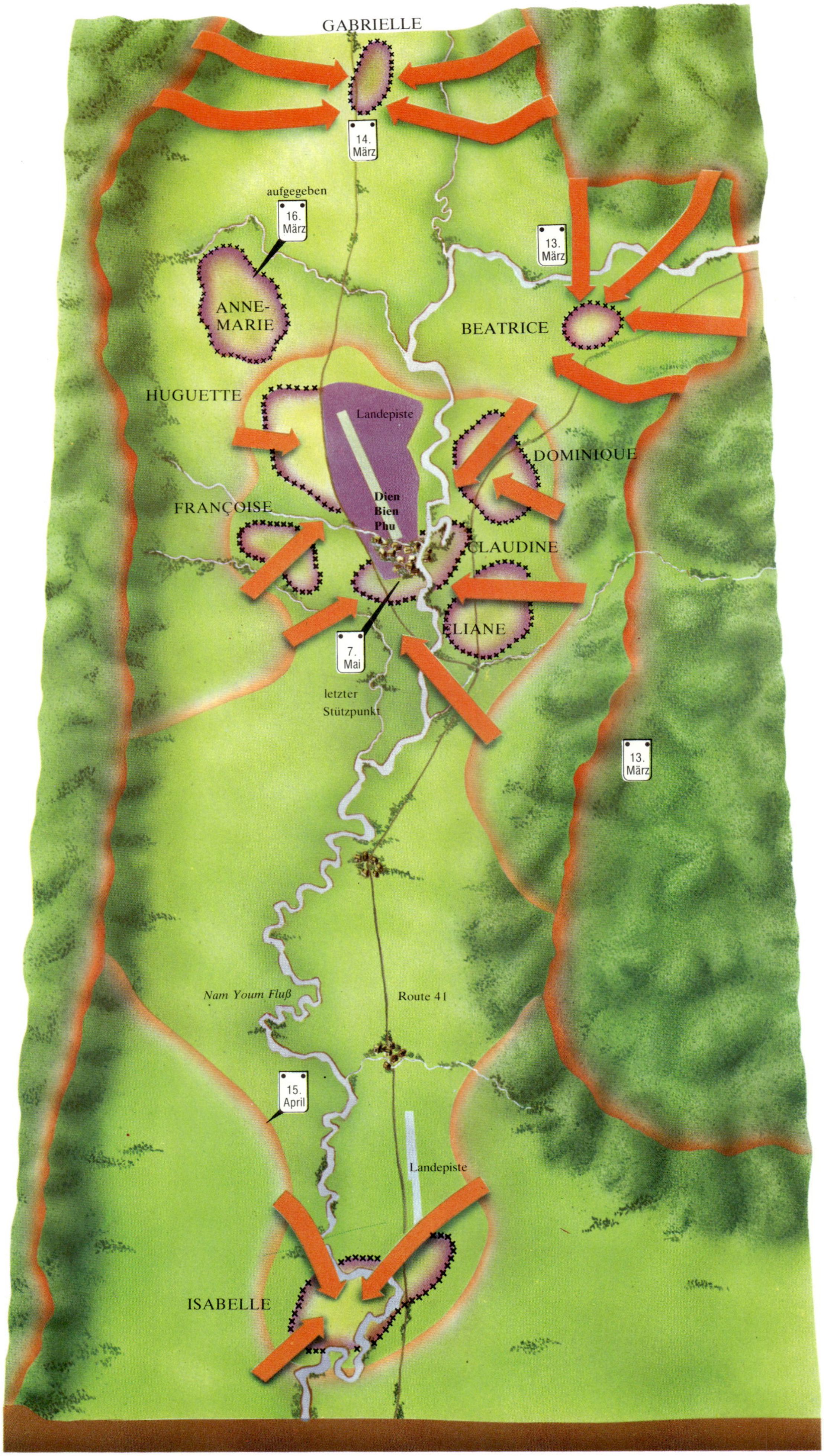

Rechts: Die französischen Stützpunkte um Dien Bien Phu, welche nacheinander von den Vietminh (orange) abgeschnitten werden konnten. Die Franzosen hatten geglaubt, daß durch die Weite des Flußbeckens jeder Überraschungsangriff unmöglich sei, und wiegten sich in dem sicheren Gefühl, artilleristisch überlegen zu sein. Doch ohne die uneingeschränkte Luftbeherrschung hatten die Franzosen keine Chance, und so bauten die Vietminh einen soliden Flugabwehrring um die französische Festung. Die französische Garnison war viel zu schwach, um den immer engeren Belagerungsgürtel des Gegners sprengen zu können.

Oben: Französische Aufklärungsflugzeuge über der erneuerten Flugpiste von Dien Bien Phu. Bevor sie die Feuerzone der gegnerischen Flugabwehrkanonen erreichten, mußten sie steil hoch gehen. Als die Landepiste am 1. Tag von Giaps Offensive unter Artilleriebeschuß kam, war das Schicksal Dien Bien Phus bereits besiegelt.

keine ausreichende Artillerie zur Verfügung hatte, um die französischen Stützpunkte von der angrenzenden Bergkette her wirksam unter Beschuß nehmen zu können.

Die Falle wird gelegt

Das Unternehmen »Castor« begann am 20. November 1953 mit dem Absprung von drei französischen Fallschirmjägerbataillonen über Dien Bien Phu. Die beiden Vietminh-Kompanien, die dort Truppenübungen durchführten, wurden auf der Stelle vertrieben. Die Vietminh schmolzen dahin, noch bevor die eindrucksvolle Feuerkraft für die Fallschirmjäger abgeworfen war: zwei Batterien mit 7,5-cm-rückstoßfreien Geschützen und ein Zug mit 8,1-cm-Mörsergeschützen. Die Fallschirmjäger rückten in nördlicher und südlicher Richtung vor, stießen jedoch auf keinen Widerstand. Am 24. November war der Behelfsflugplatz soweit instandgesetzt, daß die ersten Truppenverstärkungen landen und Transportmaschinen all das einfliegen konnten, was für den Fallschirmabwurf zu zerbrechlich war.

Der Aufbau der Luftbasis erstreckte sich über den Dezember, Januar und Februar – vier Bataillone der Fremdenlegion, ein Bataillon von marokkanischen *Tirailleurs,* von nichtkommunistischen Vietnamesen und von der Thai-Infanterie; außerdem ein Sappeur-Bataillon, drei Versorgungseinheiten und eine Transportkompanie, bestehend aus 127 Fahrzeugen – Lastwagen, Jeeps und Sanitätswagen. Eine kleine taktische Luftstreitkraft von fünf Kampfbombern operierte von dem Flugfeld aus, daneben vier C-47 Transportmaschinen und ein Helikopter (zum Ausfliegen von Verletzten). Um diese eindrucksvolle Leistung zu krönen, flogen die Franzosen zehn leichte Panzer vom Typ M 24 Chaffee ein. Bis zum März 1954 war die Garnison von Dien Bien Phu auf die beachtliche Zahl von 10133 Mann angestiegen.

Das Dorf und die Flugpisten wurden durch Defensivpositionen in einem Kreis von drei Kilometern Durchmesser eingezirkelt: im Uhrzeigersinn »Dominique«, »Eliane«, »Claudine«, »Françoise« und »Huguette«. Nördlich dieses inneren Befestigungsrings war ein nach Norden weisendes Dreieck von Außenstützpunkten, »Anne-Marie«, »Béatrice« und »Gabrielle«; der südlichste Stützpunkt, »Isabelle«, schließlich lag sechs Kilometer südlich des Dorfes. Alles in allem glich der bei Dien Bien Phu errichtete Verteidigungskomplex einem langgezogenen, schlanken Oval, das sich zwanzig Kilometer von »Gabrielle« bis »Isabelle« erstreckte und an der breitesten Stelle, zwischen »Anne-Marie« und »Béatrice«, vier Kilometer maß.

Das war der gefährliche Köder, mit dem Giap angelockt werden sollte. Und Giap ließ sich in der Tat anlocken – mit fünf Vietminh-Infanteriedivisionen und einer Artilleriedivision, insgesamt 70000 Mann. Sie wurden durch eine gewaltige Kraft von 60000 Hilfstruppen (Männer und Frauen) unterstützt, die für den Bau von Straßen, den Transport von

Oben: Luftunterstützung für die eingekesselte Garnison. Hier handelt es sich um Curtis Helldrivers vom Träger Arromanches, die auf dem Notlandestreifen verblieben, bis sie zu ihrem gefährlichen Flug nach Dien Bien Phu starteten. Doch ihre Kräfte reichten längst nicht aus. Nur mit dem permanenten Einsatz von Erdkampfflugzeugen hätten die Vietminh festgenagelt werden können.

Unten: Französische 10,5-cm-Haubitzen auf einem Stützpunkt bei Dien Bien Phu. Ähnlich wie die Deutschen bei der Schlacht um Stalingrad, so wurde auch hier versucht, durch Propaganda den Verlauf des Kampfgeschehens zu beschönigen. »Dreitausend Vietminh blieben im Stacheldrahtverhau hängen«, prahlt der Titel zu diesem Foto. Doch die französische Artillerie erwies sich als völlig unzureichend, um die Vietminh-Artillerie in ihren Positionen zu zerschlagen.

Munition und Versorgungsmaterial verantwortlich waren. Giaps Feuerkraft war enorm: 144 10,5-cm- und 1,5-cm-Feldgeschütze, 48 12,0-cm-Mörsergeschütze und 30 7,5-cm rückstoßfreie Geschütze. Außerdem waren 12 schwere Raketenwerfer, sowjetische »Katjuschkas«, unterwegs, die in tiefe Feuerpositionen mit schmalen Schlitzen eingegraben wurden und von den französischen Geschützen unmöglich zu treffen waren.

Giap wartete, bis seine Kräfte der französischen Streitkräfte achtfach überlegen waren; erst dann legte er den Tag der großen Offensive fest – auf den 12. März.

Der Vietminh-Angriff

Giap eröffnete seine Offensive mit einer völlig unerwarteten Taktik: einem ausgedehnten Streufeuer, das fast ununterbrochen zwei Tage andauerte – eine harte Lektion für die Franzosen, die ihren Gegner völlig unterschätzt hatten. Dabei wurden zwei der C-47er und ein Jagdbomber auf dem Flugfeld zerstört. Gegen 17 Uhr 15 stürmten die Vietminh zu ihrem ersten Direktangriff vor – gegen den Stützpunkt »Béatrice«. »Béatrice« wurde von einem Bataillon von 800 Fremdenlegionären gehalten, das durch die Attacke gänzlich abgeschnitten werden konnte. Gegen 21 Uhr hatte das französische Hauptquartier nur noch mit einem Gefechtsstand Funkkontakt; gegen Mitternacht war auch dieser abgebrochen. Nur 200 Überlebende konnten sich bis zur Hauptgarnison durchkämpfen. Bereits achtundvierzig Stunden nach der Eröffnung des Feuers durch den Vietminh hatte der »uneinnehmbare« Dien-Bien-Phu-Komplex eine demütigende Niederlage einstecken müssen, bei der fünfundsiebzig Prozent der Besatzung des Stützpunktes »Béatrice« den Tod fand.

Trotz der Flugabwehrkanonen, die immer näher an den Befestigungsgürtel gezogen wurden, konnten weitere Fallschirmjägertruppen, das 5. vietnamesische Bataillon, am 14. März erfolgreich über dem französischen Festungsring abspringen. Doch diese Verstärkungen hatten sich kaum mit ihrer neuen Umgebung vertraut machen können, als die Vietminh gegen 16 Uhr erneut zum Angriff übergingen. Dieses Mal konzentrierten sie sich auf den nördlichen Stützpunkt »Gabrielle«, der von einem Bataillon algerischer *Tirailleurs* und Mörsertruppen der Fremdenlegion gehalten wurde. Nach einem erbitterten nächtlichen Gefecht warfen die Vietminh acht Bataillone in die Attacke, und »Gabrielle« erlitt dasselbe Schicksal wie »Béatrice« – bis zum Morgengrauen hatte nur eine Gefechtsstellung aushalten können. Verbissen darauf erpicht, die Niederlage der vorangegangenen Nacht zu rächen, setzten zwei Kompanien der Fremdenlegion mit einem Bataillon der vietnamesischen Fallschirmjäger und sechs Chaffee-Panzern zum Gegenschlag an und konnten die letzten 150 Mann retten.

Verstärkungen

Nach diesen so spektakulären Anfangserfolgen der Vietminh entstand eine circa zwei Wochen andauernde Kampfpause, welche die Guerilla dazu benutzten, den Belagerungsgürtel von Dien Bien Phu Meter für Meter enger zu ziehen. Ein Graben nach dem anderen wurde ausgehoben, damit man bei der nächsten geplanten Attacke so nahe wie möglich an die übrigen Stützpunkte herangerückt war. Währenddessen versuchten die Franzosen, ihre Verteidigungen so gut wie eben möglich zu verstärken. In diesen Tagen mußte die Festung einen weiteren Rückschlag hinnehmen. In der Nacht vom 16. zum 17. März verschwand das 3. Thai-Ba-

taillon von seinem Stützpunkt »Anne-Marie«. Diese Massendesertion veranlaßte später vereinzelte nordafrikanische und vietnamesische Soldaten zur Fahnenflucht; sie schlichen sich von ihren Posten fort und versteckten sich an den Flußufern des Nam Youn.

Zwischen dem 16. und 27. März konnten weitere Verstärkungen über Dien Bien Phu abgesetzt werden: Oberstleutnant Bigeards 6. Fallschirmjäger-Bataillon, außerdem ein Luftlandelazarett mit Personal. Unter diesen Truppenverstärkungen befanden sich vierhundert Volontäre, die ihren ersten Absprung machten – ein deutlicher Beweis für die äußerste Notsituation in der französischen Festung.

Außerstande, ihren Festungsring und ihre Feuerkraft wie geplant zu erweitern, eingekeilt durch einen unsichtbaren Feind, jeden Augenblick bedroht von einem gegnerischen Blitzangriff, bestand nicht mehr die geringste Chance, die Schlacht in die vorgesehenen Bahnen zu lenken, und niemand glaubte mehr im Traum daran, den Vietminh in eine Falle gelockt zu haben.

Die letzten Verstärkungen

Die Festung Dien Bien Phu erhielt ihre letzten Verstärkungen: zwei weitere Bataillone der Fremdenlegion und zwei Fallschirmjägerbataillone (damit stieg die Zahl der Fallschirmjägerbataillone auf sieben).

Den ganzen April hindurch bereitete Giap seinen letzten Vernichtungsschlag vor. Er besaß zwingende politische Gründe, die Schlacht zu einem schnellen siegreichen Ende zu bringen, da am 26. April die Fernostkonferenz in Genf eröffnet wurde. Die Aufmerksamkeit der ganzen Welt war jetzt auf Dien Bien Phu gerichtet. Sollte sich die Belagerung über die Indochina-Debatte hinausziehen, die für den 8. Mai angesetzt war, dann würden die nichtkommunistischen Kräfte auf einer Waffenruhe bestehen und so die Franzosen aus der Festung Dien Bien Phu befreien. Konnten Ho Chi Minhs Vertreter jedoch mit einem eben errungenen Sieg an den Konferenztisch treten, dann sahen die Voraussetzungen anders aus.

Der letzte Stützpunkt

Giaps letzte Offensive vom 1. Mai entsprach dem gewöhnlichen Muster: ein betäubendes Artilleriebombardement, gefolgt von einem nächtlichen Infanterie-Sturmangriff. Es war ein Schlag ins gegnerische Herz, gegen die drei Stützpunkte »Claudine«, »Dominique« und »Eliane«. Obwohl die Rationen der Franzosen nur noch für drei Tage ausreichten und die Munitionsvorräte fast aufgebraucht waren, gelang es ihnen, den Gegner bis zum 6. Mai zurückzuschlagen. Dann spielte Giap seine Trumpfkarte aus und richtete seine »Katjuschka«-Raketenwerfer gegen den immer engeren französischen Festungsgürtel, der am 7. Mai auf einen Quadratkilometer Fläche geschrumpft war.

Als die Vietminh dem Gegner den Todesstoß versetzen wollten, holte Bigeard zu seinem letzten Gegenschlag aus – mit dem einzigen noch intakten Panzer, gefahren von einem verwundeten Offizier, dem man zu diesem Zweck den Gips von den Armen entfernt hatte. Die letzten französischen Widerstandsnester fielen eines nach dem anderen – eine formelle Kapitulation hat es nie gegeben. Als sich die Genfer Konferenz am folgenden Tag dem Thema Vietnam zuwandte, konnten die Vietminh-Delegierten die Welt von ihrem Sieg informieren.

Auswirkungen und Verluste

Auf ihrem Höhepunkt zählte die Garnison von Dien Bien Phu 16554 Mann. Mehr als 3000 darunter fielen im Kampf, weitere 10000 starben auf ihrem Weg in die Gefangenschaft und in die kommunistischen Reedukationszentren. Nur knappe 3000 Mann überlebten. Die Verluste auf seiten der Vietminh beliefen sich auf 8000 Tote und 15000 Verletzte, ein niedriger Preis für einen derart entscheidenden Sieg. Nach diesem militärischen Desaster bemühten sich die Franzosen um eine nicht-militärische Lösung des Konflikts. Am 2. Juni begannen die französisch-vietnamesischen Waffenstillstandsverhandlungen, der erste Grundstein zur späteren Anerkennung Nordvietnams – das, wie der Staat Israel, im Kampf geboren wurde.

Unten: Das Ende rückt näher: Ein algerischer Soldat trägt einen gefallenen Kameraden auf seinem Rücken.

DO ET LACRYMIS OFFERENS EXAVDITVS EST PRO SVA REVERENTIA

KAPITEL 19

DER SECHS-TAGE-KRIEG

5. – 10. JUNI 1967

Wie der Riese Goliath von David geschlagen wird – der Blitzkrieg vom Juni 1967

Vorherige Seiten: Eine Kolonne israelischer Jeeps mit Panzerabwehrgeschützen erreicht den Ölberg von Jerusalem.

Hintergrund

Der Sechs-Tage-Krieg vom Juni 1967 bestätigt das Argument, daß mit Gewalt kein Problem zu lösen ist. Es war der dritte gemeinsame arabische Versuch innerhalb von zwanzig Jahren, den Staat Israel auszuradieren. Statt dessen aber konnte Israel große Gebietsteile seiner drei Angreifer an sich reißen, und der Krieg trug nicht im geringsten dazu bei, die Spannungen im Nahen Osten beizulegen. Die Auseinandersetzung war, um es vereinfachend auszudrücken, ein neuzeitliches Exempel für die Sinnlosigkeit des Krieges. Die Kampfhandlungen an sich waren ein Beispiel für militärische Perfektion – das Modell für einen Blitzkrieg –, doch sie führten nicht zu dem eigentlichen Endziel, dem dauerhaften Frieden für den Sieger.

Erklärt man jedoch einem Israeli, daß mit Gewalt kein Problem zu lösen ist, so wird er höchstwahrscheinlich antworten, daß im Zweiten Weltkrieg das Schicksal von 6 Millionen Menschen seines Volkes durch Gewalt besiegelt wurde und daß die Überlebenden und Erben des Holocaust das niemals vergessen werden, geschweige denn, daß sie ihre eigene Vernichtung widerstandslos hinnähmen. 1948–49 und 1956 besiegten sie ihre Gegner und konnten ihre junge Nation aufrechterhalten; 1967 mußten sie erneut zu den Waffen greifen – auch wenn der Krieg keinen dauerhaften Frieden brachte. Der Staat Israel hatte noch einmal überlebt, und das war mehr als genug für die Israelis.

Nach Ende des Zweiten Weltkrieges schlugen sämtliche Versuche fehl, Palästina zwischen den Juden und den Arabern aufzuteilen. Am 14. Mai 1948 wurde der Staat Israel gegründet. Darauf reagierten die Araber mit einem unmittelbaren Einmarsch, der jedoch mit ihrer Niederlage endete. Bis zum Sechs-Tage-Krieg hielt Israel dieselben Grenzen, die es 1948/49 im ersten israelisch-arabischen Krieg erkämpft hatte – und die hätten kaum unsicherer sein können. Bei ihren Versuchen, Israel auszulöschen, hielten die Araber alle Trümpfe in der Hand.

Von 1949 bis 1967 lagen vier Fünftel des israelischen Territoriums in Reichweite der arabischen Artillerie – ein äußerst ernüchterndes Faktum, das Außenstehende leicht übersehen. Die unregelmäßigen Grenzen der verhältnismäßig tief gelegenen israelischen Gebiete wurden durch Anhöhen beherrscht, die ausnahmslos von den feindlichen Arabern gehalten wurden. Im Nordosten bedrohte Syrien das obere Jordantal von den sechzig Kilometer langen Golanhöhen aus. Jordaniens Gebiete am Westufer des Flusses ragten weit in Israels Territorium hinein, so daß das Land hier zu einer Wespentaille verengt war. Nördlich von Tel Aviv konnten jordanische Geschütze das Mittelmeer erreichen. Ägypten vermochte Israel im Südwesten gleich in drei Bereichen zu treffen. Der Gazastreifen an der Mittelmeerküste stieß fast fünfundvierzig Kilometer in israelisches Territorium vor; die lange Wüstengrenze zwischen dem Gazastreifen und dem Golf von Akaba ermöglichte freien Zugang auf einer 330 Kilometer langen Front; und Eilat, Israels ein-

Unten links: Ein Tarnungsnetz in der Wüste Negev verbirgt eine Flugabwehrkanone an der Sinai-Front.

Unten rechts: Die Überreste einer von den Israelis abgeschossenen ägyptischen MIG. In der Mitte links sind noch die verkohlten Rohre der Jagdbombergeschütze zu erkennen.

Oben: Wachsamkeit ist geboten. Für diese israelische Patrouille-Einheit stellen die von den Arabern gehaltenen Berge am Horizont eine ständige Bedrohung dar.

ziger Hafen am Golf von Akaba, konnte zwischen Sharm-el-Sheik und der Straße von Tiran von Ägypten total blockiert werden.

Diese bedrohliche strategische Schwäche war gekoppelt mit ständigen arabischen Belästigungen in Form von Artillerie- und Raketenbombardements einerseits und Terroranschlägen andererseits, unter denen Israel seit Anbeginn seiner Existenz zu leiden hatte. All diese negativen Faktoren mußten sich natürlich ganz entscheidend auf die israelische Armee auswirken. Israels Gegner besaßen Land- und Luftstreitkräfte, die noch den Stempel ihrer früheren Kolonialherren trugen; Israel mußte seine Armee, seine Luftwaffe und seine umfassende Verteidigungsstrategie erst völlig neu aufbauen, um der ständigen Bedrohung, dem Gespenst der totalen Niederlage, gewachsen zu sein. Wie Dr. Johnson es so treffend ausdrückte: Wenn jemand weiß, daß er morgen gehängt wird, dann kann er Geist und Sinne bestens konzentrieren.

Israels Taktik, jede größere arabische Provokation mit umgehenden Vergeltungsmaßnahmen zu erwidern, führte zu einer einzigartigen und engen Zusammenarbeit zwischen der israelischen Luftwaffe, den Kommandotruppen der Fallschirmjägerverbände und den kleinen Panzereinheiten – nur diesem Zusammenwirken waren die Erfolge während der Sinaikampagne von 1956 und des Sechs-Tage-Krieges von 1967 zu verdanken. Wurde Israel durch einen oder alle drei seiner arabischen Nachbarn bedroht, dann lag seine Chance allein in einem »pre-emptive strike«, einer vorbeugenden Attacke; nur so konnte es der wachsenden Bedrohung an seinen Grenzen Herr werden. Ein langer Krieg stand außer Frage. Aus seiner minimalen Bevölkerungszahl von 2,5 Millionen konnte Israel innerhalb von zweiundsiebzig Stunden eine circa 264 000 Mann starke Armee mobilisieren – doch nur auf Kosten seiner Industrie und seiner Wirtschaft. Denn Israels komplette Mobilisierung war wie eine schwere Operation ohne Anästhesie – nur ein chirurgischer Blitzeingriff konnte das Leben des Patienten retten.

Sinai, 1956: Die »hundert Stunden«

1956, im zweiten israelisch-arabischen Krieg, hatte Israel das Glück, nur einem Gegner gegenüberzustehen: Ägypten. Nachdem Ägypten 1955 Waffenlieferungen aus der Sowjetunion zugesagt bekommen hatte, plante Nasser eine schrittweise Eroberung Israels: erst durch wirtschaftliche Strangulation – die Schließung des Suez-Kanals und der Straße von Tiran zur Gefährdung der israelischen Schiffahrt – und anschließend durch einen Einmarsch in israelisches Territorium. Eigennutz und Vorsicht veranlaßten Jordanien und Syrien, sich aus der direkten Konfrontation herauszuhalten, und so sah sich Ägypten, das sich als führende Macht

Der Sechs-Tage-Krieg, 1967

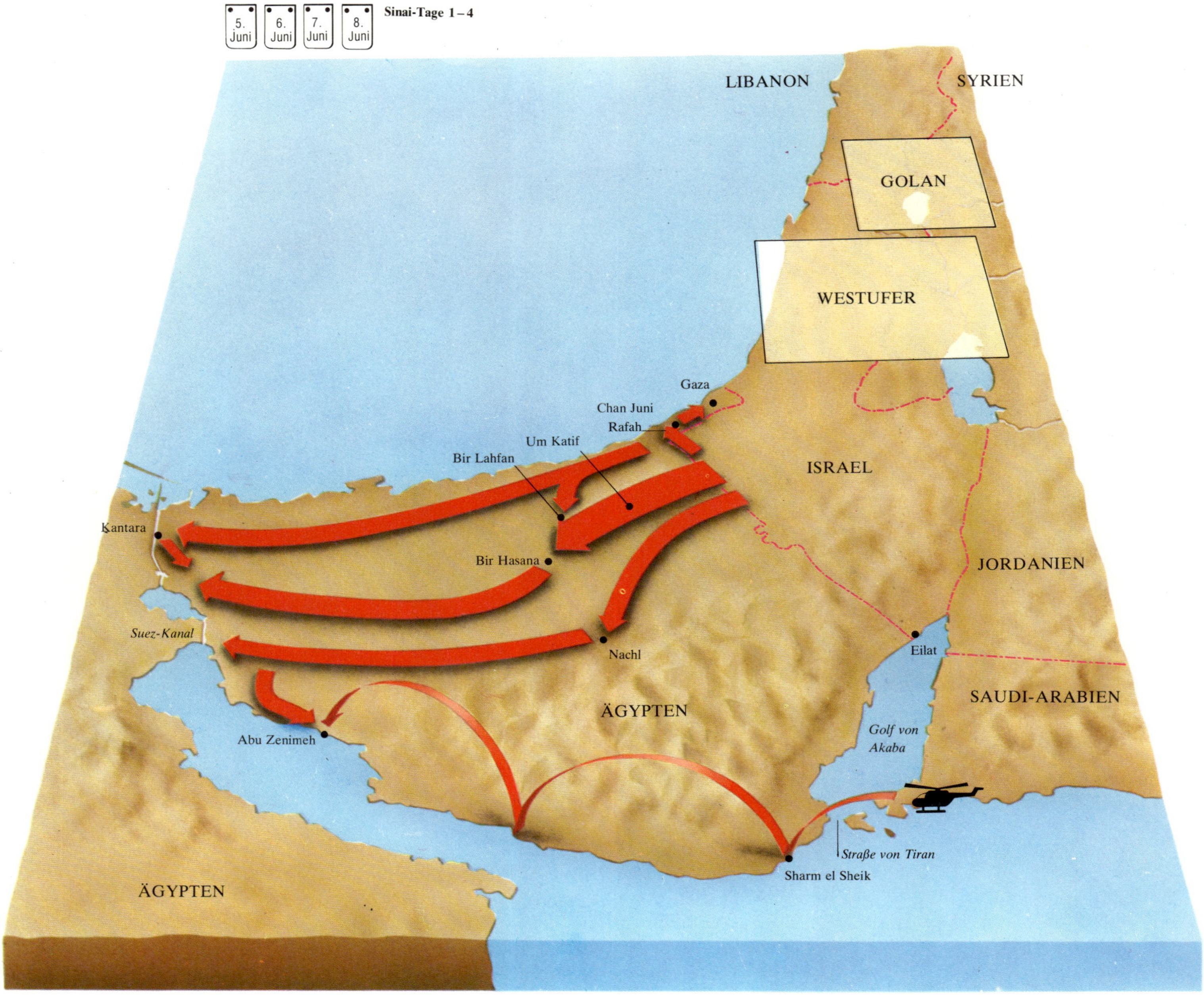

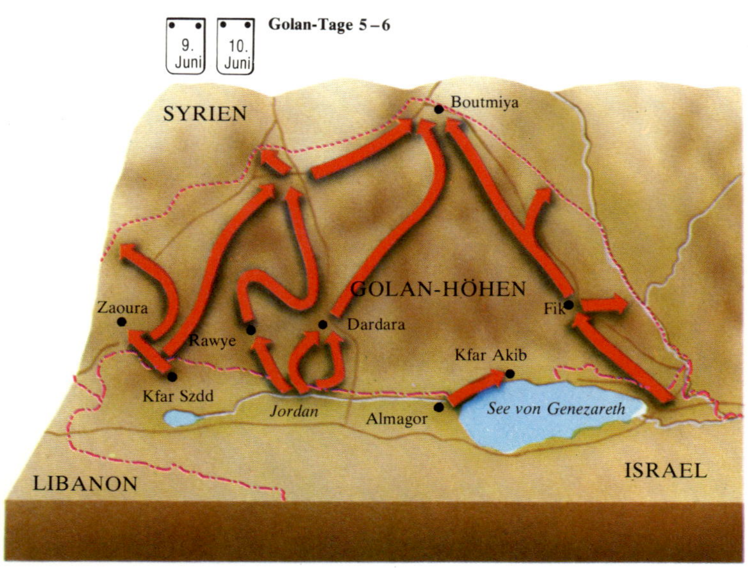

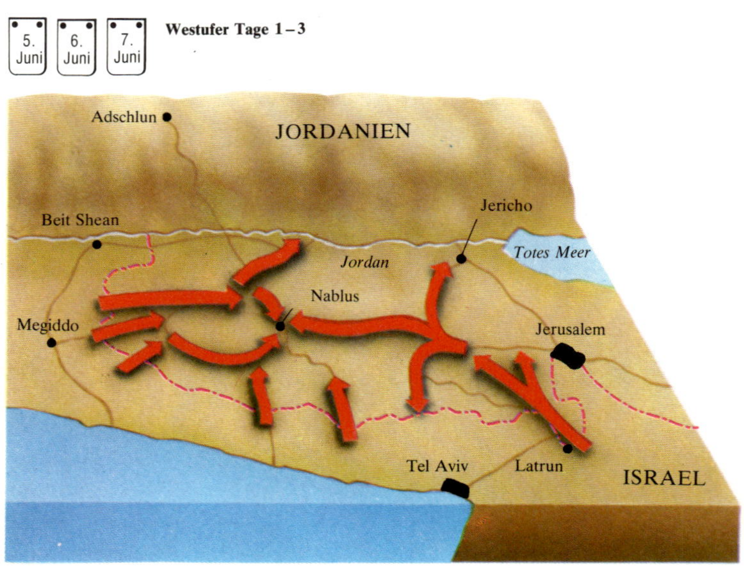

der Arabischen Liga fühlte, genötigt, den Krieg allein auszutragen. Am 29. Oktober entriß Israel Ägypten jedoch die Initiative mit dem Ziel, die ägyptischen Streitkräfte, die sich an der Sinai-Grenze konzentriert hatten, zu zerschlagen. Drei Kolonnen drangen in den Gaza-Streifen und die Sinai-Halbinsel ein, um sich anschließend mit den Fallschirmjägertruppen zu vereinigen, die weit hinter Nassers Vorhut abgesetzt worden waren. Innerhalb von hundert Stunden hatten die Israelis den Suez-Kanal und Sharm-el-Sheik erreicht, konnten die Öffnung der Straße von Tiran erkämpfen und die Halbinsel Sinai besetzen. Nach einem durch die Sowjetunion und die Vereinigten Staaten erzwungenen Waffenstillstand räumte Israel 1956, gegen die Garantie freier Schiffahrt im Golf von Akaba, den Sinai und zog sich im folgenden März aus dem Gaza-Streifen zurück.

Die arabische Aufrüstung

Im Verlauf der folgenden zehn Jahre wurde Ägypten weiter durch sowjetische Waffenlieferungen aufgerüstet, um Nasser in seinem »Heiligen Krieg gegen Israel« zu unterstützen, und der gesamte Nahe Osten wurde zu einem ertragreichen Absatzgebiet für Waffenhändler. Als Gegengewicht für den gewaltigen russischen Einfluß in Ägypten (sehr bald auch Syrien) erklärten sich die Vereinigten Staaten bereit, ihrerseits Israel durch die Lieferung von Kriegsmaterial zu stärken: durch Düsenjäger vom Typ Mirage III, Kampfbomber vom Typ Mystère und Ouragan und Panzer vom Typ Patton, »Super-Sherman«, Centurion und AMX. Angesichts der ständig wachsenden Solidarität zwischen Ägypten und Syrien zeichnete sich immer deutlicher die Gefahr eines Zweifrontenkrieges ab. Trotzdem blieb Israels Strategie unverändert. Da Ägypten der Stützpfeiler einer bedrohlichen neuen Arabischen Liga war, mußte es auch das erste Ziel des israelischen Präventivkrieges werden. Israel sah sich in der Lage, einen Vielfrontenkrieg von kurzer Dauer zu führen – vorausgesetzt, seine neu aufgebaute Luftwaffe konnte die wichtigsten arabischen Luftstreitkräfte mit einem Schlag vernichten und sich auf diese Weise die uneingeschränkte Luftbeherrschung über den Nahostraum erkämpfen.

Die Krisensituation von 1967 spitzte sich durch die verstärkte arabische terroristische Aktivität gegen Israel, vor allem von Yassir Arafats al-Fatah-Organisation, zu, welche

Oben: israelischer Brückenkopf – ein »Super-Sherman«-Panzer, begleitet von motorisierten Infanterie-Einheiten.

Gegenüber: Der Verlauf der drei Phasen des Sechs-Tage-Krieges – Sinai/Jordanien/Golanhöhen. Hätte sich Nassers Traum von einem vereinten arabischen Vorgehen gegen Israel verwirklicht, dann wäre Israel 1967 mit aller Wahrscheinlichkeit untergegangen. Israel brauchte sich jedoch, was eine koordinierte arabische Kriegsstrategie anging, keine großen Sorgen zu machen und war in der Lage, seine drei Gegner einen nach dem anderen auszuschalten.

Oben: Nach den erschöpfenden, aber erfolgreichen Kämpfen der ersten 48 Stunden genehmigten sich die israelischen Panzermannschaften ihre erste Ruhepause. Zu den erbittertsten Panzergefechten kam es bei Um Kativ auf dem Sinai-Sektor, wo die starken ägyptischen Verteidigungen nicht vor Mittag des zweiten Tages geräumt werden konnten. Bei jedem Panzerzusammenstoß aber erwies sich die israelische Taktik als die geschicktere.

vorwiegend von jordanischem, aber auch syrischem Gebiet her ihre Anschläge gegen israelische Einrichtungen ausführte. Israel erwiderte die Übergriffe mit seinen üblichen Vergeltungsmaßnahmen, welche von seiten der Araber und der Sowjetunion als »israelische Aggressionen« verurteilt wurden. Im gesamten Verlauf des Monats Mai zog Nasser seine Truppen im Sinai, entlang der israelischen Grenze, zusammen und setzte durch, daß die UN-Truppen, die seit 1957 an der Grenze stationiert waren und als Puffer zwischen Ägypten und Israel fungierten, aus dem Gaza-Streifen und von der Station Sharm-el-Sheik, an der Mündung des Golfes von Akaba, abgezogen wurden. Schließlich kündigte Nasser nicht nur die Sperrung der Straße von Tiran für israelische Schiffe (23. Mai) an, sondern verlangte darüber hinaus eine israelische Räumung von Eilat. Als sich nach einer weiteren spannungsgeladenen Woche immer deutlicher abzeichnete, daß die Vereinigten Staaten nichts unternehmen würden, um Israel durch politische Maßnahmen zu unterstützen, stimmte das israelische Kabinett in der Nacht des 3. Juni für einen Krieg. Der Beginn der Kampfhandlungen war für den Morgen des 5. Juni 1967 angesetzt.

Eröffnung, Tag Eins: Israels Luftblitzkrieg

Ziel Nummer eins des Oberkommandierenden der israelischen Luftwaffe, General Hod, war die Vernichtung der ägyptischen Flugzeuge am Boden. Er ließ seine Flugzeuge in 150 Metern Höhe weit über das Mittelmeer fliegen, damit sie vom ägyptischen Radarnetz nicht erfaßt werden konnten, ließ sie dann gegen ägyptisches Gebiet einschwenken und im Langsamflug siebzehn Flugplätze gleichzeitig ansteuern (5 Uhr 45).

Feldmarschall Amer, der Kommandeur der ägyptischen Luftwaffe, befand sich während des israelischen Angriffs selbst auf einem Flug. Seine Maschine konnte eineinhalb Stunden lang nicht landen, und so blieb die ägyptische Luftwaffe in der kritischen Angriffsphase ohne Befehle von oben. Bis Amer erneut in der Lage war, die Order zu übernehmen, besaß er keine Luftstreitkraft mehr. Die israelischen Piloten hatten 300 ägyptische Flugzeuge zerstört.

Gefälschte Siegesmeldungen seitens der Ägypter beschleunigten die Intervention von Jordanien und Syrien, und nach einer kurzen Kampfpause, die die Israelis zum Auftanken und Nachladen mit Munition benutzten, wiederholten die israelischen Piloten kurz nach Mittag ihr Meisterstück, diesmal gegen jordanische und syrische Militärflugplätze. Ein einziger Großangriff reichte aus, um die beiden Luftstreitkräfte kampfunfähig zu machen, und die Zahl der am ersten Tag zerstörten Flugzeuge kletterte auf circa 400. Israel selbst meldete nur 18 verlorene Flugzeuge. Es war dies der schnellste und kompletteste Sieg in der Geschichte der Luftkriegführung. Am Abend des 5. Juni besaßen die Israelis die uneingeschränkte Beherrschung des Luftraums und konnten sich jetzt voll auf die Luftdeckung ihrer Bodenkräfte konzentrieren.

Die ersten 48 Stunden – Sinai und Westufer

Im Laufe der ersten beiden Kriegstage stießen die Israelis auf heftigen ägyptischen und jordanischen Widerstand; die arabischen Truppen kämpften zuversichtlich von ihren Defensivpositionen aus. Sie glaubten den gefälschten Siegesmeldungen, wonach ihre Luftwaffe erfolgreich über Israel operierte und vertrauten auf volle Luftdeckung bei ihrem geplanten Vormarsch. Statt der erhofften Deckung durch ihre Luftstreitmächte wurden sie jedoch am Tag Zwei, nebst energischen gegnerischen Panzerangriffen, von der israelischen Luftwaffe attakkiert, und ihre Kampfmoral siechte schnell dahin. Tapfer, ausdauernd, bestens ausgerüstet, aber verheerend geführt – die arabischen Truppen des Sechs-Tage-Krieges hätten weit bessere Offiziere verdient.

Am Tag Eins griff die Streitkraft General Tals am Gaza-Streifen an und überrannte die ägyptischen Verteidigungen um Rafah; ihr gelang aber am selben Tag weder die Eroberung des Streifens selbst noch der Durchbruch nach Westen über Jiradi.

Die Jordanfront war für die Israelis (bis zum sicheren Sieg auf der Sinai-Halbinsel) nur von zweitrangiger Bedeutung. Die Jordanier eröffneten am späten Morgen des ersten Tages vom Westbank-Sektor Jerusalems aus das Feuer. Die anfänglichen Gegenmaßnahmen der Israelis waren begrenzt und beschränkten sich auf die Abwehr der Vorposten jordanischer Artillerie. Am Tag Zwei verstärkten sie ihre Konterattacken, eroberten Latrun, kesselten Jerusalem ein und stießen von Norden her immer tiefer nach Samaria vor.

Bis zum Einbruch der Nacht des zweiten Tages mußten die Ägypter und Jordanier mit ansehen, wie ihnen die Israelis am Gaza-Streifen, auf der Sinai-Halbinsel und im Westbezirk von Jerusalem die Initiative entrissen. Die israeli-

Unten: Ein emotionaler Höhepunkt für die Sieger – israelische Truppen an der Klagemauer.

schen Stoßtruppen hatten sämtliche arabischen Frontpositionen durchbrochen, und die arabischen Generäle mußten sich in ihr Schicksal fügen und zurückweichen. Syrien, das Jordanien seine Unterstützung zugesagt hatte, rührte nicht einen Finger, verunsicherte Jordanien immer mehr und öffnete dadurch Israel den Weg zum weiteren Vorstoß gegen den Jordan.

Tag Drei: Der große Durchbruch

Am Tag Drei konnten die Israelis den erfolgreichen Einbruch in die Sinai-Wüste der beiden vorangegangenen Tage ausnutzen. Sie drangen auf allen drei Hauptachsen – der Küsten-, der zentralen und der südlichen Linie – bis tief ins Innere des Sinai ein und setzten sich über jeglichen Widerstand seitens der Ägypter hinweg. Bis zum Einbruch der Nacht konnten sich die führenden israelischen Einheiten aller drei Kolonnen dem Suez-Kanal bis auf vierzig Kilometer nähern.

Vor allem aber brachte der Tag Drei – der 7. Juni 1967 – den totalen Zusammenbruch jeglichen Widerstandes auf der jordanischen Front mit sich und wurde für den Staat Israel und für das gesamte internationale Judentum zu einem der glorreichsten Daten seiner Geschichte. Denn am Tag Drei erstürmten israelische Truppen die jordanische Altstadt von Jerusalem und stießen bis an die Klagemauer vor – ein absoluter ermotionaler Höhepunkt des Krieges. Kurz darauf wurde Jericho von den weiterdrängenden Israelis genommen. Die Jordanier zogen sich bis auf das Ostufer des Jordans zurück. Mehr als zufrieden mit der Besetzung des gesamten jordanischen linken Ufers kamen die siegreichen Israelis an der Flußlinie zu stehen. Bis zum Nachmittag des folgenden Tages hatten die Jordanier den Aufruf der UN zur Feuereinstellung angenommen.

Tag Vier: Das Ende auf dem Sinai

Auch am vierten Tag konnten die israelischen Kolonnen trotz ägyptischer Konterattacken auf der Sinai-Halbinsel ständig weiter vorrücken. Dabei kam es an verschiedenen Stellen zu blutigen Panzergefechten (auf beiden Seiten waren jeweils mehr als 1000 Panzer verwickelt), doch auch hier erwiesen sich die Israelis wieder als die geschickteren Taktiker. Es gelang ihnen, den ägyptischen Truppen den Rückzugsweg über den Suez-Kanal abzuschneiden. Die nördliche Stoßkolonne erreichte als erste den Kanal (bei Kantara, gegen 20 Uhr), gefolgt von den Streitkräften Tals und Yoffes zwischen 2 und 3 Uhr am Morgen des fünften Tages. Sie drängten vorwärts, um den Suez-Kanal zu erreichen, bevor eine Feuereinstellung vereinbart wurde. Nur ein Drittel der israelischen Panzerstärke erreichte den Kanal. Doch bis zum Waffenstillstand hatten die Israelis ihre Ziele auf dem Sinai erreicht.

Die Tage Fünf und Sechs – der Sturm gegen die Golanhöhen

Nachdem die Israelis zwei ihrer drei Kriegsgegner ausgeschaltet hatten, gingen sie mit frischem Kampfgeist gegen die starken syrischen Positionen an den Golan-Höhen. Ihr Ziel war es, den Angriff auf einer möglichst breiten Front durchzuführen, da jeder begrenzte Durchbruch im Falle einer syrischen Konterattacke äußerst riskant war. Durch umfassende Luftangriffe und hervorragendes Teamwork zwischen Sappeuren, Infanterie-Einheiten und Panzertruppen konnten die Israelis bis zum Abend des fünften Tages einen acht Kilometer breiten Brückenkopf einnehmen, und am Morgen des sechsten Tages, gegen 11 Uhr, hatte der syrische Kommandeur auf den Golan-Höhen, gelähmt durch den Umfang der israelischen Offensive, völlig die Kontrolle über die Schlacht verloren. Bis 18 Uhr 30, als der Waffenstillstand wirksam wurde, hielten die israelischen Truppen jeden Stützpunkt auf den Golan-Höhen besetzt.

Auswirkungen und Verluste

Bis zum Tag Sechs kontrollierten die Israelis ein Gebiet vom Jordan bis zum Suez-Kanal, das viermal so groß war wie ihr eigenes Staatsgebiet. Ihr Krieg auf drei Fronten kostete sie nur 778 Tote, 2586 Verwundete und 21 Gefangene (von denen 5 vom arabischen Mob getötet wurden). Offizielle arabische Verlustzahlen wurden nicht bekanntgegeben; man schätzt sie auf 15000 Tote und 53000 Verwundete. Die drei arabischen Länder verloren insgesamt über 400 Flugzeuge und circa 1000 Panzer.

Jetzt umgaben breite Pufferzonen von besetztem Territorium den Staat Israel, doch die Erniedrigung seiner Feinde wurde schon bald durch großzügige sowjetische Hilfe wettgemacht. Die Guerilla setzte ihre Aktivitäten fort und operierte vorwiegend vom Libanon aus. Israel hatte 1385000 Araber zu verwalten; vor dem Krieg lebten nur 300000 Araber in Israel. Der Sechs-Tage-Krieg war ein unvergeßlicher Sieg, schuf aber für Israel ebensoviele Probleme wie er gelöst hatte. Sechs Jahre und drei Monate später kämpfte Israel erneut um seine Existenz – im Jom-Kippur-Krieg.

EPILOG

DIE SCHLACHT DER ZUKUNFT

Links: Keine moderne Armee kann auch nur einen Zollbreit vorrücken, wenn sie ihre eigenen Flugabwehrwaffen nicht auf der Front nachzieht (vorzugsweise auf Kettenfahrzeugen oder, besser noch, hinter den Panzereinheiten). Auch ist das menschliche Auge dem Tempo moderner Flugzeuge nicht gewachsen: das Radar ist unerläßlich. Hier eines der Ergebnisse: ein französischer AMX-30 SA mit einem 30-mm-Zwillingsgeschütz zur Flugabwehr.

»Vielleicht wird die Welt eines Tages wieder in Ordnung sein, und wir brauchen uns zum Thema Krieg kein Kopfzerbrechen mehr zu machen.« Vielleicht. Vielleicht wird man auch eines Tages Ananas in Alaska pflanzen.

Voranstehende Seite: Der Infanterie-Soldat der 80er Jahre in Schutzkleidung gegen nukleare, chemische und bakterielle Attacken.

So spricht der Soldatenheld in Robert Heinleins *Starship Troopers,* einer äußerst irritierenden Erzählung, die vom interplanetarischen Krieg handelt. Jene Weissagung scheint begründet, die besagt, daß es auf unserer Erde immer Krieg geben wird. Alle Versuche, durch internationale Zusammenarbeit einen echten und dauerhaften Frieden herbeizuführen, haben sich als illusorisch erwiesen. Trotz der schrecklichen Erfahrung zweier Weltkriege, Hiroshima und Nagasaki, ist die Vernichtung der nördlichen Hemisphäre in einem konventionellen und thermonuklearen Dritten Weltkrieg alles andere als utopisch.

Eines zumindest ist klar. Es wird nie wieder einen unabhängigen Krieg zwischen den Armeen oder Armeegruppen zweier Nationen geben, eingeleitet durch einen traditionellen Truppenaufmarsch, das Suchen beider Parteien nach einem geeigneten Schlachtfeld, das gemeinsame Aufstellen von Kampflinien; ebensowenig wird es jemals wieder zu Kampfhandlungen kommen, bei denen eine Seite geschlagen und durch den Sieger vom Schlachtfeld vertrieben wird. Denn die Art der militärischen Auseinandersetzung hat sich seit dem Ersten Weltkrieg insofern gewandelt, als Konflikte nicht mehr lokal begrenzt, sondern größere Hemisphären in die Auseinandersetzung einbezogen waren.

Die Wüste des Nahen Ostens war der letzte Kriegsschauplatz, bei dem die Schlachten in absoluter Isolation vom Rest der Welt ausgetragen werden konnten. Doch selbst Alamein, die letzte sorgfältig geplante Wüstenschlacht zwischen zwei rivalisierenden Armeen, war Teil einer sehr viel umfassenderen Strategie. Montgomerys 8. Armee, die bei Alamein angriff, war in Wirklichkeit nicht mehr als der rechte Flügel eines gewaltigen, weit ausholenden alliierten Angriffs, wobei der linke Flügel mehr als 1800 Kilometer entfernt nach Tunesien und Algerien einfiel. Und in allen vier Kriegen mit den arabischen Mächten war Israel, wie Deutschland in den letzten beiden Weltkriegen, gezwungen, mindestens an zwei, häufig an drei Fronten zu kämpfen. Noch war Vietnam, wie so mancher linke Idealist behauptet, lediglich ein Kampf zwischen der Dekadenz des Südens und

Unten: Der amerikanische Prototyp XM-1 – einer der vielen Versuche des Westens, einen Kampfpanzer zu konstruieren, der für alle NATO-Partner akzeptabel ist. Großbritannien, die Bundesrepublik und die Vereinigten Staaten bauen weiterhin ihre eigenen individuellen Modelle; die Warschauer Paktländer dagegen, die alle mit den hervorragenden neuen Modellen aus der Sowjetunion ausgerüstet sind, besitzen einheitliche Panzerfahrzeuge.

Links: Testschießen eines »Patriot«-Flugkörpers. Wie die Kriege im Nahen Osten bewiesen haben, stellen diese Verteidigungswaffen das größte Hindernis für taktische Luftstreitkräfte dar, deren Ziel es ist, die gegnerischen Bodenbewegungen zu zersprengen. Mit Radar und hitzeregistrierenden Sensoren ausgerüstet, sind die neuesten Modelle äußerst strapazierfähig und zielsicher und zählen zu den wichtigsten Abschirmungselementen im Luftraum über dem Schlachtfeld.

den progressiven Befreiungskräften des Nordens. Vietnam war ein Stellvertreterkrieg der amerikanischen und sowjetischen Supermächte, bei dem der kontrollierende Einfluß in Südasien das wichtigste strategische Ziel war.

Abgesehen davon, daß der Erste Weltkrieg das Zeitalter der sich über Wochen und Monate hinschleppenden, riesigen Moloch-Schlachten einleitete, eröffnete er eine neue Phase in der Entwicklung von Armeen und Waffen. Dies war der schrittweise Übergang von »arbeitsintensiven« Armeen, bestehend aus Fußvolk mit Gewehr und Bajonett, zu den »kapitalintensiven« Armeen. Letztere sind viel kleiner und mit Waffensystemen ausgerüstet, die vom Techniker, nicht vom Soldaten als Kanonenfutter, ausgeführt werden. Diese Entwicklung hatte bei der Seekriegführung bereits eher eingesetzt. Als die Briten das »Dreadnought«-Schlachtschiff konzipierten, besaßen diese Kriegsschiffe bereits hochtechnifizierte Waffensysteme.

Oben: »Poseidon«, eine von U-Booten abgeschossene Mehrfachsprengkopf-Rakete, eine Waffe, die dazu beigetragen hat, die Aussicht auf den »totalen« Krieg von einem Abenteuer in einen allgemeinen Selbstmord zu verwandeln.

Gegenüber oben: Sikorsky TR 716 Kampfhubschrauber: eine schnelle, wirkungsvolle Waffe, die unter anderem gegen Panzer eingesetzt werden kann.

Gegenüber, unten: »Harrier«-Geländeflugzeuge können von einer Waldlichtung aus ebenso gut operieren wie von gewöhnlichen Landepisten aus.

Der Erste Weltkrieg leitete diesen Prozeß in der Landkriegführung, durch den Einsatz von Panzern und Militärflugzeugen für Erdkampfzwecke, ein. Cambrai war die erste Schlacht, bei der moderne Waffensysteme massiert auf einem Schlachtfeld eingesetzt wurden – Technik und Feuerkraft siegten über soldatischen Mut.

Im Zweiten Weltkrieg setzte sich dieser Prozeß fort. 1945 war jede Landoffensive aussichtslos, bei der der Feind die absolute Luftkontrolle besaß – egal wie stark der Angreifer in puncto Panzer- und Feuerkraft am Boden war. Eine zahlenmäßig unterlegene Armee konnte zwar einen numerisch überlegenen Angreifer aufhalten, doch nur kurzfristig, wenn der Angreifer den Luftraum beherrschte. Die Alliierten landeten am 6. Juni 1944 an der Normandie-Küste; die Deutschen konnten sie bis zum 25. Juli fesseln – durch die uneingeschränkte Luftüberlegenheit der Alliierten jedoch war es ihnen unmöglich, den Brückenkopf in Schach zu halten. »Ist es schwarz, dann ist es britisch, ist es silbergrau, dann ist's amerikanisch, sieht man's gar nicht, dann ist's die deutsche Luftwaffe«, lautete der bittere Kommentar der deutschen Infanterieeinheiten in der Normandie.

Kernwaffen – die große Streitfrage

Die Einführung von Nuklearwaffen im Jahr 1945 veränderte zuerst die Strategie, indem sie die Schreckensvision einer totalen Zerstörung des Heimatlandes ohne die Möglichkeit des Rückschlages ins Kalkül einbezog. Das amerikanisch-sowjetische Wettrüsten und der Anspruch der kleineren Staaten auf eine »eigene« Atombombe schien darauf hinzudeuten, daß die Menschheit völlig dem Wahnsinn verfallen war. In Wirklichkeit jedoch barg diese Situation zwei unvorhergesehene Folgen. Die erste und augenscheinlichste ist, daß Hiroshima und Nagasaki bis heute, fast fünfunddreißig Jahre, nachdem die atomaren Waffen eine Realität geworden waren, die einzigen Opfer nuklearer Angriffe geblieben sind. Wären die ersten Atombomben am Ende des Zweiten Weltkrieges, in einer Periode der unbeschreiblichsten Abscheulichkeiten, nicht »praktisch erprobt« worden, dann ließe sich kaum vorstellen, daß in späteren Jahren die weit vernichtenderen Kernwaffen nicht verwendet worden wären, da man das Ausmaß ihrer Vernichtungskraft nicht so deutlich vor Augen gehabt hätte.

Dieses Wissen um die Dinge ist es, welches die beiden Supermächte ihre Krisen und Konfrontationen so behutsam handhaben läßt. In jeder anderen Zeitepoche vor 1945 hätten Krisen wie die Berliner Luftbrücke, Quemoy und Matsu, die Kuba-Krise und die eminente Gefahr von Ägypten im Jahre 1973 unweigerlich zum totalen Krieg geführt. Seit der Atom-Sackgasse haben sich die Sowjetunion und die Vereinigten Staaten wiederholt vom Abgrund entfernt, ohne instinktiv zur alles vernichtenden Waffe zu greifen. Das wiederum birgt andere Gefahren. Amerika und seine NATO-Partner sind, was konventionelle Waffen angeht, der UdSSR und den Warschauer Paktstaaten nicht mehr gewachsen. Und es besteht absolut die Möglichkeit, daß das Zögern, die Nuklearwaffe zu benutzen, durch die noch im-

mer enorme Macht der konventionellen Landarmeen ausgenutzt wird.

Die Sowjetunion hat sich erfolgreich aus der nuklearen Sackgasse befreit, indem sie eine mächtige Armee konventionell gerüsteter Streitkräfte aufgebaut hat. Sie ist mit hervorragenden Panzern, Truppentransportflugzeugen und modernster mobiler Artillerie und Flugzeugabwehrausrüstung (Kanonen wie auch Fernlenkgeschosse) ausstaffiert und wird durch eine starke und bestens bestückte Luftwaffe unterstützt. Die geographischen Umstände ermöglichen es den Warschauer Paktstaaten, sich auf dem Landwege zu verstärken, während die NATO gezwungen ist, auf Luftbrücken und Seekonvois zurückzugreifen. Mit wenigen Worten, die gegen die NATO ausgerichtete Militärmacht ist für den größten Blitzkrieg aller Zeiten aufgerüstet, für einen K. o.-Schlag, den die NATO, aufgrund ihrer zwanzigjährigen Verteidigungseinsparungen, weder erwidern noch abwehren kann.

Voraussage für einen Dritten Weltkrieg

Der Vorwand für einen solchen Angriff wird irgendein Vorfall in der Bundesrepublik Deutschland sein, für welchen die NATO-Staa-

ten eine Lösung sehen, die Moskau jedoch als unzumutbar erklärt. Die NATO-Staaten werden dann auf eine Periode der diplomatischen Hinhaltepolitik hoffen und dafür sorgen, daß der Westen seine Luftbrücken, Konvois und Mobilisierungen für den Angriffsfall bereithält. Die Warschauer Paktländer könnten direkt und unvermittelt zum Angriff übergehen. Ihr Angriffsstoßkeil könnte ohne einleitende Bombardements, ja sogar ohne einen einzigen Schuß abzugeben, den Eisernen Vorhang durchbrechen und den britischen, deutschen und amerikanischen Kräften an der Frontlinie den entscheidenden Schritt überlassen, das Feuer zu eröffnen.

Wie 1939 werden alle Regierungen zunächst einmal bestrebt sein, den Konflikt zu verharmlosen. Diplomatische Noten werden ausgetauscht, der Vorgang »aufs schärfste« verurteilt; und in der Zwischenzeit könnten die sowjetischen Truppen ihren Vormarsch fortsetzen, Widerstandsnester nach Art des Blitzkrieges beiseitelassen und nach schwachen Stellen in der durchlässigen NATO-Sperrwand suchen, während sich der Druck im Nachfeld immer mehr aufstaut. Über dem Schlachtfeld würde die Luftwaffe der NATO den Flugabwehrraketen und der Flugabwehrartillerie trotzen, die mit den Warschauer-Pakt-Streitkräften vorrückt, und die endlosen Kolonnen am Boden angreifen. Um den Erdkampfflugzeugen den Durchbruch zu erleichtern, würden die Jagdflugzeuge ihr Gegenüber attackieren, indem sie hochleistungsfähige Geschütze und Luft-Luft-Flugkörper einsetzten. Wenn sich der Panzerzusammenprall seinem Höhepunkt näherte, müßte die NATO auf armierte Hubschrauber zurückgreifen, die unter Baumwip-

felniveau flögen und zum Schießen aufstiegen; außerdem auf Panzerabwehrwaffen in den Händen der Infanterie.

Die Dunkelheit würde keine Kampfpause bedeuten. Mit Hilfe von Infrarot-Suchern und Radarantennen würden die Kämpfe auch nachts fortgesetzt. Die NATO-Armeen würden sicherlich zwei Tage aushalten, doch vielleicht schon am Tag Drei, gewiß aber am Tag Vier, in ernste Schwierigkeiten geraten. Diese Schwierigkeiten würden nicht allein von Menschenverlusten herrühren – obwohl diese schmerzlich und für die NATO sehr viel folgenreicher wären als für die Warschauer Paktstaaten –, sondern von Nachschubproblemen an Munition und vor allem an Raketen. Ein Zermürbungskrieg – seit den Schützengräben-Massakern des Ersten Weltkrieges in Militärkreisen ein gemiedenes Wort – würde der hervorragenden NATO-Waffenausrüstung und Kampfausbildung ohne weiteres beikommen. Ohne Ersatzmunition und -fernlenkgeschosse wären diese Waffen kostspieliges und wertloses Gerümpel. Und sobald sich die Streitkräfte des Warschauer Paktes einmal die uneingeschränkte Luftüberlegenheit erkämpft hätten, wäre es eine Frage von Stunden, bis auch die Panzerkräfte am Boden die totale Überlegenheit erzielt hätten. Lange vor Ablauf der ersten Woche wäre die NATO-Front irreparabel zertrümmert, und das in mehr als nur einem Sektor.

Die Entscheidung zugunsten der Atomwaffe

Angesichts des totalen Zusammenbruchs würde der Oberkommandierende der NATO nur noch eine Karte ausspielen können: den Gebrauch taktischer Nuklear-Flugkörper, um die Kampfhandlungen vorübergehend erstarren zu lassen. Dank der öffentlichen Ignoranz und Unerfahrenheit in Sachen Nuklearwaffen würde er Waffen verwenden, die weniger punktuell einsatzfähig, weniger effizient, aber in weitem Umfang zerstörerisch sind. Doch dieser Schritt würde sofortige Vergeltungsmaßnahmen heraufbeschwören, welche die Landschlacht nur weiter verlangsamen könnten. Aber er würde die Welt gleichzeitig an den Abgrund des totalen Desasters bringen: einen Atomkrieg auf der ganzen nördl. Halbkugel.

Zeugt es von übertriebener Phantasie oder Hysterie, zu behaupten, wir sitzen auf einem Pulverfaß? Truppen und Waffen für die letzte aller Landschlachten stehen bereit und es ist eine Gesetzmäßigkeit der Geschichte, daß, wenn Truppen und Waffen lange genug bereitgehalten werden, sie früher oder später auch benutzt werden. Die Schlacht der Zukunft wird einen Alptraum von scheußlicher Endgültigkeit verwirklichen: »die Schlacht ohne Morgen«.

Oben: Ein Relikt aus der Zeit, als ein General das Schlachtfeld noch von einer erhöhten Position aus beobachtete. Dies ist eine Boeing AWACS (»Airborne Warning and Control System«) – ein fliegendes Hauptquartier zur Luftkontrolle einer Schlacht mittels Elektronik.

Gegenüber, oben: Kiew, die erste sowjetische Flugzeugträger-Flotte. Flugzeugträger sind das einzige sichere Mittel der schnellen Luftdeckung irgendwo auf der Erde. Der Westen ist zu dem Schluß gekommen, daß die großen Träger keine Zukunft haben und sind eifrig dabei, sie zu verschrotten. Die Russen denken anders.

Gegenüber, unten: Zur Täuschung feindlicher Waffensysteme ist der Fairchild A-10A absichtlich so konzipiert, daß man ihm keine hohen Geschwindigkeiten zutraut. In Wirklichkeit jedoch ist es ein enorm schnelles Kampfflugzeug, das darüber hinaus besonders schwere Waffenladungen tragen kann.

BILDNACHWEIS

Fotos und Illustrationen wurden geliefert oder angefertigt mit der freundlichen Genehmigung von:
Marquis von Angelsey 33, 37 (Ian Graham)
Bildarchiv Preußischer Kulturbesitz, Berlin 96/97, 99, 103, 107, 111, 121/22, 123, 124 oben
Bodley-Bibliothek, Oxford 17 oben und unten, 19 unten
Britische Bibliothek, London 14/15, 16, 19 oben, 26 oben links, 158
Camera Press 158
Peter Clayton 9 oben
Mit der freundlichen Genehmigung des Generalleutnants der Coldstream Guards 60 (A.C. Cooper)
Cooper Bridgeman Bibliothek 66/67 (mit der freundlichen Genehmigung von Christie's), 78/79 (Königliche Akademie der Künste, London)
Daily Telegraph, Farbbildarchiv 166 unten (John Marmaras), 169 (Anthony Howard)
Mary Evans Bildarchiv 26 unten, 42, 48/49, 52 unten, 69, 82, 85 unten, 86, 102 unten
John R. Freeman 21, 25, 27, 51
Gettysburger Staatsmilitär-Archiv 88/89, 93 unten
Photographie Giraudon, Paris 52 oben, 56–1, 58, 59, 60, 13
Michael Holford Bibliothek 13
Reichskriegsmuseum, London, Innenspiegel (A.C. Cooper), 83, 104, 110 unten, 115, 118, 119, 127 unten, 128/29 (A.C. Cooper), 130 oben, 133 (A.C. Cooper)
Keystone Presse-Agentur 122, 124 unten, 127 oben, 156/57
Städtische Kunstgalerien von Leeds 2/3
Louvre, Paris 8 (Françoise Foliot)
MacClancy Press Ltd. 142 oben, 148/49, 150 und 151 oben (US-Verteidigungsministerium, Marineinfanteriekorps)
Magnum Photographs 166 oben, 167, 170, 171 (Charles Harbutt) des Herzog von Marlborough 30/31
J.G. Moore Sammlung, London 9 unten, 10, 11, 12 oben und unten (Britische Bibliothek), 41 (mit der freundlichen Genehmigung der Universität von Washington und Lee, Virginia, USA), 70, 113, 116, 126 unten, 131, 132, 140 unten, 141 unten, 142 unten, 143 unten, 151 unten (US-Verteidigungsministerium, Marineinfanteriekorps), 174 oben (Thompson OSF/Roger Viollet, Frankreich), 174 unten (Chrysler Corp. USA), 175 (Martin Marietta Raumfahrt, USA), 176 (Lockheed Corp. USA), 177 unten und 178 oben (Zentrales Nachrichtenamt, Crown Copyright), 178 unten (Fairchild Industries, Maryland, USA), 179 (US Air Force)
Armeemuseum, Paris 50, 54, 55, 61, 64, 64/65, 106
Staatliches Armeemuseum, London 34 oben und unten, 36, 38/39, 76/77, 77, 85 oben
Staatliche Porträt-Galerie, London 22/23, 32, 40
Peter Newarks Historische Gemälde 98, 108, 110 oben
Peter Newarks Western Americana 91 oben und unten, 92, 95
Novosti Presse Agentur 1, 117, 140, 141 oben, 146 oben und unten
Popperfoto 159, 161, 162 oben und unten, 163
Ridge Press, New York 90
Mit der freundlichen Genehmigung vom Oberstleutnant der Scots Guards 81 (A.C. Cooper)
Ronald Sheridan 4/5, 6/7, 164/65
Gesellschaft für kulturelle Beziehungen mit der UdSSR 138
Staatsbibliothek Berlin 100, 102 oben, 126 oben
Städtische Galerie, Landesmuseum, Hannover 26 oben rechts
Victoria and Albert Museum, London 73, 87
Walker Kunstgalerie, Liverpool 71
Kollektion der Washington- und Lee-Universität, Virginia, USA 93 oben
Weidenfeld and Nicolson Archive 29 (J. Tillotson), 103
Yale Universität, Kunstgalerie 46/47

Wir haben unser Möglichstes getan, um die Eigentumsrechte an dem Bildmaterial in diesem Buch nachzuweisen. Sollte einer der Eigentümer nicht erwähnt worden sein, so bittet der Verleger, dies zu entschuldigen, und ist gern bereit, diesen Irrtum in der folgenden Edition zu berichtigen.

Karten von David Worth und Jennifer Mexter.

REGISTER

ORTSREGISTER

Die kursiv gesetzten Ziffern verweisen auf Abbildungen

NAMENSREGISTER

Die kursiv gesetzten Ziffern verweisen auf Abbildungen

GEORGES LEROUX